课题标识：

本书系湖南省教育科学"十四五"规划2021年度一般资助课题"小学家校共育课程体系的构建与实践研究"(课题编号:XJK21BJC017)

湖南省教育科学"十四五"规划重点资助课题"新时代湘派教育家型校长精神特质及成长路径研究（课题编号:XJK24ASM006）

湖南省首届基础教育教学改革一般项目"五大理念视域下小学'流动图书馆'建设的实践研究"(课题编号:Y20230242）

株洲市教育科学"十四五"规划课题"小学校园绘本巴士建设的行动研究"(课题编号:ZJGH23-020)研究成果

大教育格局下的
小学办学实践
——家校共育篇

U0668975

汤彩霞 / 著

中南大学出版社
www.csupress.com.cn
·长沙·

前　言

　　家校共育，形成教育合力是世界各国教育研究和学校教育改革的一个主题，也是教育发展的一个重要趋势。随着对家庭教育地位和价值认识的不断深入，学校教育也将视野转向了家校，努力寻找同向用力的教育合作伙伴。尤其是作为基础教育起始阶段的小学教育，无法清晰分隔出家庭教育与学校教育之间的边界及专属区，家校成为促使家庭和学校形成合力的重要教育理念。家庭与学校最优的模式、理想的策略、互动的边界、合作能效的充分发挥等等相关内容，成为当下小学教育重构主体关系、建立有机运行系统的视野焦点。

　　新制定的《中华人民共和国家庭教育促进法》于2022年1月1日起施行。家庭教育促进法贯彻落实了习近平总书记关于注重家庭家教家风建设的重要论述，通过制度设计采取一系列措施，将家庭教育由旧时期的传统"家事"上升为新时代的重要"国事"。《中华人民共和国家庭教育促进法》有力保障与促进了家校工作朝制度化、规范化、品质化发展，明确了家校中家庭与学校的育人职责，保障了未成年人的合法权益。"健全家庭学校社会协同育人机制"写入党的十九届五中全会公报和2022年《政府工作报告》。国家层面的家庭教育政策法规明确了家庭教育的任务，为家校指明方向。

　　近几年，笔者带领工作室团队成员积极开展小学家校合作的行动研究与实践探索，积累了一些小学家校合作共育特色案例，总结提炼了小学家校合作共育实践经验，认真梳理了指导小学家校合作共育实践的理论体系和大量实践案例，形成了《大教育格局下的小学办学实践——家校共育篇》一书。

　　该书汇集了对基础教育阶段家校合作理论的详细阐述、对实践经验的推介和特色案例的展示，以及从家长视角对小学合作共育实效的感受与思考分享，是对株洲小学家校合作共育现状和有益做法的认真梳理。该书由"家校合作共育的理念与思考""小学家校合作共育的学校特色实践""听见家校共育声音"三篇构成，分为"家校合作共育的学校教育视野""小学家校合作共育的现状思考""基于家校合作共育关系优化的多方行动""家校合作共育走向美好的学校策略""小学家校共育课程体系的构建""小学家校合作共育特色活动""来自家长的家校共育心声""来自师生的家校共育心声"等八个章节。

　　全书从家校合作的政府主导力、理论指导力、学校执行力、家庭内驱力、社会支持力等视角，以笔者所在区域为样本，分析当前小学家校合作共育的现状、主要问题和需求所在，提出基于家校共育关系优化的多方行动建议，同时通过分享笔者所在学校家校合作共育的实践案例，为其他小学的家校合作共育实践提供参考样本。

　　《大教育格局下的小学办学实践——家校共育篇》一书是笔者带领工作室团队积极实践、不断优化教育行动的重要成果，经过实践的检验，具有一定的可操作性和实效性，可以为其他兄弟学校的行动研究和实践探索提供有益的参考样本。

　　承蒙中南大学出版社浦石老师的厚爱与信任，她提出了许多真知灼见。工作室团队成员也分享了很多智慧。正是在大家的支持和帮助下，我才有信心、有勇气、克服惰性去完成这项写作任务。在此向他们表示诚挚的谢意。

　　尽管在撰稿过程中，笔者尽心竭力以求无误，但鉴于思考与实践探索还有一定的局限性，难免存在不足之处。敬请广大读者不吝赐教、指正。

汤彩霞

2023 年 10 月 16 日

目 录

第一篇　家校共育的理念与思考

第二篇　小学家校共育的学校特色实践

第三篇　听见家校的声音

第一篇

家校共育的理念与思考

第一章

家校共育的学校教育视野

　　苏联著名教育家苏霍姆林斯基说过：若只有学校而没有家庭，或只有家庭而没有学校，都不能单独地承担塑造人的细致、复杂的任务。所以，学校与家庭是孩子接受教育最重要的环境。

　　随着对家庭教育地位和价值认识的不断深入，学校教育也将视野转向了家校合作，努力寻找同向发力的教育合作伙伴，尤其是作为基础教育起始阶段的小学教育。我国小学教育现阶段还无法清晰找到家庭教育与学校教育之间的边界及专属区域，这成为阻碍家庭和学校形成合力的现实屏障。家庭与学校最优的合作模式、理想的合作策略、互动的边界、合作效能的充分发挥等相关内容，成为当下小学教育重构主体关系、建立有机运行系统的视野焦点。

第一节　家校共育的政府主导力

　　家庭和学校是儿童教育最重要的两个场所和责任主体。家校共育不仅是教育理论上的一个重要概念，而且是教育实践中的持续行动。这里既有自发的成分，又有自觉的成分。而这场影响深远的教育实践行动要持续向前，离不开政府的主导力，政府的主导力可以从立法保障、政策倡导、组织架构、学术研究等层面全面统筹推进家校共育。

一、几个标志性事件和一个标志性文件

　　在家校共育推进过程中，几个标志性的事件和一个标志性的文件具有重要

的影响。

1980年，北京市家庭教育研究会成立，标志着现代家庭教育研究拉开序幕。

1983年，上海长治中学、浙江宁波石浦镇中心小学开办家长学校，标志着中小学家庭教育启航。

1996年，全国妇联联合教育部等部门共同颁布《全国家庭教育工作"九五"计划》，标志着家庭教育出现由社会主导向政府主导转变的"转折点"。

特别值得提到的一个标志性的文件是2015年10月11日教育部印发的《教育部关于加强家庭教育工作的指导意见》，该文件明确将指导家庭教育工作正式列入教育系统工作序列，同时释放了一个重要的政策信息，即落实《国家中长期教育改革和发展规划纲要（2010—2020年）》，强调在积极发挥家庭教育在少年儿童成长过程中的重要作用方面，教育系统要勇于担责和主动作为，努力推动确立"政府主导"的原则；各地教育部门要切实加强对行政区域内中小学幼儿园家庭教育工作的指导，推动形成政府主导、部门协作、家长参与、学校组织、社会支持的家庭教育工作格局。可以预见，当各级政府的教育部门逐步建立起家庭教育工作协调领导机制，采取一系列措施健全机制、加强保障，将人、财、物的配置纳入制度安排，就意味着把政府对家庭教育工作的主导真正落到了实处。

《教育部关于加强家庭教育工作的指导意见》第二部分新增的"进一步明确家长在家庭教育中的主体责任"内容，是文件的一大亮点，突出了以前教育部出台文件中鲜有提及的"家长在家庭教育中的主体责任"，明确了家庭教育的实施主体、责任主体是家长，而不是学校和教师。而在第三部分阐述的"学校在家庭教育中的重要作用"是文件的重点，提出了"强化学校家庭教育指导工作"，强调重点办好家长学校，抓好家庭教育主渠道。文件还强调，要"完善家庭教育工作保障措施"，指出家庭教育工作的主要对象是中小学学生的家庭，资源集中在教育系统；要"加强组织领导"，"建立家庭教育工作协调领导机制"。

《教育部关于加强家庭教育工作的指导意见》在推进家校共育方面至少给出了7项政策：

一是将家庭教育工作纳入教育行政干部和中小学校长培训内容。

二是将学校安排的家庭教育指导服务计入工作量。

三是将家庭教育指导服务作为中小学幼儿园家长委员会的重要任务和内容。

四是强调教育行政部门和中小学幼儿园要积极引导多元社会主体参与家庭教育指导服务。

五是积极争取政府统筹，予以相关的经费安排。

六是中小学幼儿园要为家庭教育提供必要的经费保障。

七是将家庭教育工作作为中小学幼儿园综合督导评估的重要内容进行督导评估。

二、家校共育的立法进程

"家庭教育工作开展得如何，关系到孩子的终身发展，关系到千家万户的切身利益，关系到国家和民族的未来。"在家庭教育方面，我国虽然已经有部分法律规定(如《教育法》《婚姻法》《未成年人保护法》《反家庭暴力法》等)和地方性法规(如《重庆市家庭教育促进条例》《贵州省未成年人家庭教育促进条例》《山西省家庭教育促进条例》等)做出了直接或间接的规定，但规范家庭教育问题的专门性法律相对缺乏，对于家庭教育的顶层设计和总体安排缺失，致使很多家庭教育问题的解决缺乏法律依据和制度保障。在当今依法治国的背景下，有必要以法律形式规范、保障家庭教育的有序推进，这既是落实全面依法治国、进一步完善我国教育法律体系的重要举措，也有利于促进家庭教育规范化、专业化发展。

从地方性法规层面看，2002年，上海市妇联依托上海市家庭教育研究会，设计了《上海市家庭教育条例》框架和重要条款内容；2008年，深圳市第四届人民代表大会第一次会议提交关于制定《深圳市家庭教育条例》的议案；2016年5月，重庆市人大常委会表决通过《重庆市家庭教育促进条例》；2017年8月，贵州省第十二届人民代表大会常务委员会第二十九次会议通过《贵州省未成年人家庭促进条例》；2018年5月，山西省第十三届人民代表大会常务委员会第三次会议通过《山西省家庭教育促进条例》。

从国家立法层面看，2011年，全国妇联牵头成立家庭教育立法调研工作组和专家组，启动家庭教育立法调研；2012年，全国妇联启动家庭教育促进法立法研究；2014年、2015年，财政部、全国妇联先后拨付专项资金支持中华女子学院开展"家庭教育立法及其制度构建研究"；2015年5月，国务院参事室主办

"家庭教育现状与对策"专家研讨会，讨论家庭教育基本立法问题；2016 年 10 月，全国妇联召开推进家庭教育立法工作座谈会；2017 年 9 月 7 日，《光明日报》发表薛宁兰的文章《为什么要把家庭教育写入民法典》，文章指出，在民法典亲属编中融入家庭教育的相关内容，无疑将产生积极作用；2018 年 3 月，全国妇联向全国两会提交《关于将制定家庭教育法列入全国人大五年立法规划的议案》，呼吁通过立法进一步推进家庭教育规范化发展。

2021 年 10 月 23 日，十三届全国人大常委会第三十一次会议通过了新制定的《中华人民共和国家庭教育促进法》。新法于 2022 年 1 月 1 日起施行。新制定的"家庭教育促进法"贯彻落实了习近平总书记关于注重家庭家教家风建设的重要论述，通过制度设计采取一系列措施，将家庭教育由旧时期的传统"家事"上升为新时代的重要"国事"。《中华人民共和国家庭教育促进法》的表决通过有力保障与促进了家校工作朝制度化、规范化、品质化方向发展，明确了家校中家庭与学校的育人职责，保障了未成年人的合法权益。

随后，"健全家庭学校社会协同育人机制"写入党的十九届五中全会公报和《2022 年国务院政府工作报告》。

国家层面的家庭教育政策法规明确了家庭教育的任务，为家校共育指明了方向。家庭教育主体性法律愈加具有针对性与专业性，并逐渐实现网格化覆盖，这为家庭教育发展提供了制度供给，也为家庭中的儿童权利保护提供了社会保障。

三、家校共育的相关政策法规

在当今教育大发展、大变革时代，家校共育受到全社会的高度重视。近年来，我国围绕教师专业化、现代学校建设、家庭教育科学化等方面陆续出台了涉及家校共育的政策，理论研究上不断创新，制度建设上逐步完善，实践探索中也有所突破。

1988 年颁布的《中学德育大纲》和 1993 年颁布的《小学德育纲要》将学校主导下的学校、家庭、社会合作作为重要思想。其中，《中学德育大纲》提出，"学校要通过家访、家长会、家长接待日、举办家长学校、开展家庭教育咨询、建立家长委员会等多种方式，密切与家长的联系，指导家长提高家庭教育水平"。这里首次明确提出了家校合作的具体形式——家长委员会。

1995 年颁布的《中华人民共和国教育法》第四十九条规定："学校、教师可以对学生家长提供家庭教育指导。"

1998 年，全国妇联和教育部联合颁布《全国家长学校工作指导意见（试行）》（妇字〔1998〕9 号），标志着家校制度化建设起步。

1999 年，中共中央、国务院颁布的《中共中央国务院关于深化教育改革全面推进素质教育的决定》中指出："实施素质教育……应当贯穿于学校教育、家庭教育和社会教育等各个方面。""各级各类学校必须更加重视德育工作……形成学校、家庭和社会共同参与的德育工作新格局。""全面推进素质教育……学校、家庭和社会要互相沟通、积极配合……"学校、家庭、社会"三结合"的家校思想已经被写入党的教育方针政策。

2001 年，中共中央颁布的《公民道德建设实施纲要》明确提出，"家庭是人们接受道德教育最早的地方"，"学校是进行系统道德教育的重要阵地"，"社会是进行公民道德教育的大课堂"，"家庭、学校、机关、企事业单位和社会在公民道德教育方面各有侧重、各有特点，是相互衔接、密不可分的统一整体。必须把家庭教育、学校教育、单位教育和社会教育紧密结合起来，相互配合，相互促进"。

2003 年，教育部颁布的《教育部关于加强依法治校工作的若干意见（教政法〔2003〕3 号）》指出："中小学要积极推动社区参与学校管理与监督，推进家长委员会的建立，明确家长委员会的职责，学校决策涉及学生权益的重要事项，要充分听取家长委员会的意见，接受家长委员会的监督，为家长、社区支持、参与学校管理提供制度保障。"

2004 年，中共中央、国务院颁布的《关于进一步加强和改进未成年人思想道德建设的若干意见》提出，"要把家庭教育与社会教育、学校教育紧密结合起来"，"要建立健全学校、家庭、社会相结合的未成年人思想道德教育体系，使学校教育、家庭教育和社会教育相互配合，相互促进"。

2006 年修订的《中华人民共和国义务教育法》规定："学校应当把德育放在首位，寓德育于教育教学之中……形成学校、家庭、社会相互配合的思想道德教育体系……"全面提出了学校、家庭、社会合作问题。

2010 年 2 月，全国妇联、教育部等九部门联合颁布《全国家庭教育指导大纲》，对整体提高全国家庭教育水平起到重要作用；同年，中共中央、国务院印发《国家中长期教育改革和发展规划纲要（2010—2020 年）》，从德育、减负、评价、中小学管理等方面以不同形式提出学校、家庭、社会问题，并明确提出"建立中小学家长委员会",指明建立中小学家长委员会是促进家校共育的重要制度。

2011 年 1 月,全国妇联、教育部、中央文明办联合颁布《关于进一步加强家长学校工作的指导意见》,提出将全国各地家长学校作为宣传普及家庭教育知识、提升家长素质的重要场所,将家长学校作为推进家庭教育的主阵地和主渠道。

2012 年 2 月,教育部颁布《关于建立中小学幼儿园家长委员会的指导意见》,这是第一部专门针对家校制度化建设的文件,明确规定了家长委员会的功能、基本职责、组建方法、重点工作、保障措施以及如何发挥其积极作用等内容。同年 3 月,全国妇联、教育部、中央文明办、民政部、卫计委、国家人口计生委、中国关工委共同制定实施《关于指导推进家庭教育五年规划(2011—2015 年)》,推动家庭教育工作创新发展。

2015 年 10 月,教育部印发《关于加强家庭教育工作的指导意见》,这是教育部历史上第一次独家发布的家庭教育指导文件。文件指出,中小学幼儿园要建立健全家庭教育工作机制,统筹家长委员会、家长学校、家长会、家访、家长开放日、家长接待日等各种家校沟通渠道。

2016 年 11 月,全国妇联、教育部、中央文明办、民政部、文化部、国家卫生计生委、国家新闻出版广电总局、中国科协、中国关工委共同制定《关于指导推进家庭教育的五年规划(2016—2020 年)》,推动"十三五"时期家庭教育工作的创新发展。同年修订的《未成年人保护法》规定:"父母或者其他监护人应当学习家庭教育知识,正确履行监护职责,抚养教育未成年人。有关国家机关和社会组织应当为未成年人的父母或者其他监护人提供家庭教育指导。"从保护未成年人的角度提出了学校和社会要对家庭教育提供支持。

随后,"健全家庭学校社会协同育人机制"被写入党的十九届五中全会公报和《2022 年国务院政府工作报告》。

四、家庭教育指导服务与家校共育研究机构设立

2016 年,全国妇联牵头做的《关于指导推进家庭教育的五年规划(2011—2015 年)》终期评估报告反馈:

第一,学校系统普遍建立家长学校并常态化开展活动。全国共建有幼儿园、小学、普通中学、中等职业学校家长学校 338240 所,建校率为 76%,其中,

有专门指导者队伍的占 68.3%，开展经常性指导活动的占 64.3%。

第二，社区家庭教育指导机构建设逐步推进。全国共建有城乡社区家长学校和家庭教育指导服务站点 359656 个，建设率为 59.7%，其中，有志愿者队伍的为 49%，经常开展指导活动的有 46.5%。

第三，各级各类公共服务场所积极提供公益性家庭指导服务。妇联、教育部门、文明办、民政部门、卫计委、关工委等行政事业机构，积极在图书馆、市民中心、妇幼保健院、早教机构、幼儿园、中小学、机关、企事业单位等场所开办家教基地和家长学校，利用机关、社团、企事业单位资源，广泛拓展家庭教育指导服务阵地，为城乡社区儿童及其家庭提供就近就便的公益性指导服务。

第四，培育发展社会组织和专业力量广泛开展家庭教育指导服务。运用社区指导服务中心，由社工组织开展社区家庭教育公益培训；征集妇女儿童公益项目，通过妇女儿童社会组织孵化基地进行孵化培育。

近年来，以家庭教育研究与服务为主旨任务的各类教育和研究机构陆续成立，在推动家庭教育学科发展的同时，也促进了对家校共育的研究与思考。新东方家庭教育研究与指导中心、中国儿童中心家庭教育研究指导中心、北京师范大学儿童家庭教育研究中心、中国青少年研究中心家庭教育研究所、东北师范大学家庭教育研究院、新家庭教育研究院等机构，借助自身强大的专业力量和丰富的社会资源，吸收先进家庭教育理念，举办家庭教育高峰论坛，培训家庭教育指导骨干，开展关于家庭教育问题的研究。此外，国际救助儿童会、北京博源拓智儿童公益发展中心、北京师范大学壹基金公益研究院、网易亲子频道等社会组织，也就家庭教育或儿童权益主题发声和行动。

五、家校共育政府主导力持续增强的重要表现

政府主导是我国家庭教育事业发展的关键因素之一。政策性指导和纲领性文件的颁布，使家庭教育工作体制机制进一步建立健全，这是家庭教育事业发展的重大突破。2010 年以来，家庭教育的重要性得到了前所未有的重视，家庭教育工作机制进一步建立健全。2016 年，全国妇联牵头做的《关于指导推进家庭教育的五年规划(2011—2015 年)》终期评估报告(简称"评估报告")中提到，截至当时，有 24 个省区市和新疆生产建设兵团成立了家庭教育工作领导小组或建立了联席会议制度，全面负责本地家庭教育的协调、指导与评估工作，随着体制机制的不断完善，党政主导、妇联和教育部门牵头协调、多部门合作、

社会力量参与的家庭教育工作格局基本形成。一些地方将家庭教育工作经费纳入财政预算，或从妇联经费中划拨家庭教育工作经费，或通过社会力量获取家庭教育工作经费，逐步建立起政府、社会、企业合力推进的经费保障机制。一些地方将家庭教育工作监测评估纳入未成年人思想道德建设工作测评体系，文明城市、村镇测评体系和儿童发展纲要监测评估体系。一些地方建立社会组织孵化基地，引导相关社会组织承接家庭教育公共服务项目，或将家庭教育纳入政府购买社会服务指导目录，为家庭教育提供科学服务。

六、区域推进家校共育的优势

政府主导力推动下的区域教育发展大格局对于推进家校共育具有无可比拟的优势。

1.系统的顶层设计

以校为本的家校共育常受到校情、师资、家长群体等多方面主观因素的影响，导致行动零碎化、效果差异化等问题。政府主导下的区域推进有利于构建内涵更加统一、指向更为明确、措施更为聚焦、行动更为有力、效果更为凸显的区域家校共育体系，从体制机制上保障家校共育的规范性与完整性。

2.强力的组织引导

以校为本的家校共育组织常以学校（年级、班级）家长委员会为代表，存在地位不高、职责不清、功能单一等问题。政府主导下的区域推进倡导建立自上而下的家校共育组织体系，从区域到学校，层级清晰、组织明确、各司其职，能较好地推动家校共育的有序进行，避免学校盲目摸索造成资源浪费和合力内耗。

3.优化的氛围环境

以校为本的家校共育常常处于孤军奋战状态，对于家长、社会参与下的家校共育积极性的调动力量有限。政府主导下的区域推进能够通过宣传推广，扩大家校共育的区域影响力，广泛凝聚家校共育认同，营造良好的家校共育教育生态。

4.强大的资源效应

以校为本的家校共育容易受学校所拥有的各类教育资源的限制，在资源使用上存在不平衡现象。政府主导下的区域推进能更好地统筹整合区域内的家庭教育资源和各种指导力量，专业引领、合理调配区域家校共育资源共享，并能统筹推进家校共育特色服务。

第二节 家校共育的理论指导力

家校共育是教育理论中的一个重要概念，家校共育理论的发展与创新轨迹，在一定程度上反映了我国家庭教育学科建设的过程。家校共育在教育实践中的持续系统行动，离不开家校理论的指导。经过持续性、开创性的努力，家庭教育逐渐成为我国教育研究领域中的一颗新星，关于家校共育的理论研究也正朝着规范化和科学化方向不断前进。

一、家校共育相关教育理论中的核心概念

（一）家庭概念及其要素

关于家庭，《汉语大词典》的解释为："以婚姻和血统关系为基础的社会单位，成员包括父母、子女和其他共同生活的亲属。"[1]

"家庭"的定义包含以下几个要素：[2]

（1）家庭是男女两性以婚姻关系形成的社会组织。

（2）家庭是亲子两代（也可以超过两代）以血缘关系或收养关系形成的社会组织。

（3）家庭是人，特别是未成年人精神和物质生活的寄托。

（4）家庭是最初加入的群体，是个人与社会联系的桥梁。

（5）人从家庭走向社会，但他（她）一刻也没有离开家庭。因此，家庭也是个人与社会联系的纽带。

可见，家庭是生命的起源地，是儿童最早生活成长的地方。一般情况下，每一个儿童都是从家庭走向社会的，家庭是儿童走向社会的桥梁。家庭是社会的最小细胞，儿童通过家庭与社会相连。

---

[1] 罗竹风. 汉语大词典：第3卷[M]. 上海：汉语大词典出版社，2009：1684.

[2] 黄河清. 家校共育导论[M]. 上海：华东师范大学出版社，2008：22.

（二）家庭教育

关于家庭教育，《辞海》中的解释为："父母或其他年长者在家庭中对儿童和青少年进行的教育。"[1]

"十三五"学前教育专业规划教材《家庭教育学》认为，狭义的家庭教育是指"在家庭生活中由家长即由家庭中的长者（其中主要是父母）对子女及其他年幼者实施的教育和影响"，广义的家庭教育是指"家庭成员之间相互实施的一种教育"。[2]

赵忠心在《家庭教育学》中表述为：狭义的家庭教育是指在家庭生活中，由家长，即由家庭里的长者（其中主要是父母）对其子女及其年幼者实施的教育和影响；广义的家庭教育，应当是家庭成员之间相互实施的一种教育。[3]

家庭教育是一个自然过程，家庭不像学校，学校是专门从事教育的机构，而家庭首先是私生活的据点。确保精神的舒畅和安定以及生儿育女，构成了家庭的重要职能。家庭里也没有像学校的教师那样的教育专家。因此，家庭教育倘若过于理想地刻意追求，反会招致种种破绽。它是在现实的日常生活中自然而然地进行的。与其说它是教育，毋宁说是一种社会化更为贴切。[4]

（三）学校教育

《中国大百科全书》关于教育的表述为："狭义的教育，主要指学校教育。其涵义是教育者根据一定社会（或阶级）的要求，有目的、有计划、有组织地对受教育者的身心施加影响，把他们培养成一定社会（或阶级）所需要的人的活动。"[5]

叶澜的《教育概论》对学校教育的定义为：学校教育是由专职人员和专门机构承担的，有目的、有系统、有组织的以影响入学者身心发展为直接目标的社

[1] 辞海编辑委员会. 辞海（第六版）（上）[M]. 上海：上海辞书出版社，2009：1810.

[2] 何俊华，马东平. 家庭教育学[M]. 北京：清华大学出版社，2017：7.

[3] 赵忠心. 家庭教育学[M]. 北京：人民教育出版社，2001：5.

[4] 筑波大学教育学研究会. 现代教育学基础[M]. 上海：上海教育出版社，1986：148.

[5] 中国大百科全书总编辑委员会. 中国大百科全书·教育[M]. 北京：中国大百科全书出版社，1998：1.

会活动。[1]

与其他教育活动相比,学校教育活动更加专门化,具有鲜明的目的性、系统性和组织性。

(四)家校共育

家校共育是一个不断发展的概念。以往在表述家校关系时,人们常会用家校联系、家校联络、家校沟通、家校协同等词语。而在家校关系中,联系、沟通、协同三个概念的相互接近与相互作用程度是依次递进的。

岳瑛在《我国家校共育的现状及其影响因素》中对"家校共育"的内涵进行了界定:"家校共育尽管尚无确切定义,但教育专家学者和教育实际工作者都一致认为应主要把握以下几点内涵:①家校共育是一种双向活动,是家庭教育与学校教育的相互配合。家长要对学校教育给予支持,学校要对家庭教育做出指导,其中学校教育应起主导作用。②家校共育活动围绕的中心应该是学生,学生是家庭和学校共同的服务对象。③家校共育是社会参与学校教育的重要组成部分。家长的参与离不开社会大背景,是广泛的社会背景意义上的参与。"[2]

周丹在《对家校共育若干理论和实践问题的思考》中对家校共育的表述为:家校共育是指家庭与学校以沟通为基础,互相配合,合力育人,使孩子受到来自两方面系统一致、各显特色、相辅相成的教育影响,形成多种终身受益的必要素质,更好地实现社会化。家校共育既是一种关于家庭教育与学校教育两者关系的理念,也是一种处理两者关系的行为模式。[3]

家校共育,是指教育者与家长(和社区)共同承担儿童成长的责任,包括当好家长、相互交流、志愿服务、在家学习、参与决策和与社区合作等六种实践类型,是现代学校制度的组成部分。[4]

综上所述,家校共育是家庭与学校以促进儿童全面发展为目标,家长参与学校教育,学校指导家庭教育,相互配合、互相支持的双向活动。[5]

[1]　叶澜. 教育概论[M]. 北京:人民教育出版社,2006:12.

[2]　岳瑛.我国家校共育的现状及影响因素[J].天津市教科院学报,2002.6.

[3]　周丹.对家校共育若干理论和实践问题的思考[J].无锡教育学院学报,2001.21.

[4]　吴重涵,王梅雾,张俊. 家校共育:小学生家长行动手册[M]. 南昌:江西教育出版社,2014.

[5]　黄河清.家校共育导论[M].上海:华东师范大学出版社,2008:37.

二、从家庭教育到家校共育的理论发展之路

中华人民共和国成立后的 30 年里，家庭教育问题与相关研究并未引起社会关注，家庭教育理论研究也处于沮滞状态。20 世纪 80 年代，改革开放推动了社会转型和知识经济发展，激发了大众对家庭教育的关注和热情，促使家庭教育理论研究快速前进。从最初的借鉴普通教育学、心理学理论，到分析我国传统家庭教育经验和理论成果，再到通过行动研究总结提炼经验成果，家庭教育理论知识得到普及。

20 世纪 90 年代是家庭教育事业普及发展的阶段，家庭教育理论研究逐步被提上教育理论研究议事日程。诸如教育学、心理学、社会学、伦理学、法学、婚姻家庭学等学科的学者纷纷投入家庭教育理论研究领域，多学科共同研究，拓宽了家庭教育理论研究的思路和视野。从家庭教育理论研究的领域而言，其既有基础研究，又有应用研究。基础研究涉及家庭教育观念、教养态度、教育原则方法、亲子教育、家庭教育传统应用、国外家庭教育经验借鉴等方面；应用研究则主要是对家庭教育现状的调查，形成了一批调查报告和学术成果，产生了较大的社会影响。从家庭教育理论研究人员的构成来看，他们主要来自妇联、教育、法律、共青团、关工委、医疗保健等各行各业，这反映出家庭教育研究的高社会关注度。

进入 21 世纪，我国家庭教育理论研究进入活跃期。与二十世纪八九十年代专注于家庭教育一般理论问题研究不同，此时的家庭教育理论研究主要集中在"家庭教育的突出问题"上，如留守儿童和留守女童教育问题、网瘾预防与矫正问题、隔代教育问题、媒体对儿童影响问题等。此外，对一些家庭教育基础理论前沿问题，如家庭教育哲学、家庭教育社会学等，也从宏观层面进行了探索。

随着信息时代的到来，家庭所处的外部环境发生了翻天覆地的变化，家庭教育理论也随之与时俱进。一方面，家庭教育理论研究学科建设步伐进一步加快，从"是什么"的应用研究向"为什么"的基础研究转变。"家庭教育学科科学化"问题的探讨以及高水平家庭教育学科课程和教材的开发，推动了中国特色家庭教育学科体系的建设。另一方面，教育学、心理学、社会学领域的交叉学科研究不断丰富深化，为社会转型时期的家庭教育理论研究提供了多元视野。家庭教育理论研究在坚持"量化研究"传统的基础上，引入了教育学、心理学、

社会学的质性研究成果，并始终坚持实践导向，在借鉴中华优秀传统家庭教育思想的基础上，不断回应新情况，解决新问题。

三、家校共育的理论视角

(一) 交叠影响域理论

有关家庭与学校在儿童教育过程中的作用与相互关系，历来有很多解释。约翰斯·霍普金斯大学的 NNPS 研究中心主任兼首席科学家爱普斯坦 (Joyce L. Epstein) 在深入研究了美国中小学校与家庭、社区的关系后，提出必须在学校、家庭与社区之间发展一种新型的伙伴关系，因为只有这样的关系才能改善学校的教育实践活动和教育气氛，增强父母培育子女的技能和领导能力，密切父母与学校及社区中其他人的关系，帮助教师更好地工作。爱普斯坦指出，建立伙伴关系的核心理由在于它能够帮助所有的学生在学校和未来的生活中取得成功，因此必须重新调整学校、家庭和社区的关系模式。为此，爱普斯坦等人提出了建立家庭与学校伙伴关系的交叠影响域理论 (overlapping spheres of influence)，以此作为学校和家庭伙伴关系的理论基础。[1]

交叠影响域理论与传统的分工影响理论 (separate spheres of influence) 有着较大的不同。传统的分工影响理论认为，对儿童的教育是社会分工的，家庭和学校各自承担不同的职责时，教育效果最佳，即家庭和学校分工能提高教育效率。而交叠影响域理论认为，儿童成长所依托的家庭、学校 (社区) 都拥有相同的目标，承担共同的任务，并一起进行经常性和高质量的沟通和互动，使儿童从不同的环境中接收到相同的关于学校重要、要努力学习的信息，即受重叠的影响。交叠影响域理论认为，家庭、学校和社区固然有独立、相互分离的成分，但很多职能是相同的。家庭和学校承担相同的职能，有助于儿童的成长。

在学生的学习和成长过程中，主要有三个背景：家庭、学校和社区。交叠影响域理论认为，"家庭、学校和社区这三个背景实际上对孩子以及三者之间的状况、关系产生了交互叠加的影响"，即学校、家庭和社区的活动单独或共同地影响着孩子的学习和发展。该模型将学生定位为中心。不容争辩的事实是，

---

[1]　Epstein J L, Sheldon S B. 学校、家庭和社区合作伙伴：行动手册[M].吴重涵,等译.南昌:江西教育出版社, 2013.

学生在教育、发展和学业成功方面是主角。学校、家庭和社区的伙伴关系并不能简单地保证学生必然成功。相反,伙伴关系活动的目的可能是吸引、指导、激励、激发学生自己取得成功。该理论的一个重要假设是,如果学生们感到有人关爱他们并鼓励他们努力学习,他们就会尽全力去学习阅读、写作和计算,学习其他技能和能力,并坚持在学校学习而不会辍学。[1]

交叠影响包括外部和内部两种结构。外部结构(图1-1)中,学生学习和成长依赖于家庭、学校和社区三个主要环境。重叠区域表示家庭、学校和社区对学生成长共同承担责任,未重叠区域表示家庭、学校和社区对儿童具有独特影响力,不同的活动要根据家庭、学校、社区三个环境的特性分别进行。交叠区域大小会随着适龄活动、学生参与教育交流与决策的变化而变化。

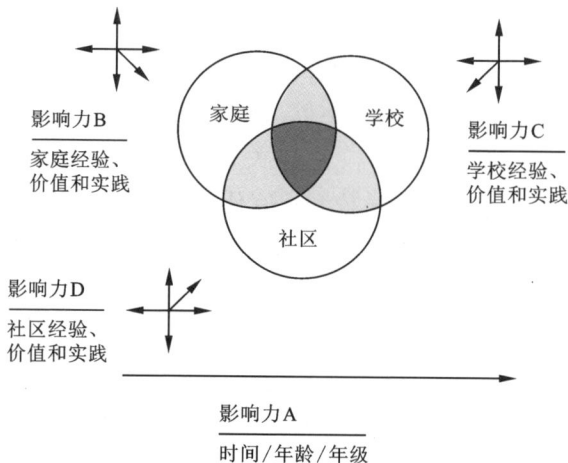

图1-1 交叠影响域外部结构模型示意图

交叠影响域理论的内部作用模型(图1-2)主要解释家庭、学校、社区三者发生互动与影响的内部机理,学生是相互作用的中心和教育中的主体。学生、家庭和学校三方在伙伴关系模式下,有利于学生在参与中取得成功。

---

[1] 吴重涵,王梅雾,张俊.国际视野与本土行动:家校共育的经验和行动指南[M].南昌:江西教育出版社,2012:25-28.

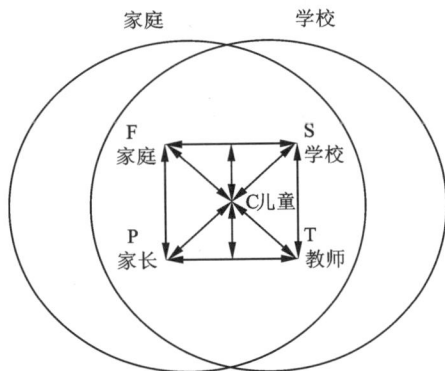

注：其中 F(family)表示家庭，C(children)表示儿童，S(school)表示学校，P(parent)表示家长，T(teacher)表示教师。此图为交叠影响域模型的家庭、学校相交部分，内部模型还包括社区(Co)、个体商业和社区机构(A)，以及发生在非交叠区域的相互作用。

图1-2 交叠影响域内部结构模型示意图(家校交叠部分)

(二)家校共育的社会学、心理学理论视角

社会学、心理学在人类社会行为、群体与群体的关系、人与人的关系、人的心理等方面的独到见解，拓宽了家校共育的理论视角。

社会交换理论主张人类的一切行为都受到某种能够带来奖励和报酬的交换活动的支配，人类一切社会活动都可以归结为一种交换。人们在社会交换中所结成的社会关系也是一种交换关系。个体之所以相互交往，是因为他们都从相互交往中得到了某些需要的东西。

符号互动理论认为，人类在生理上的脆弱性迫使他们在群体中互相合作，以求生存；存在于有机体内部或者有机体之间的有利于合作、有利于生存与适应的行为将被保存下来。自我与他人的互动是社会的本质。自我概念由自我意识构成，这种自我意识是个体在动态社会关系，或一种有组织的共同体中所处的一定地位基础上产生的，又通过符号性的行动外化于世界。当儿童的交往范围逐渐从家庭、群体扩大到学校、社区时，他就会不断地将这些群体的集体身份融入自我概念。

利益群体理论认为，个人必须通过一定的社会联系才能实现自己的利益，

而利益群体具有追求和维持本利益共同体成员利益的强大力量。利益群体具有交叉、重叠、相容的特点，具有一定的内在共同利益的凝聚力，也会因不同个体的利益差异而产生矛盾。个人往往以参与利益群体的方式来参与利益竞争，也往往通过利益群体来实现个人利益。

（三）家校共育的包容理论和共同责任理论

包容理论修订了以往的家庭缺失论和教育机构歧视论，超越了责怪学校和家长的鸿沟。该理论认为，儿童可以从家庭和学校获得教育资源，家长和学校都有责任为儿童提供充分的发展资源，促进儿童成长进步。家长和教师需要充分沟通，审视各种不与家长沟通的机制，改变疏离的家校关系，由"分工而不合作"的关系发展到"分工合作"的关系。包容理论把家庭和学校联系起来，充分利用家长深知自己孩子需要和特点的优势，以及教师具备教育教学专业知识技能的优势，通过双方的充分沟通来建立合作伙伴关系，共同承担教育儿童的责任。为了提高教育实效，家长与教师之间必须进行对话，教师也要认识到不同社会文化背景的家长拥有不同的资源，从而动员更多家长协助教育不同背景的儿童成长。

共同责任理论强调家庭和学校的共同经验、沟通、合作和相互影响。所谓共同责任，是指家长和教师在子女的教育问题上共同负起的责任，家庭和学校要重视双向沟通，保持密切联系，经常交换学生成长、学习和生活的信息资料，互相表达期望，彼此了解学生情况，并愿意采取适当的行动。共同责任理论确认了教师和家长对学生成长的责任，家长和教师要互相协助以履行教育子女的责任。

第三节　家校共育的学校执行力

家校共育是一种双向活动，涉及家庭教育与学校教育的相互支持和互动交流，其最根本的主导权和推动力在学校。家校在教育实践中的持续系统行动，离不开强有力的学校推动力和执行力。在不断的探索实践中，家校共育的学校行动在规范化、科学化和特色化方面不断提升，执行力也逐步增强。

一、家校共育与现代学校制度

《国家中长期教育改革和发展规划纲要(2010—2020年)》提出，"建设依法办学、自主管理、民主监督、社会参与的现代学校制度，构建政府、学校、社会之间新型关系"。现代学校制度是一种以学生发展为核心的制度，所有规则体系都围绕更好地促进学生发展来构建，依法办学、自主管理、民主监督、社会参与是现代学校制度的四大基本特征，也是建设现代学校制度的目标和任务。

为了适应家庭社会有序参与的教育发展新格局，2012年教育部发布了《关于建立中小学幼儿园家长委员会的指导意见》，同年又印发了《全面推进依法治校实施纲要》，对校内关系和校外关系作出了具体规定，以协调和整合影响学生发展的各种力量，并要求建立校务委员会，完善民主决策程序，扩大社会参与，凝聚学校、家庭、社区三位一体的教育合力。可见，家校共育是建设现代学校制度的必然要求。

现代学校制度注重协调校内外关系，重视协调和整合影响学生发展的各种要素和力量。建设现代学校制度，需高度重视家庭和社区作为教育利益相关的角色，重视他们参与学校民主管理的重要价值，引导其在学校教育改革与发展中发挥积极作用。家校共育不仅是教育系统与外部环境的关系问题，更要树立建立更大教育系统的理念，从战略高度将家校共育纳入现代学校制度的内涵之中。

二、学校在家校共育中的主导地位

著名教育家马卡连柯在论述学校教育和家庭教育的关系时指出："学校应当领导家庭。"《关于健全学校家庭社会协同育人机制的意见》明确规定，学校要充分发挥协同育人主导作用。在家校共育中，学校应该占据主动、主导地位，这是由学校教育的特殊性决定的。

首先，学校是专门的教育机构。它执行国家的教育方针、政策，以科学成体系的教育内容、方法，努力培养国家所规定的人才。培养目标，既是国家对人才培养的愿望，也是学校对每个学生的要求。而在家庭中，家长因学历和家庭背景不同，对孩子的培养愿望可能各异。一般地说，大多数家长会从自身的需要和愿望出发培养孩子。这种"望子成龙"的心态成为学校追求升学率的社会原因之一。部分家长为让孩子考上大学，向他们施加种种压力，或者以物质奖赏来激励他们学习。有些家长重智轻德，以升学率作为评价学校质量的主要指标，反过来又给学校施加压力。教育思想的不一致，会造成青少年儿童思想上的混乱，影响他们的健康成长和发展。学校若不站出来主导，帮助家庭建立正确的人才观、价值观，将难以落实国家教育方针，培养所需人才。因此，从培养人才的角度来看，学校在家校共育中占主导地位，是理所当然的。

其次，在家庭教育方法上，不同的家长有不同的教育方法。教育方法是否科学、是否有效，直接影响学校的人才培养质量。但实际上，由于家长教育背景、经济水平、道德观、人生观、价值观的不同，他们的教育方法也各不相同。有的可能要求比较严格，有的要求宽松；有的重视智育，有的重视德育。家庭教育方法也是有规律可循的，也是需要讲究科学的。但家长普遍缺乏对儿童心理和生理的认识，也缺乏一般教育学的知识。学校有大批专门接受过教育培训的教师，他们具有较高的理论素养和教育学、心理学知识，有着明确的教育目的，熟悉教育内容，更懂得儿童成长规律和教育的科学方法，特别是科学的家庭教育方法。因此，在家校共育中，学校应该主动向家长宣传科学的家庭教育方法，使大部分家长都能对孩子实施正确的教育。总之，从家庭教育方法上来看，学校应该占据主导地位。

再次，在家校共育机制建设和互动中，学校作为专门的教育机构，地位也是主动的。学校是专门的教育机构，它日常的工作就是教育。家庭教育是学校教育的重要补充，良好的家庭教育环境甚至能成为学校宝贵的教育资源。一般来说，学校都能充分认识到家庭教育的重要性，并将家校共育纳入学校日常工作中。另外，如果学校不主动提出创建家校共育机制，家长一般不会主动要求建立家校共育机制。

目前，我国大多数地方的实际情况是，孩子分散于千万个家庭中，家庭主动与学校互动的情况并不普遍，且互动形式各不相同。有的要求上门家访，有的只要求电话或网络访问，有的可能要求不要互动等，可谓形形色色。总之，家长的要求不是常态性的，更多是根据需要而定。学校为建立良好家校共育关系、共同培养未来人才，可以集中、高效、平等为原则，主动与家长建立普适性、常态性的多种互动机制，如主动上门家访，邀约家长到校谈话，或与家长一同定期填写家校联系手册等。学校建立适合多数家长的合作方式后，可通过召开家长会、发意见书等形式提出要求，使家校共育的主动性得到进一步落实和体现。因此，在家校机制建设方面，学校也占主导地位。

三、家校共育学校执行力的重要表征

学校是教育的主阵地之一，必然在协同育人中发挥主导作用。学校作为教育的专门和权威机构，在协调家校社关系、推进协同育人方面具有天然的优势和不可替代的作用，而学校要在家校共育中发挥主导作用，离不开强有力的学校执行平台。

一是学校通过开放办学的思想理念，为学生的成长提供更多元的环境。现在的孩子生活在更复杂的大环境中，导致他们出现各种问题的原因也很复杂，不是依靠学校一方就能单独解决的，必须有更多的沟通交流，有各方力量的参与和协同。

二是学校利用和创新各种方法加强家校沟通。除了传统的家校沟通模式，学校还可以结合网络时代的特点，采取各种线上线下的方式，创造更多的沟通渠道。

三是学校加强教师协同育人能力的培养，提升教师的家校共育能力与家庭教育指导能力。现在有一些年轻教师特别害怕当班主任或与家长接触，也不知道怎么处理家校矛盾，这反映出他们在家校沟通能力上的不足，也反映出在入职前和入职后，对教师进行家校沟通能力与家庭教育指导能力培训的迫切性与重要性。

四是学校通过不断提高对社会资源和家长资源的整合能力，为学生成长创造更有利的教育生态。对社会资源的利用不足，是家校社协同育人比较欠缺的方面。学校管理者正在不断增强这方面的意识，以提高自身整合社会资源及家长资源的能力。

第四节　家校共育的家庭内驱力

进入 21 世纪，特别是近年来，我国家校共育事业取得了显著进步，家校共育已经成为一种社会共识，合作的范围和深度得到了长足发展。

一、家校共育家长需求的大数据分析

2019 年，北京师范大学中国基础教育质量监测协同创新中心、北京师范大

学中国教育与社会发展研究院、北京师范大学儿童家庭教育研究中心和中国教育报家庭教育周刊联合发布《全国家庭教育状况调查报告(2019)》，数据显示，家长与学校合作的意愿较高，但是对合作效果的评价并不乐观。阻碍家长与学校合作的因素包括学校提供机会少、家长没有足够时间、家长顾虑自身能力不足以及对学校缺乏信任等。进一步的分析表明，家长对家校共育的感受与其性别、年龄、孩子所处学段、文化程度、家庭收入水平、地区和城乡等方面有显著关系，即在合作意愿、合作效果评价以及对阻碍合作因素的认知上存在显著的群体内部差异。对此，国家层面的家校共育政策应鼓励各地探索具有区域特色的家校共育模式；家校共育应是学校与所有家长间的合作，必须调动更多的家长参与；学校需要转变工具主义观念，突出家长在家校共育中的主体地位；家校共育的规范化和制度化应得到，教师的家校沟通能力也应不断提升。

在合作意愿方面，八成以上的家长表示赞同。具体而言，84.7%的家长表示"愿意参与学校的教育活动"，82.4%的家长表示"愿意为学校提供力所能及的教育资源"，80.9%的家长认为"参与学校教育活动是每个家长的权利"。这说明多数家长参与家校共育的意愿强烈、积极主动。有15.0%左右的家长在合作意愿方面持中立态度，还有极少数家长不愿意参与学校教育，家校共育意愿低。

在"合作意愿程度"方面，母亲的合作意愿更高。从年龄段来看，"80后"家长的合作意愿最高，"60后"家长的合作意愿低于其他年龄段的家长。从孩子所处学段来看，呈现随着学段上升，家长合作意愿程度下降的趋势，即孩子学段越低，家长与学校合作的意愿越强烈。文化程度和家庭收入水平对合作意愿的影响相似，均与家长合作意愿呈正相关，即文化程度、家庭收入水平越高，家长的合作意愿越强烈。此外，区域比较的结果显示，东部地区家长的合作意愿相对较高，中西部家长的合作意愿相对较低；城市家长的合作意愿高于农村家长。

二、家校共育家庭内驱力增强的主要原因

(一)家庭经济条件优化和家长教育意识的提升

随着家长教育素质的提高，家长的主体责任意识越来越强，对家庭教育的理解程度及家庭教育意识显著提升。一方面，家长对教育的重视程度越来

高，希望增加教育投入，帮助孩子在竞争中赢得优势地位。家庭教育投入的增长主要体现在用于学校教育之外的发展性和选择性教育支出的增加。另一方面，家长的教育主体意识和权利意识不断增强。家长不断通过各种方式学习教育理念，增长教育知识，提升教育能力。家长开始积极参与学校教育，甚至在教育观念和方法上与学校产生分歧和冲突。特别是一些学业、事业有成的家长或具有海外教育经历的家长，常会用自己的教育经历"指导"孩子的教师。

(二) 社会发展引起的家庭结构变化

随着社会发展不断加速，我国城市化进程加快，人口政策也随之调整，"留守儿童""单亲家庭""独生子女"与"二孩家庭""隔代教养"等家庭结构现象突出，"家长缺位"和"少子女时代儿童优先理念"的冲突更为激烈。这种家庭教育结构性改变强烈呼吁家校共育对儿童教育的补位和强化。

(三) 亲子关系和家庭教育问题的变化

随着经济社会的迅速发展，人们的物质条件发生了翻天覆地的变化。多元文化引发了思想碰撞，互联网时代学习生活方式的改变以及社会竞争压力的显著增加对孩子的成长过程和思想产生了巨大的影响。一方面，孩子们渴望得到自由、民主、平等、个性、时尚、自我等，另一方面，孩子们又容易受到极端个人主义、消费主义、实用主义、功利主义、虚无主义、金钱至上等消极观念的影响。孩子们的思想变化引发了一系列教育问题，更直接地引起了亲子关系的变化，亲子矛盾常常一触即发，亟待教育支援。

(四) 家长参与家校共育的自我效能感提升

家长在参与家校共育活动中的自我效能感直接影响他们的参与程度和效果。随着家校共育理论研究和实践探索的不断深入，学校在家校共育的理念、能力及效果上都有了显著提升。同时，学校还可以提供一些支持策略，如共享学校的课程信息，增强家长对子女学习目标和任务的理解；对家长进行培训，传输正确先进的育儿理念，改善家长的不科学养育行为，并及时反馈家长参与效果，强化家长参与动机等，帮助家长提升自我效能感，提高家长参与家校共育活动的积极性、主动性和自信心，增强家校共育的家庭内驱力。

第五节　家校共育的社会支持力

家庭是社会最基本的细胞之一，是连接孩子和社会最重要的纽带之一。家校共育离不开社会的支持，家校共育的本质其实就是"校家社"三方的合作。

一、家庭教育指导服务机构普遍建立

全国妇联于 2016 年提交的《关于指导家庭教育的五年规划（2011—2015年）终期评估报告》显示：

社区家庭教育指导服务机构建设逐步推进。全国共建有城乡社区家长学校和家庭教育指导服务站点 359656 个，建设率为 59.7%，其中有志愿者队伍的占 49%；经常开展指导活动的占 46.5%。这些站点中，农村社区家长学校或家庭教育指导服务站点 288499 个，建设率为 56%；城市社区家长学校或家庭教育指导服务站点 71157 个，建设率为 81.1%。社区家庭教育指导服务机构普及程度显著提高，目前普及率仍在不断提升。

各级各类公共服务阵地积极提供公益性家庭教育指导服务。各级妇联、教育、文明办、民政、卫生计生委、关工委等行政事业机构，在图书馆、民政局婚姻登记处、妇幼保健院、早教机构、中小学校、幼儿园、机关、企事业单位及新经济组织、新社会组织积极开办家庭教育基地和家长学校，利用机关、社团、企事业单位资源，广泛拓展家庭教育指导服务阵地，为城乡社区儿童及其家庭提供就近就便的公益性指导服务。

培育发展社会组织，以"做深做实"家庭教育指导服务。运用社区家庭服务中心，由专业社工组织开展社区家庭教育公益培训；成立妇女儿童社会组织孵化基地，征集妇女儿童公益项目，通过基地对相关社会组织进行孵化培育，借助社会组织中的专业力量广泛开展家庭教育公益活动。

二、家庭教育工作者队伍日益壮大

随着国家对家庭教育工作的重视，各地区通过整合社会资源，吸纳多方力量，组建不同类别的家庭教育工作队伍，为家庭教育指导工作提供支持。《关于指导家庭教育的五年规划（2011—2015 年）终期评估报告》显示：截至当时，

全国约 340000 所家长学校中，有 304001 所学校建立了家庭教育指导队伍，比例为 89.4%。全国 229067 个行政村建立了家庭教育志愿者队伍，占比为 44.5%；66910 个城市社区建立了家庭教育志愿者队伍，比例为 75.4%。

23 个省区市建立了省、市、县三级家庭教育讲师团，由妇联组织牵头，与教育、民政、卫计委等部门合作，从高校、科研院所、中小学校和民办教育机构中吸纳在儿童营养、卫生保健、心理咨询、儿童教育和婚姻家庭等方面具有专业理论知识和丰富实践经验的人员，组成团队，负责到学校、社区开展家庭教育讲座活动。

31 个省区市和新疆生产建设兵团均建立了家庭教育志愿者队伍。家庭教育志愿者队伍主要由热心家庭教育的家长、中小学教师、大学生和"五老"（老党员、老专家、老教师、老战士、老模范）人员组成。不断发展壮大的家庭教育志愿者队伍已经成为开展家庭教育指导活动的一支重要力量。

22 个省份举办省市级指导者培训，开展家庭教育专业培训，共有超过 20 万人次家庭教育专兼职工作者和志愿者参与专业培训，形成了一支专业化、规范化的家庭教育指导服务队伍。有的地方还将家庭教育指导能力素养培训纳入相关部门党员干部培训，大大提高了家庭教育队伍专业化水平。

三、家庭教育指导进入新媒体时代

随着互联网时代的到来，网络融入大众生活的方方面面，既丰富了家长的家庭教育信息来源，也颠覆了传统的家庭教育传播渠道。全国各地教育相关组织机构在夯实拓展传统媒体的基础上，开始加快推进家庭教育信息化建设，综合运用广播、电视、报刊、网络等大众传媒和新媒体，做到电视上有影、广播上有声、报纸上有字、手机上有信，形成全媒体、全覆盖的家庭教育宣传服务网络。

（1）夯实传统媒体基础。全国创办或设立的 1880 种家庭教育报纸、刊物中，创办家庭教育广播电视栏目的有 1057 个。

（2）发展网上家长学校。全国创办网上家长学校 9147 个，面向家庭提供专家答疑、家教指导及线上线下宣传实践活动等服务。

（3）创办新媒体平台。QQ 群、微信群、微信公众号、抖音、微课堂、微讲座、线上咨询等新媒体平台被广泛运用，全国利用新媒体媒介创办家庭教育宣传平台的数不胜数。全国大部分省区市均已建立家长学校、家庭教育微信公众号等平台，家庭教育指导全面进入新媒体时代。

第二章

小学家校共育的现状思考

教育价值观不是外生的，不是由教育系统内部和学校内部决定的。小学阶段作为儿童接受正规学校教育的起始阶段，教育价值观受家庭这一"看不见的手"的影响尤为深远，更需要在教育过程中将家庭与学校作为一个整体有效联系在一起，形成一个有机的整体，让儿童在家校共育模式下得到更加积极且健康的发展，最终有效优化小学教育工作。深入了解当下小学家校共育的现状，准确把握小学家校共育的问题、需求和要素，对于积极推进小学家校共育具有重要意义。

第一节　小学家校共育的调查研究

小学家校共育，需要根据小学学段的教育规律和教育原理，充分考虑区域经济、社会等条件，并基于学校、师生、家长的实际情况和家校共育需求，开展针对性的教育实践。

为进一步了解本区域小学家校共育现状以及基于区域实际的小学家校共育需求，以笔者所在学校为主体，借助区域行政、教研力量，面向本区域小学生开展了家校共育调查。

一、调查背景

家校共育是一种双向活动，即家庭要支持学校教育，学校要指导家庭教育。家校共育活动的核心是学生，其范围应拓展至社区乃至社会各层面的合作。我国关于家校共育相关话题的研究始于 20 世纪五六十年代，当前研究主要集中在三个方面：一是家校共育理论研究，从管理学、家庭教育学、教育社会学等角度探讨家校共育的理论基础；二是对家校共育问题及相应对策的研究；三是对家校共育途径和平台的实践研究。纵观我国关于家校共育的相关研究，鲜有涉及小学阶段区域家校共育现状的调查，尤其是新时代背景下教师、家长与学生对家校共育认识和情感的转变。这些内容既是家校共育立法与政策决策的重要依据，也是进一步指导小学家校共育实践的有效抓手，在理论和实践层面都具有重要的意义和价值。

二、调查目的

本次调查旨在从教师、家长和学生三方视角，立体分析本区域小学家校共育的实施现状、效果及三方对小学家校共育的现实需求，为进一步指导本区域特别是本学校家校共育实践提供数据支持。

三、样本基本情况

本次调查依据《关于加强家庭教育工作的指导意见》，自主编制了《株洲市天元区小学家校共育现状及需求调查》问卷（分家长卷、教师卷、学生卷三卷），采用封闭型选择题和开放性主观题相结合的网络无记名问卷调查（家长卷和教师卷）和纸质问卷调查（学生卷）形式，随机抽取了株洲市天元区 12 所小学的在校小学生家长 2000 人（均来自不同家庭）、小学教师 200 人、在校小学生 1800 人，共计 4000 人次进行问卷调查。本次问卷调查共回收有效问卷 3796 份，总有效率为 94.9%。其中在校小学生家长有效问卷 1819 份，有效率为 90.95%；小学教师有效问卷 198 份，有效率为 99%；在校小学生有效问卷 1679 份，有效率为 92.3%。

本次调查的学校样本共 12 所，其中 11 所为株洲市天元区属地公办完全小学（六年制），1 所为九年一贯制学校。学校样本分布情况详见表 2-1（表 2-1：小学家校共育现状及需求调查学校样本分布）。

本次调查的家长样本 1819 人，根据家长填写的基本信息整理，家长样本分布情况见表 2-2（表 2-2：小学家校共育现状及需求调查家长样本情况）。

表 2-1　小学家校共育现状及需求调查学校样本分布　　单位：所

位置分布	城区	乡镇	村社	
	8	2	2	
学校规模	大	中	小	
	5	5	2	
生源构成	城市学生为主体	农村学生为主体	有较大特别关注学生群体（贫困家庭、单亲家庭、重组家庭、留守儿童家庭等学生群体超 30%）学校	
	7	5	4	
家校共育实践情况	经常性序列化有效开展	形成单项特色活动品牌	零星非常态开展	未开展
	2	4	4	2

表 2-2　小学家校共育现状及需求调查家长样本情况　　单位：人

性别	男	女		
	737	1082	—	
年龄段	30 岁以下	30~40 岁	41~45 岁	46 岁以上
	34	1418	312	55
教育水平	高中及以下	专科	本科	研究生
	493	193	1003	130
教育年限	12 年及以下	13~15 年	16~19 年	20 年及以上
	493	193	1121	12
婚姻关系	初婚	单身	再婚	—
	1140	138	541	
家庭成员	一孩	二孩	多孩（三孩及以上）	与老人同住
	848	940	31	962
家庭经济状况	较好	一般	较差	贫困
	533	1071	191	24

续表2-2

家庭关系	和谐	夫妻关系一般	亲子关系一般	较紧张
	534	789	428	329
家校共育参与度	家委会委员	家长志愿者	偶尔参与班级事务服务	未参与班级事务服务
	192	228	922	477

本次调查的教师样本198人，教师样本分布情况见表2-3（表2-3：小学家校共育现状及需求调查教师样本情况）：

表2-3　小学家校共育现状及需求调查教师样本情况　　　　单位：人

性别	男	女	—	
	49	149		
年龄段	30岁及以下	31~40岁	41~50岁	50岁以上
	50	50	50	48
学历	高中及以下	专科	本科	研究生
	22	35	116	25
教龄	5年以下	6~10年	11~20年	20年以上
	31	57	61	49
职称	二级及以下	一级	高级	正高级
	66	85	44	3
职务	班主任	行政管理者	少先队辅导员	学科组长
	67	17	12	41
任教年级	低年级	中年级	高年级	跨年级
	60	59	60	19

本次调查的小学生样本 1679 人，学生样本分布情况见表 2-4（表 2-4：小学家校共育现状及需求调查学生样本情况）。

表 2-4　小学家校共育现状及需求调查学生样本情况　　　　　　单位：人

性别	男	女		
	775	904	—	
年级	1~2 年级	3~4 年级	5~6 年级	
	199	727	753	—
家庭共同生活成员	仅与父母同住	仅与父母一方生活	三代（含以上）同堂	仅与祖辈同住
	498	121	783	277
与父母关系	亲密	一般	不良	矛盾严重
	977	180	440	82

四、基础数据对小学家校共育的影响分析

（一）影响小学家校共育的家庭环境要素

1. 父母受教育水平

从本次调查的家长学历程度分布情况来看，小学生家庭父母的总体学历有所提升但仍然偏低，其中父母学历分布情况受性别、年龄、家庭区域等因素影响较为明显。

一是家长较低教育水平（教育年限 12 年以下或高中及以下学历）的总体比例仍然较高，占 27.1%；家长平均受教育年限约为 14.8 年；较高教育水平家长（教育年限 16 年及以上或本科及以上学历）占比明显提高，占 62.3%。

二是男性家长的受教育程度高于女性家长。父亲中较低教育水平的比例为 16.69%，母亲中较低教育水平的比例为 34.2%，母亲低教育水平比例是父亲的两倍。

三是家长受教育程度随年龄呈不对称倒 U 形变化。30 岁以下家长较低受

教育者比例约占 11.8%；46 岁以上家长较低受教育者比例为 63.6%；30~45 岁家长较低受教育者比例仅为 24.6%。

四是家长受教育程度受其生长区域影响差异显著。生长区域在村社、乡镇、县城、城市的家长受教育程度逐级提升，城乡差异明显。

2. 家庭经济情况

从本次调查的家长经济情况来看，家长整体经济条件有了较为明显的改善，认为家庭经济条件较好的家长占 29.3%，认为家庭经济条件能基本满足生活需求的家长占 58.9%，认为家庭经济条件较差甚至贫困的家长占 11.8%，其中农村家庭占 63.2%。从相关数据的对照分析中可以发现，家长增加家庭教育投入的意愿和能力都有所增强。小学阶段的各类教育投资在家庭收入中的占比也有较大增长，家庭教育投资的领域和类型也呈现多元化趋势。尤其是"双减"政策推行以来，家庭教育投资的内容更加倾向于提升小学生综合素质的项目。

3. 家庭结构

从本次调查的家庭结构来看，初婚家庭约占 62.7%，重组家庭约占 29.7%，单亲家庭约占 7.6%。从家庭的户籍类型来看，重组家庭比例城镇高于农村，单亲家庭比例农村略高于城镇；独生子女家庭占 46.6%，二孩家庭占 51.7%，多孩(三孩及以上)家庭占 1.7%。其中，独生子女家庭中的城镇比例大于农村家庭，二孩家庭的城镇和农村占比无显著差异，而多孩(三孩及以上)家庭的农村比例远远高于城镇。在被调查家庭中，孩子仅与父母一方生活的占比 7.2%，可见绝大多数孩子由多名家长抚养；约半数的家庭有老人参与养育孩子，隔代养育的影响在当代家庭中起重要作用；而仅由祖辈抚养的留守儿童家庭占比为 16.5%，且主要集中在农村地区，缺乏父母参与的家庭教育状况不佳。

4. 共同生活成员关系

从本次调查的家庭共同生活成员关系情况的描述来看，家长视角和儿童视角存在差异。从家长视角看，认为家庭关系和谐的仅占 29.4%，关系紧张的占 18.1%；而在儿童眼里，有 58.2% 的孩子认为亲子关系亲密，仅有 4.9% 的孩子认为亲子关系紧张。从中可以分析得出，本区域家庭成员关系中，除开父母与祖辈的关系之外，夫妻关系不良程度高于亲子关系。此外，儿童眼中的亲子关系呈现两极分化趋势，近60%的家庭亲子关系呈现亲密依恋型，而亲子关系不良甚至矛盾严重的家庭占31.1%。这种两极分化与小学生身心发展年龄特征中对成人长辈的依恋感强、自我意识尚未充分形成有关，也提示当下小学生家庭亲子关系的不良倾向更为明显。

（二）影响小学家校共育的学校环境要素

1. 学校属地区域与生源构成

学校属地区域在很大程度上反映出学校的生源构成、家庭教育情况、教师素养等。在上述这几个方面中，农村学校相对城镇学校明显薄弱。城镇学校之间因区域经济社会发展不平衡，家校共育开展的情况和效果也存在显著差异。

一方面，在生源构成方面，城镇学校生源构成整体优于农村学校，留守儿童比例远低于农村学校，但单亲、重组家庭儿童比例略高于农村地区。这种生源结构方面的不平衡，使得农村、城镇的家校共育基础和侧重点有明显不同。农村学校开展家校共育难度较大，家长和监护人的年龄身份、受教育程度、精力、意识和意愿都不利于家校共育的开展，农村学校家校共育更容易走入单纯的"学校替代家庭给予儿童家的关爱"的误区。而城镇学校开展家校共育也会因家庭结构失衡、家庭教育与学校教育的一致性不够等问题，使家校共育陷入"救火""内耗""反复"等不良状态。

另一方面，同在城镇的不同区域的学校，生源结构也会因为区域经济社会发展的差异而不尽相同。以笔者所在学校的城市情况为例，笔者所在城市以重工业、制造业为支柱产业。城市北区为工业区，以动力机车为龙头产业；南区为商贸区，以服饰批发、航空飞行器研发为重点产业；东区以车辆制造为重点；西区为高新开发区，以高新科技为支柱产业，重视教育。笔者所在小学地处城市西区城郊接合区域，前身为农村小学，随区域转型而划定为城镇小学，生源结构复杂，兼具农村小学和城镇小学生源结构特点，致使家校共育工作开展难度大，工作重点分散，家校共育需求参差不齐，需要更为系统深入地做好顶层设计和分层分类进行针对性实施。

2. 学校规模、办学条件与办学品质

学校的办学基础条件制约家校共育的资源、方式、频度、生态环境优化等，进而影响家校共育的效果。从调查数据来看，大中规模的学校家校共育开展情

况好于小规模学校，城镇基础条件较好的学校好于农村基础条件较弱的学校。从学校的办学品质来看，办学品质较高的学校，校方和家长对于家校共育的需求也相对较高；办学品质一般的学校，校方和家长家校共育需求相对较低。可见，努力提升学校办学品质是激发家校双方家校共育需求、提升双方家校共育意识的有效途径之一。

3. 教师队伍

教师是家校共育的主体之一，是家校共育的重要主导者、参与者和影响者。教师的意识、态度、需求、能力、风格以及师生关系和家校关系，甚至年龄、性别等因素都会影响家校共育的推进。从调查数据来看，女性小学教师在家校共育的意识、态度、需求等方面表现得更为积极主动，认同度较高；而男性小学教师在家校共育的态度、需求、师生关系和家校关系等方面则显现出弱势状态。从年龄、教龄分布来看，中青年教师(31~50岁)和教龄在6~20年之间的教师对家校共育的需求更强烈，态度较积极；而年龄50岁以上的教师的家校共育需求最弱，态度最冷淡。教师的学历、职称等因素对其家校共育意识、态度、需求等影响未发现显著差异。从对家长的问卷中发现，教师的态度、能力、风格以及师生关系、家校关系等因素都对家长参与家校共育的积极性产生影响。

4. 学校的前期实践

调查发现，学校在前期的家校共育实践积累和效果反馈对家长参与家校共育具有显著的影响作用。前期家校共育开展比较好、家校关系较密切的学校，家长的参与意愿明显更强。

第二节　小学家校共育的主要问题

在对区域小学家校共育现状的调查研究以及具体实践过程中不难发现，由于家校共育理念起步较晚，相关的理论与实践研究相对较少，小学家校共育意识仍在不断觉醒之中，加上家校双方关系尚未理顺，家校共育的能力受诸多因素影响差异较大，家校共育的渠道单一且并不畅通等，致使当前小学家校共育的实践难以系统性、针对性、实效性推进，效果大打折扣。

一、小学家校双方合作的意识不够强烈

无论是在问卷调查还是在现实的实践中，我们都可以看到，一部分家长、教师和一些学校，在不同程度上存在家校共育意识薄弱的问题，对于家校共育的态度较为冷淡，甚至还存在不愿意合作的现象。

从家长层面而言，小学生家长对家校共育态度冷淡甚至不愿合作的表现主要有三类：

第一类是疏远隔阂型家长。这类家长与学校、教师平时联系互动不多，缺乏必要的沟通交流，关系较为疏远冷淡，容易在心理上与学校、教师产生距离感和沟通障碍，甚至会因为对某些教育问题的认知存在分歧而和学校、教师产生隔阂。

第二类是自卑抗拒型家长。这类家长通常因自身经济条件一般、文化素质不高、不懂教育等原因，觉得自己缺乏参与学校教育活动的能力，不适宜主动参与家校共育。还有另一部分家长由于孩子学习成绩不理想、行为习惯问题较多、性格脾气不讨人喜欢等原因，常被要求到校与教师沟通或教师上门家访等，导致家长惧怕或排斥与学校联系、与教师交流。

第三类是安心放手型家长。这类家长也大致分为两种情况，一种是盲目乐观型，因为自己缺乏必要的教育理论和教育方法，认为学校有系统性、规范化的教育体系，教师也应该有能力教育好孩子，自己不必参与。另一种是优越满足型，这一部分家长的孩子通常是各方面表现优秀，尤其是学习成绩优秀、乖巧听话的小学生，家长对孩子的表现感到骄傲和满意，希望维持现状，不愿过分介入学校教育。

从教师层面来看，教师对家校共育的态度不够热情也有三类情况：

第一类是认知偏差型教师。这类教师对小学家校共育缺乏正确的认知，认为教育是学校和教师的事，是工作也是权利，家长不需要介入学校事务。一旦家长介入学校事务，教师就容易产生被监视、被挑刺的感觉；而当家长深度介入学校日常运行和决策时，这类教师更容易倾向于自我保护，进而产生一定程度的威胁感、恐惧感，担心自己的职业形象和权威受到挑战。

第二类是自信权威型教师。这类教师对自己的专业地位和专业能力自视甚高，认为教什么、怎么教、什么时候教，自己最有发言权，家长根本不了解，无须也不允许家长对自己的教育指手画脚，他们不必也无法提出意见或建议。一

旦家长踏足这类教师的"领域"，参与到学校事务、班级管理和决策之中，反面会增加无谓的麻烦。

第三类是怯懦无力型教师。这类教师可能是新教师或年轻教师，未为人父母、教学时间不长、资历经验不足，在与家长沟通交流时底气不足、应对失据，尤其是面对一些高学历、高职称和事业有成的家长，他们会感觉很不自在或很有压迫感，进而产生紧张和焦虑，不希望甚至害怕家长频繁联系，更不想让家长参与到学校和班级事务之中。

二、小学家校双方的角色与关系定位不明确

家庭与学校的合作关系是众多社会关系中的一种，是在教育过程中为完成共同任务而进行的交互过程，本质上是一种主体与主体的关系，具有平等性特征。而在现实中，由于家庭与学校的角色差异，打破了家庭与学校之间的平衡关系。

1.家庭和学校在家校共育中存在立场需求差异

家校共育的出发点是小学生的成长，虽然有共同的目标，但家庭和学校所持的立场却并不相同。对家庭而言，孩子是"树"，对教师而言，学生是"林"。家长关注的只是自己的孩子，而教师所面对的则是班级中的一群学生。家长常常觉得自己的孩子表现很优秀，但教师对孩子的评价却一般，这是因为教师是在集体中接触和教育学生，可以通过学生之间的比较去客观了解和评价一个学生的发展情况，而家长面对自己孩子这个单一个体，缺乏"大数据"和参照系，加上情感的作用，评价自然带有强烈的主观性。家长的立场是自己的孩子，他们期待学校教育更多从孩子的个性化发展需求上考虑，而教师的立场是全班学生，他们会对学生共性的发展提出更多要求并耗费更多精力采取更多措施。

2.家庭和学校在家校共育中存在视野观念差异

由于家长的文化背景、人生经历、社会阶层等不同，他们和教师关于如何去接触和看待孩子有着不同的观点。生活在家长和教师观点冲突的家庭的孩子常常需要经历反复的思想斗争，尝试将自己对周围世界的理解与学校教育的观点相融合。然而，由于很多家长凭自己的社会经验教育孩子，用倾向于"现实性""功利性"的教育观影响孩子，这和学校教育主张的"理想性""发展性"的教育理念相冲突，这种"不一样的发声"容易导致理性思维尚不成熟、分析判别力

不足的小学生产生意识领域的混乱，影响他们的学习和发展。

3.家庭和学校在家校共育中存在角色定位差异

多数教师希望家长以支持者、协助者和学习者的身份与自己合作，而家长希望教师不要以居高临下的态度指挥和支配自己。教师会对那些自以为很懂教育甚至可以称为"教育专家"并用自己的教育理解来质疑教师的判断力和教育行为的家长感到厌烦和抵触，而家长更会对那些一味质疑、指责自己家庭教养方式，对自己家庭生活指手画脚的教师失去合作信心和兴趣。当家长和教师双方都以一种挑剔者、批判者的角色与对方沟通时，就为家校共育设置了障碍。

4.家庭和学校在家校共育中存在关系变形

这种变形的关系常表现为两种情况：一是家长缺乏对学校、对教师的了解，教师也缺乏与家长的交流沟通，导致家校共育失去基础；二是家校关系的世俗化、功利化倾向滋生。学生家庭资本和教师所能提供的教育资源成为重要筹码，促使家校关系产生了"互利互惠"的微妙变化，以"利"为基础的家校关系，在一定程度上破坏了家校关系应有的纯洁性，导致良好的家校共育关系无法建立。

三、小学家校双方合作的能力参差不齐

小学家校共育举步维艰，有时并非因为家长和教师不愿意相互合作，而是受限于合作能力的不足。尽管一些家长和教师花费了大量时间、精力、财力，但收效并不乐观，这在很大程度上根源于面对经济社会的快速发展、面对纷繁复杂的教育现象，家长和教师缺乏与时俱进的方法手段来切实推进家校共育。

从家长层面看，家长的社会文化背景、经济条件、受教育程度等存在较大差异，对教育和家庭教育的理解以及教育方式方法等都受其限制。特别是一些受教育程度较低的家长，虽有望子成龙之心，却苦无点石成金之术。有时候在家庭教育方面想做一些努力，却是事与愿违，在一定程度上反而削弱甚至抵消了学校教育的力量。还有一些家长会将孩子出现的所有问题都归咎于学校，对学校教育和教师教育行为产生不满、敌视甚至冲突。此外，还有一些特殊职业的家长，因为工作的原因常常分身乏术，在家校共育中缺位。

从教师层面看，教师的家校共育能力受其认知、教育经历、人际沟通能力、教育教学能力以及教育情感等多重因素影响，也会呈现较为明显的差异。"不

愿"合作与"不能"合作经常是相互交织、相互渗透的，如何克服教师单枪匹马、发号施令的习惯性工作方式，学会与形形色色的家长积极沟通、建立信任，更加有效地调动家长参与家校共育的积极性，是教师在家校共育能力方面面临的新挑战。

四、小学家校共育的条件受限

基本的条件保障是教育工作得以常态化有序开展的前提和基础。近年来随着政府对教育、家庭教育的重视程度不断提高，教育投入和政策支持力度也明显加强，但对于小学家校共育工作的现实需求而言，仍然存在较大的缺口，亟待改善。

1.家庭条件与学校条件不足限制小学家校共育推进。

小学家校共育的推进需要家庭和学校具备相应的合作条件。对于小学生家庭而言，首要条件是时间。根据儿童身心发展的一般规律，小学生对父母的心理依赖较强，对父母时间和空间上陪伴的需求非常强烈，通过他们通过延长父母陪伴的时间的延长来获得心理满足和安全感。然而，很多家长迫于生计或追求给孩子更好的物质生活条件而忙于工作和生活事务，在日常生活中几乎没有时间去注意和关心孩子，更不用说抽出时间来关注和参与学校教育活动。家长对家校共育的态度较为冷漠，对参与学校教育活动和学校事务的反应并不热烈。

而对于学校来说，最重要的条件之一是精力。在我国基础教育阶段，教师承担着重要的教育教学职责，尤其在小学阶段，教师往往需要负责多个班级的教学工作，且班级规模较大，工作时间较长。素质教育要求教师不仅要完成常规教学任务，还要积极参与各类丰富多彩的教育活动。与此同时，教师还需还需紧跟教育改革的步伐，及时落实新的政策要求，完成上级部门部署的各项任务，并配合迎接各类检查评估。这些工作对教师的时间和精力提出了较高要求，使得他们在平衡教学与管理工作的同时，面临较大压力，也在推动家校协同育人方面感到力不从心。

2.组织机构、管理机制缺乏致使小学家校共育势单力孤

当前，我国学校和家庭之间还缺少广泛稳定的联系，"家长参与学校教育"仍是零星自发的行为，既没有普遍的实践，也没有引起社会各界特别是教育部

门的足够重视，更没有纳入政府相关职能部门正式的议事日程或教育行政领导、校长的考核内容。同时，社会也缺少沟通教师与家长之间的上下贯通的枢纽机构和网络，缺少全国性、区域性和教育内部不同层次的领导、组织与协调。

调查中发现，家长参与学校管理决策的人数占比非常小。在长期的部门分割惯性思维作用下，学校封闭的教育观念和管理体制与家庭、社会脱节，形成了学校垄断教育资源、教师独揽教育权的局面。家长很难以主体的身份参与学校的教育教学和管理。在经济社会高速发展的当下，家长面对的压力更多，环境、工作、家庭、学习等诸多方面的问题困扰着家长，致使他们无暇顾及孩子的教育，没有时间也不愿意走进校园，参与校内管理和学校决策。

3.缺乏必要的经费支持使小学家校共育举步维艰

从当前中小学校的经费支持来看，绝大多数家校共育活动没有专门的财政预算，多数学校仅能从学校德育经费中拿出一小部分作为家校共育的经费来源。由于没有纳入财政预算，没有设立专项经费出口，学校家校共育缺乏必要保障和支撑，有意愿推进此项工作的学校也需要尽可能缩减支出，家校共育活动的质量和效果就无法保障，大部分学校的家校共育也难以持续、常态开展。

4.优质教育资源紧缺且配置不平衡导致小学家校共育校际差异明显

近年来，我国社会经济发展进入了快车道，对教育的投入也大幅增加，教育行政部门在义务教育均衡发展方面也做了很多工作，取得了非常显著的成效。但在现实来看，由于我国义务教育体量庞大，优质资源紧缺的现象在义务教育阶段仍然普遍存在。加上在优质教育资源配置上还存在城乡、区域、校级之间的差异，致使义务教育阶段特别是小学阶段家校共育水平和开展情况参差不齐。

五、小学家校共育的渠道不畅通

1.小学家校共育形式单一、内容局限

前期我国小学家校共育的形式非常单一，主要呈现出以家长会、家长学校、亲子活动等集体活动为主体的表现形态。家长会作为家庭和学校联系的基本方式由来已久，在一定时期内发挥了重要的作用。但家长会仅仅只是一个家长的集会，更多是承担校方向家长传达信息、完成家校事务性工作的任务。随

着家长委员会在中小学的广泛建立，家长委员会将家长会的大部分职能分离出去，家校共育意识逐渐普及和提升，家长学校这一新的"半学术性"组织出现，其功能更加集中，更具学习性、专业性和发展性。但是，无论是家长会还是家长学校，都是以学校为主导的单向联系活动，家长在整个活动中处于被动接受的地位，缺少家长与学校之间的真正对话，没有双向交流，没有形成制度。而无论是家长会、家长学校还是参与学校组织的各种亲子互动活动，都是以集体型活动为主要载体的，个体型有针对性的家校共育活动占比非常少。

此外，当前小学家校共育的内容也比较局限。从教师和家长交流的内容来看，教师向家长主要输出的信息占比由高到低依次为"学习方面"（约43%）、"品德方面"（约34%）、"身心健康方面"（约14%）、"审美方面"和"劳动方面"（共约9%）；家长向教师输出的信息占比由高到低依次为"学习方面"（约75%）、"品德方面"（约17%）、"劳动方面"（约6%）、"身心健康方面"（约2%）、"审美方面"（0%）。可见，教师和家长交流的内容主要集中在孩子的学习和品德方面，特别是家长，对孩子学习的关注程度很高，和教师交流时反馈的信息主要集中在学习方面，对孩子"身心健康""审美"等影响学生成长的重要领域关注不够。

2.非对称性相倚型互动致使家校沟通不良

教师与家长之间的"互动关系"和有效沟通是促使家校共育有效实施的重要条件和基础。但就当前家校关系的现实来看，普遍存在一种可称为"非对称性相倚"的关系模式，这是家校共育、家校沟通中的障碍。"非对称性相倚"是指"一方以对方的反应作为自己行为的依据，另一方则主要对自己的计划作出反应，这是一种不平等的相倚"[1]。通常情况下，在家校关系上，教师依据自己的计划办事，而家长则看着教师的"眼色"行事。在这种非对称性的相互关系中，教师往往主动把握着关系的方向和节奏，而家长则常常处于被动、从属的地位。基于这种单向的关系，许多家长都是勉强而谨慎地处理着自己和教师之间的关系，唯恐因"得罪"教师而对孩子的未来发展不利。

---

[1]　邢利娅，王成刚.我国教师与家长的合作现状分析及对策[J].内蒙古师范大学学报（教育科学版），2004.

3.心理防御意识强化家长与教师的距离感

由于教师与家长的关系并没有组织隶属性质，他们的交往关系比较松散，在双方交往的内容、形式、频次等方面具有很大的随意性。这种既不能靠行政手段来推动，也无法通过学生传递情感的交往关系，使家长与教师之间因为缺少心理和情感的交流而产生距离感。这种距离既包括了物理距离，也包括心理距离。在教师与家长的关系中，双方都有捍卫自我形象、保持个人自尊的需要。若一方自我保护的观念和行为过于明显，就有可能引起对方相同的防御行为。在不少家校约见中，教师过多批评学生学习不努力、行为习惯不好等，令家长颜面无光，而家长潜意识要捍卫自尊，对于教师的批评或是反驳，或是不吭声以示内心尴尬不满，双方的心理距离就会因此拉大。

而另一方面，也有些教师对自己的职业比较冷漠，为掩盖自己的无力和不安，也会出现故意与家长保持距离的表现。加上有些教师感到与家长的交流接触会增加自己的工作量，是一种额外的负担，这种情绪态度即使没有明言，也会无形中传递给家长，影响家长参与的热情和意愿。

六、小学家校共育的效果不明显

由于上述各种问题的存在，许多学校在家校共育活动推进上时断时续、内容零散不成体系；为了活动而活动的现象也时有发生，既没有对过程的规划、管理，也没有对结果的总结反思，家校共育的效果自然不好。

第三节 小学家校的需求分析

关于区域小学家校共育需求的调查研究显示，小学家校共育意识仍在不断觉醒之中。从家长、教师、学生三个视角来分析小学家校共育的需求，呈现出明显的不平衡性和差异性。只有真正理清家长、教师、学生三方的家校共育具体需求，理顺三方的需求关系，才能更好地推进小学家校共育。

一、家长视角的家校共育需求分析

1. 小学生家庭结构变化对家校共育关注群体的影响

从本次调查的学生及其家庭基本情况来看，小学生所在家庭为独生子女家庭占比 46.6%，多子女家庭占比为 53.4%。从这一类数据分析，随着国家人口政策调整，小学生独生子女比例显著下降，且与学生年龄呈现显著相关性。由于越来越多的中小学生生活在多子女家庭，因此在选择家校共育内容与方式时，应考虑中小学生因与家庭同龄或近龄成员共同生活而产生的需求差异，需要对以往以独生子女为主体的小学生家校共育内容和方式进行调整。

此外，从本次问卷调查数据来看，小学生随城就读情况较多，即城市外来务工子女占比较大，农村留守儿童人数逐渐减少。因此，在今后一段时期，区域小学家校共育在重视留守儿童问题的同时，应更多关注外来务工子女教育问题。

2. 家长对家庭教育重要性的认识已普遍提升

家庭教育在孩子成长过程中的重要性是不言而喻的。在调查中仅有不到 10% 的家长仍认为教育孩子主要是学校和教师的任务。绝大部分家长已经认识到家庭教育在孩子成长过程中的重要性，他们认为家庭对于孩子的影响体现在情绪情感、学业成绩、性格特点、人际关系、行为习惯与道德品质等方方面面，而且特别强调家庭教育对于孩子心理健康的影响非常大，这为家校共育的全方位开展创造了有利条件。家长家校共育意识虽然有所加强，但在如何与孩子沟通、理解孩子身心发展，以及如何配合教师方面存在困难，表现出一定的弱势，他们更希望能从学校和教师方面获得专业的指导和有效的帮助。

3. 班主任仍是家长最为信任和依赖的群体

在调查中，当家长被问及更愿意从哪类人群身上学习家庭教育知识时，有约 52% 的受访者选择了班主任，这表明班主任在家长眼中具有很大的权威性。虽然家庭教育专家和家庭教育讲师拥有更多的专业知识，但家长还是倾向于选择班主任，这反映出家长对于孩子成长现实需求的考量，同时体现了家长对班主任群体的信任和依赖。

4.家长在家庭教育方面的投资意愿大幅提升

在调查中，家长反馈的家庭教育投资意愿比较强烈。为了孩子的教育，有近80%的家庭表示无论花费多少都会支持，远高于表示愿意花家庭总收入的三分之一的5%、家庭总收入的一半的10%，以及家庭总收入的全部的6%。这充分反映出中国社会尊重和支持教育的传统文化根深蒂固，也表现出随着家庭经济收入的逐步增长和家长对家庭教育重要性认识的进一步强化，家长在孩子教育方面的投资意愿和能力都在进一步增强，这为家校共育的开展奠定了基础。

而另一方面，调查结果也显示，家长对孩子教育的投资意愿越高，家长参与在家类型的活动或行为程度的越高，而与家长是否到校参与家校共育活动的关联性不高。家长的教育投资意愿在激活"当好家长"、相互交流、在家陪伴学习、参加校外培训等方面呈显著正相关关系，而与家长参与学校志愿服务、参与学校决策管理不存在相关性。从这个角度来看，家长在家庭教育方面投资意愿的提升，又存在对家校共育开展的不利影响。

5.家长对于家校沟通的内容需求重点发生改变

调查发现，以往局限于学业成绩的家校沟通内容已无法满足家长的需求，家长对于了解孩子在校的身心发展状态表现出强烈的意愿。

二、教师视角的家校共育需求分析

1.教师认为家校共育应围绕"家长的问题"开展

在调查中发现，很多教师认为家校中的主要问题是"家长的问题"，家长在家校共育中的不积极、不作为、不专业、不客观等问题是影响家校共育推进和实效的主要因素。因此，教师在家校共育需求中较多表现出要解决"家长的问题"的需求。如调查中约45%的教师认为与学生家长沟通存在的主要问题是"家长工作忙，没有时间投入到孩子教育上"，这一点印证了上文提到的绝大部分家长的经济状况，他们不得不花费更多的时间和精力在工作上，这是在家校共育实践过程中尤其需要教师考虑的现实问题。另外，约55%的教师认为家长的教育理念与能力存在问题，在教育孩子方面有心无力，这表明开展家庭指导的必要性。约80%的教师认为影响家校共育开展的原因主要是家长的素质，可见，在教师眼中家校的问题更多的是"家长的问题"。这在某种程度上反映出教师对于家校共育中教师与家长所扮演角色的认识偏差，以及教师对于自己在家校共育中优势地位认识的错误心态。

2. 家校沟通中教师的被动心态与主动意愿分析

调查显示，教师进行家校沟通的时间点是多样的，既有定期的主动交流，也有随机的被动联系。后者多发生在学生犯错误、在校表现异常时，这时的家校沟通是以解决具体问题为目的的。教师被动联系家长的情况仍较为普遍，虽然定期联系家长的主动意愿有所提升，但还需进一步加强。不过，仍有约半数的教师能够做到定期与家长联系，这既得益于教育行政部门推行的"万人大家访"活动，又因为教师在定期家校沟通中尝到了"凡事预则立，不预则废"的益处。定期的家校联系，既有利于全面有效地了解儿童，又让诸多问题防患于未然，看似耗费时间的多次沟通实际上是节约了教师的时间和精力成本。此外，家校沟通的方式变得更加多样，线上沟通的便捷为教师与家长的紧密联系提供了支持，并成为一种普遍的沟通方式，但随之产生的班级微信群、QQ 群管理问题成为不少教师和家长的困扰。

三、儿童视角的家校共育需求分析

1. 小学生对家校共育有较为正确的认知

从小学生的角度看，懂得尊重、关心、鼓励和交流的父母更能获得他们的认可和信任。而当前家长在家庭教育中最紧迫的问题是学会与孩子沟通。

通过此次调查发现，学生对于家校共育工作的重要性同样有正确的认识。在调查中，支持"教育应该是遵循规律、家校协同配合、常态开展的工作"（赞成和有一定道理）的比例达82%。这反映出小学生独立自主意识尚未形成，对问题的认知和判断能力不足，但向师性、亲师性很强，是建立良好的自主成长、自我与环境、自我与社会关系的重要起始阶段。

2. 小学生家校共育需求存在性别差异

在调查中发现，家长参与家校共育活动存在着较为显著的子女性别差异。家长对女生教育的参与重点主要集中于陪伴学习和由家长主导、与女生直接相关的活动；而对男生教育的参与重点则是在到校参与和由教师主导、与全体学生相关的活动。也就是说，在当好家长、在家陪伴和参与决策等不同的家校共育类型上,女生家长倾向于在家庭教育内部着力,而男生家长倾向于从家庭教育外部借力。

3.小学生家校共育内容兴趣程度分析

本次调查针对小学生进行了家校共育内容兴趣程度调查,与前期本区域另一项相关调查的中学生数据结果进行比较,呈现出较为鲜明的学段差异(见表2-5:小学生家校共育内容兴趣程度对比表)。

表 2-5　小学生家校共育内容兴趣程度对比表[1]

关心的问题	平均综合得分	
	中学生	小学生
学业进步	4.70	3.92
友谊	4.24	3.04
人生理想	3.81	2.91
品德修养	3.79	2.88
国内外大事	3.72	2.67
心理健康	3.37	2.55
国家发展历史	3.21	3.04
班级(团队)建设	3.06	3.11
身体发育	3.04	3.33
传统文化习俗	2.97	3.00
生活见闻	2.71	3.04
生命安全	2.51	3.23
物质生活	2.31	2.78
学校发展	2.30	2.65
具体问题解决	2.22	2.70

注:选项平均综合得分=(Σ 频数×权值)÷本题填写人次。

---

[1] 李建国.中小学德育的生态回归[M].长沙:湖南师范大学出版社,2021:63.

从调查结果分析，整体上看，小学生家校共育内容兴趣程度的离散度不高，即小学生的家校共育内容兴趣程度差异性不大且强度不高。这种现象的产生可能是由于小学生尚处于独立自主意识未形成的阶段，对问题的认知和判断能力不足，个性化需求不明显，因此无法像中学生那样有较为强烈的自主意识和较为清晰的认知，家校共育内容兴趣程度不明显或未得到自我认知。

从具体选项来看，小学生最关注的家校共育内容分别是身体发育、生命安全、班级建设、生活见闻和传统文化习俗等，而中学生最关注的兴趣问题分别是品德修养、国内外大事、心理健康。从这些数据来看，小学在家校共育内容的选择和实施中应结合学生需求有所侧重。

4.小学生家校共育方式需求分析

从家校共育方式的需求来看，小学生比较接受活动式、体验式的家校共育方式，喜欢在游戏、活动、实践中获得教育，而不喜欢较为枯燥的说教或理论学习。小学生比较乐于接受教师和家长讲授德育故事或事迹，喜欢自主借阅图书查阅或与同学讨论交流，他们比较倾向于在校园内进行各种形式的家校共育活动，但对"召开家长会"这一家校共育方式持较为谨慎的态度，并在群体态度上存在较为明显的分歧。

第三章

基于家校共育关系优化的多方行动

家校共育是当今国际社会教育发展的趋势，我国从 20 世纪 80 年代起就已经进行了广泛的研究和实践。但由于诸多方面和因素的影响，我国家校共育仍然步履蹒跚。家校共育的深入推进需要更广泛的视角，需要在理论研究、思想观念、运行机制、内容方法、资源配置乃至功能结构上都有较大力度的改革和创新。本章节结合笔者所在区域、所在学校在家校共育方面的实践，以及在教师、家长参与家校共育中的经验、问题和效果，提出关于家校共育关系优化的各方行动的思考。

第一节　从指令到指导的区域行动

家校共育不仅是家庭与学校两方面的协调合作，更需要国家、教育行政部门、社会各方等承担起相关责任，积极支持、统筹规划、主动参与，共同促进家校共育的良性运行。本节重点以笔者所在区域——株洲市天元区为例，介绍区域推进小学家校共育的理念与实践。

一、落实区域家校共育的基本原则

1.目标一致原则

尽管社会层面有差异，在教育中扮演的角色也不相同，但究其根本，家庭、学校、社会对于儿童的教育目标从本质上而言是一致的，都是为了更好地促进青少年儿童身心健康、全面而个性的发展。目标一致性原则是家校共育最坚实的基础和最大的共识，帮助家庭、学校、社会在儿童教育中保持一致、并肩前行、形成合力。

2.以儿童为本原则

家校共育所制定的各项制度、计划等都必须从儿童的发展出发，保障儿童的权益，这是家校共育必须承担的义务。在家校共育中，家庭、学校、社会既要坚持儿童立场，主动为儿童代言，也要创设条件和情境让儿童在平等参与中为自身代言，在实践中保障儿童权益，促使他们真正受到教育，更好地成长。

3.地位平等原则

家校共育需要建立在平等互信的基础之上。家庭、学校、社会都具有平等的主体地位，是"合作伙伴"关系，不存在"依附"，共同承担儿童成长的责任。在家校共育中要坚持共同制定规则、确保边界、保障理念统一性和决策公开性，最终实现共同治理。

4.开放共享原则

在家校共育中，家庭、学校和社会需要彼此敞开大门，尤其是作为合作主导方的学校，要更大程度地向家庭和社会开放。同时，也要吸纳更多的优质教育资源、家庭教育资源和社会力量参与家校共育，实现优质教育资源的优化整合和开放共享。

5.多样化原则

教学有法而无定法。家校共育也是一样，方式方法可以多种多样，没有固定的模式。有些家校共育活动可以形成独立的序列化、特色化的活动，还有些家校共育活动可以无声无息地融入大多数日常教学环节之中，无须占用过多课余时间和精力。这样丰富多样、科学便捷的家校共育方式，是保障家校共育常态化实施的重要途径。

6.长效性原则

家校共育不是权宜之计，不是暴风骤雨，而是需要长时间系统性立体化的坚持推进，否则家校共育投入了精力却难见实效。因此，家校共育必须建立长效机制，明确责任，有序推进，并定期开展督查和行动评估，确保家校共育工作的长期性和完整性。

7.合作共赢原则

家校共育推进的最佳结果不仅仅只有学生受益，参与其中的家长、教师、学校和社会等相关人员都应该受益，形成一个共生多赢的家校共育效果。共赢是提升群体参与积极性的激励因素，是目标激励系统中内在动力激发的重要条件，能促进家校共育的长效性和实效性。

8.统筹协调原则

家庭、学校和社会有着各自的功能定位，家校共育是典型的"跨界"行动：教师"走出"学校，父母和社会"走进"学校。家校共育工作中应明晰边界，统筹协调。参与人员要尽可能多边，决策过程要尽可能公开，合作内容要尽可能均衡，构建全方位覆盖学生学习生活的立体化教育网络，实现教育功能的最大化。

二、推进区域家校共育的建章立制

制度是做好一件事情的重要保障。区域家校共育的制度建设主要可以分为两大类：一类是学习理解国家的相关政策、法律法规、规章制度等，另一类是制定和完善本区域的相关规则制度。

目前，家长参与学校教育的随意性较大，家长参与情况在很大程度上受学校领导、教师和自身主观意识的影响。办学理念思想比较民主开放的学校能够主动吸引家长参与，而办学比较专制封闭的学校往往并不欢迎家长参与；而家长由于自身情况的差异，他们参与家校共育的程度也有所区别。因此，相关制度的保障，特别是以法律和地方性行政法规确定下来的家长在家庭教育、家校共育中的权利和义务，减少了家长参与的随意性，促使教育行政部门依法依规行政，督导学校保障家长参与学校教育的权利，才能更好地促进家长参与。

2016年，为改善中小学生成长生态，株洲市教育局制定下发《株洲市中小学德育综合改革行动计划（2016—2018年）》，计划用3年左右的时间，有效整合家庭、学校、社会教育资源，构建起中小学各阶段纵向衔接、各学科教育横向融通的德育课程体系，形成全员育人、全程育人、全方位育人的德育工作新格局，进一步提高德育工作的针对性、实效性和科学化水平，全面提高中小学生的道德素养。

三、加快区域家校共育的队伍建设

现代的家校共育需要具有相应素质的合作队伍。合作队伍除了家长、教师和学校管理者外，还包括家校共育的指导者。

(一) 教师队伍建设

全面提高中小学教师队伍的育人能力，建设一支符合时代发展和学生成长需要、具有良好师德素养和较高育人能力的教师队伍是家校共育链上的重要一环。为此，株洲市教育科学研究院成立了"株洲市教育学会家庭教育研究专业委员会"，引领全市基础教育开展家庭教育和家校共育的专项研究。株洲市教育局、天元区教育局每年举办"班主任育人能力竞赛"活动，促进班主任工作专业发展，建立"株洲市班主任工作讲师团"，推动县市区级班主任共同体建设，提升班主任工作水平；每年评选"优秀班主任""班主任工作能手""班主任工作新秀""优秀共青团干部"和"优秀少先队辅导员"；成立由德育工作带头人、德育教研员、优秀班主任、优秀团队干部、社会工作者等组成的"株洲市中小学德育工作视导团"，充分发挥德育专家示范引领作用。在专业引领下，涌现出马安健、钟松林、刘惠兰、刘荣福、黄国雄、汪瀛、余珍容等一批师德模范。

(二) 家长骨干素养提升

学生成长不只是学校的事，学校教育作用是有限的。学生成长是家庭、学校、社会几方面共同作用的结果。如果只重视学校力量，而忽视家庭和社会力量，教育肯定是低效甚至是无效的。所以，重要的是建立协同机制，指导家长树立正确的教育观、科学的儿童观、现代的人才观等，帮助家长走出教育理念上重智轻德、重知轻能，教育方法上简单粗暴的误区。

2013 年 5 月，市教育局成立了"株洲市家长学校总校"。委托株洲市四中副校长吕国祎担任总校校长，并拨专款支持总校的工作。总校组织市内外专家到各学校开展家庭教育知识专题讲座；在株洲教育网开设了"株洲家庭教育网"的链接；在《株洲晚报》开设了"吕国祎家庭教育专栏"，每周刊登一篇有关家庭教育方面的文章；开设了家庭教育微信群；向全市家长发放"科学教子致家长的公开信"，进一步提高家长对家庭教育的认识。通过各种渠道，采取各种措施，大力宣传家庭教育的重要性，传播家庭教育的基本理念和基本方法，提高家长的教育能力和教育水平，让他们既能承担自己的教育责任又能积极配合学校的教育工作，和教师一道分担，和孩子一同成长。

随后，株洲市又开展了"政府牵头，学校举办，社区协同"的全新模式建设家长学校。把着力点放在提高家长素质上，把提高家长育人水平作为家长学校的主要任务，把改进教学方法作为提升家长学校办学质量的重要手段。"在与学生家长沟通的方式上，变"开三会"(学生考试成绩排名公布会、教师告状会、学生在家表现汇报会)为"三服务"：传授先进的家庭教育理论，为提高家长的教育素质服务；引导家长改进家庭教育方式，为培养孩子的综合素质服务；了解家庭教育存在的问题，为解决家长教育子女中的困惑和苦恼服务。将以往纯"会议式""满堂灌"等传统单一的教学方式，改为专家讲座、名师主讲、现身说法、送教上门、书信交流、同伴互助、网络论坛等灵活多样的互动方式，还借助电话、电视、网站、QQ群、家校通等先进的科技手段，进行家庭、学校、社会信息交流。

(三)优秀学生骨干培养

学生的主体作用发挥是关键的一环。只有让学生自己去探索、自己去体验，才能获得真正的成长。为此，株洲市教育局、天元区教育局每年评选三好学生、最美孝心少年、美德少年、感动校园十大人物等等，以此激发学生成长的内驱力。

四、强化家校共育的组织协调

区域整体推进是家校共育工作走向规范化、序列化、常态化的重要路径。近年来，株洲市政府、天元区政府坚持把未成年人思想道德建设工作纳入全市国民经济社会发展总体规划，纳入县(市、区)党政领导班子和市直相关责任单位"一把手"年度目标考核。在株洲市创建全国文明城市过程中，创造性成立未成年人成长环境专业组，由分管副市长任组长，综合运用行政推动、媒体公示、诚勉谈话、评选先进等工作手段，推动未成年人思想道德建设各项工作落实，工作成效明显。

(一)新建社会教育资源成为儿童成长沃土

2015年株洲市斥资1.55亿元，打造中小学综合实践基地，该建设项目用地面积 221 亩，包括瓜果长廊、农耕医药园、茶园、水上拓展区、花卉园艺区、国防教育场、安全演练场、国医馆、特色馆等。建成后，每个训练期可同时容纳 1200 名中小学生参加实践活动、集中食宿。市示范性综合实践基地结合生活教育、学科知识、现代科技、地域文化、生命教育、人生规划六个方面开发和设置实践课程，组织学生开展学工、学军、学农、生命安全等综合实践教育活动，每年可接待 4 万至 6 万名中小学生参加实践活动。

此后，株洲市教育局联合有关部门，利用区域"红、黄、绿、蓝、黑"五色教育资源，分别建成爱国主义、民族精神、环保意识、创新创业、法纪警示教育基地近 50 处，社会实践基地 34 所。近三年来，20 多万中小学生 100 多万人次走进红军标语博物馆、秋瑾故居、炎帝陵、神农城、神龙谷、湘江风光带、创业孵化园、白马垅戒毒所等校外实践基地开展活动。一系列的增建扩建有效丰富了社会教育资源，构建了良好的社会教育格局，为孩子成长构筑了一块生长的沃土。

（二）"三点半"课程为家长解决切身难题

"放学了，上少年宫"已经成为株洲孩子的新风尚。对于进城务工人员来说，由于文化程度普遍偏低，往往从事工作时间长、强度大的体力劳动，没有很好的方式和很多精力管护孩子；对于城市的"上班族"来说，孩子 3:30 放学，自己 6:00 以后才下班，孩子每天有两个半小时处于学校、家庭"两不管"的状态。为帮助进城务工人员子女适应城市生活，接受良好教育，融入城市文明，也为了解决上班族子女管理空当问题，让"上班族"父母放心上班，株洲市教育局在社区建立少年宫，引进义工服务，开设特色课程，开展文体活动，促进学生交往，为小学生放学后营造温馨的学习、活动、交往环境。株洲市将少年宫打造为孩子开心的活动场所，开设了"活动、实践、培训"三类特色课程，一是根据志愿者的特长和孩子的需求，开发了绿色网吧、图书阅览、心理咨询、漫画欣赏、手工制作、花样篮球、儿歌比赛、乒乓球、羽毛球、剪纸等 30 多项学生感兴趣的学乐项目。二是广泛开展"进车间学工人、进农村学农民、进部队学军人"的三进三学活动，为孩子们的实践活动拓展了新的天地。三是在社区少年宫开设作业辅导、少儿瑜伽、乐器合奏、合唱等 10 多门免费培训课程，培训人数达 500 名，培训时间 10000 多小时。少年宫积极践行素质教育理念，通过公益培训有效地帮助这些孩子发展特长。

（三）创造条件，积极推动中小学校家校共育组织建设

株洲市政府、市教育局、区教育局采取有效措施加快推进中小学幼儿园普遍建立家长委员会，推动建立校级、年级、班级家长委员会，指导中小学幼儿园将家长委员会纳入学校日常管理，制订家长委员会章程，将家庭教育指导服务作为重要任务。区域教育行政部门支持学校家长委员会邀请有关专家、学校校长和相关教师、优秀父母组成家庭教育讲师团，面向广大家长定期宣传党的教育方针、相关法律法规和政策，传播科学的家庭教育理念、知识和方法，组织开展形式多样的家庭教育指导服务和实践活动。

区域推进努力办好家长学校。帮助和支持家长学校组织专家团队，聘请专业人士和志愿者，设计较为具体的家庭教育纲目和课程，开发家庭教育教材和活动指导手册。中小学家长学校每学期至少组织 1 次家庭教育指导和 1 次家庭教育实践活动。幼儿园家长学校每学期至少组织 1 次家庭教育指导和 2 次亲子实践活动。市教育局每年评选 10 所示范性家长学校。市政府、区政府也将学校家长委员会建设情况、家长学校开办情况纳入对教育的年度绩效考核体系，确保该项工作落实到位。

（四）项目引领，任务驱动，创新家校共育治理机制

在推进全市德育综合改革过程中，株洲市十分关注地域、学校、学生的"生态位"，努力创新家校共育治理机制，引导学生多元发展。从 2020 年开始，株洲市教育局为解决家校共育工作面临的问题，形成一批家校共育工作成果，打造一批家校共育示范学校，实施家校共育项目化治理，包括社会实践育人、网络育人、"学校—家庭—社会"合力育人、志愿服务、乡村学校少年宫"一宫一品"建设、留守儿童关爱、家庭教育、班主任共同体建设、学段衔接的德育课程体系建设、家校共育评价体系建设等 10 余个项目，由区域、学校承办。市教育局根据申报情况，将申报学校按项目组成 20 个德育联盟，定期召开交流研讨、督查推进会，不定期在"株洲市德育综合改革"群里通报进展情况，取得了较好的效果。每年召开一次全市性"立德树人"专题经验交流、研讨分享、成果展示、现场推进会议，现已形成"项目承办、联盟推进、典型引路、辐射带动"的家校共育工作治理机制。

五、深化家校共育的管理督导

(一)教育行政部门牵头管理

家校共育需要在管理体制上,发挥教育部门的统筹、协调和组织作用。虽然各级党委的宣传部门、关工委,政府的教育、文化出版等部门,社会的工、青、妇组织等,为家庭教育事业的发展开展了大量卓有成效的工作,但由于没有一个职能部门专司其职,难免出现政出多门、力量分散的问题,导致家庭教育和学校教育难以形成合力,出现相互脱节的"两张皮"现象,影响家校共育的发展。因此,想要整合家庭、学校、社会三方的教育资源,推进家校共育的广泛开展,必须要有一个职能部门来协调和统筹规划制定、任务落实、工作检查、成绩评估等工作。

教育部《关于加强家庭教育工作的指导意见》在"强化学校家庭教育工作指导"要求中强调,"各地教育部门要切实加强对行政区域内中小学幼儿园家庭教育工作的指导,推动形成政府主导、部门协作、家长参与、学校组织、社会支持的家庭教育工作格局"。教育行业拥有专业机构和数以千万计的受过专门训练的专职教育工作者,在教育理论研究、教师和家长培训、家校资源整合等方面,有着其他部门和机构难以企及的优势。因此,负责各地学校管理的各级教育行政管理部门应该主动承担起主导和指导家校共育工作的责任,切实推动家校共育深入发展。

(二)明确家校共育的目标体系

家校共育对于家长和学校而言,不仅仅是一种理念、一种关系、一种形式、一种结果,更重要的是一个过程。这个过程既不可能一蹴而就,也不可能一帆风顺,需要有明确的目标并分阶段进行。

教师和家长之间可能存在三种基本的合作关系:默契的伙伴关系,相互学习与支持的伙伴关系,以及为推进教育改革的社会运动奠定基础的积极伙伴关系。[1] 教师和家长的合作关系是随着家校共育的进程而不断变化的,由较低

---

[1]　厉爱民.“非学校化”教育思潮对我国家校共育的启示[J].中国家庭教育,2003.4.

层次的合作关系向较高层次的合作关系发展。从当前我国家校共育的实际情况来看，我们还处于一种较低水平的家长参与状态。因此，家长参与学校教育需要在理论指导下开展各种实践探索，逐步提升参与的广度和深度。

家长参与学校教育不是最终目的，而是为了在家长参与的基础上，优化学校的办学理念，吸引社会力量参与教育，真正把教育当作大家共同的事业，当作促进国家经济社会发展的重要事业，让"教育是国家的事、教育的事，更是家长和全社会每个公民的事"的理念深入人心。在此基础上，变被动为主动，吸引家长积极参与学校教育，凝聚家庭和学校两股重要的教育力量，为青少年儿童健康成长的目标而共同努力。

家庭和学校在育人目标上的聚合，将有利于形成育人合力。2017 年 9 月，中共中央办公厅、国务院办公厅印发《关于深化教育体制机制改革的意见》，特别指出要加强学生社会主义核心价值观培育和四大核心能力发展（认知能力、合作能力、创新能力、职业能力）。新的育人目标与传统教育文化中过于强调现实目标与功利化取向不同，其并不拘泥于具象化的目标，而是更关注"赋能"带给个体的发展性与可能性。

（三）建立家校共育的管理体系

家校共育的管理体系主要可以分为目标管理和过程管理两类。

目标管理要求将育人目标作为家校共育管理体系的首要部分，以此为导向，家校双方共同为达成目标而努力。

目标管理要求各级教育行政部门在党和政府的领导下，担负起家校共育的协调统筹工作；会同有关部门提出各自明确的工作任务和共同的目标要求；组织开展家校共育的理论研究和实践活动；制定督导评估内容和绩效考核办法；组织对教师和家长的培训，以提高工作质量等。这些工作的开展，能够促使家校共育走向科学化、制度化、规范化。

对于家校共育的管理实施，要将其纳入学校的整体管理体系，建立自上而下的管理体制，如省、市、县三级教育行政部门分别负责宏观、中观和微观层面的家校共育管理，包括政策的支持、指导人员的支持、课程教材的支持、经费的支持等。

(四)构建家校共育的评估体系

在目前我国教育评估和学校评估体系中，虽然都提到要推进家庭教育、学校教育和社会教育相结合，但没有具体的评估体系。如 1997 年 2 月教育部颁布的《普通中小学校督导评估工作指导纲要(修订稿)》中提到了"学校教育、社会教育、家庭教育的结合"的要求，但在具体评估指标的表述上，却只明确了建立相关的组织机构、开展家校共育活动，没有更加明细的指标来评估学校家校共育工作的开展情况和效果。这既不利于强化家校共育的行政推力，也不利于学校通过督导评估来检视反思当下的家校共育行为和效果，进一步改进工作。

教育行政部门一方面应该依据法律规定对学校能否保障家长参与学校教育的权利予以监督，另一方面应该加大对学校家校共育工作的监督检查力度，把学校、教师的家校共育情况纳入评估指标体系，结合实际制定具有可操作性、具体明晰的评价指标，以激励学校和教师不断提高家校共育水平。

六、区域整体推进家校共育案例——株洲市天元区教育局

为进一步加强和改进未成年人思想道德建设，全面贯彻落实《中华人民共和国家庭教育促进法》，畅通家校沟通新渠道，搭建家校联系新平台，构建家校新格局，充分发挥家庭教育和学校教育在学生成长过程中的重要作用，促进学生健康成长和全面发展，特制定《株洲市天元区全面推进家校工作实施方案》。

一、工作目标

基于问题导向和发展需求，遵循区域统筹、学校主导、家庭主体、社会支持的基本原则，坚持点面结合，整体推进，建立科学完善的家校协同育人工作机制和实施保障机制，实现学校教育与家庭教育并举并重、学校育人与家庭育人有机结合，推动家校同心同向同力，形成全社会关心、支持和重视的良好育人氛围，优化我区教育发展生态，真正促进教育良性发展，培养德智体美劳全面发展的社会主义建设者和接班人。

二、工作思路

按照"以人为本、统筹规划、重点突破、创新引领、示范带动、因地制宜、形成区域及各校经验特色"的总体工作思路，在"打造过硬队伍、建好平台、开

展系列活动"上积极探索创新，不断丰富内容、拓宽渠道、构建立体网络，形成家校育人的合力，促进学生全面健康成长。

三、具体措施

（一）制定工作方案，统筹规划部署

教育局负责制定天元区家校工作实施方案，统筹推进联席会议、召集评估督导、组织特色经验分享、成果普及推广等工作。相关部门为推进"家校"工作提供人事、经费、场地、宣传等支持与保障。各中小学校结合校情，制定切实可行、操作性强的家校工作实施方案，明确工作任务，做到规划清晰、措施科学、保障有力，鼓励申报各级科研课题，确保家校工作取得较好成效，并形成具有一定推广意义的模式和方法，为天元区家校探索出多元的实施路径，形成经验特色。（责任单位：区教育局、各中小学校）

（二）明确工作任务，全面推进实施

1. 打造过硬队伍，提升育人水平

第一，成立区级家庭教育讲师团。通过借助外力、严格甄选、规范管理等方式，组建包括校内优秀教师、校外资深专家、优秀家长代表等在内的天元区中小学家庭教育讲师团。依托市、区家庭教育讲师团的力量，对全区中小学班主任、学科教师等开展全覆盖家庭教育知识和技能培训，着力锻造一批高素质、专业化、创新型的家庭教育师资队伍。第二，成立校级家庭教育讲师团。各学校根据本校师资队伍现状，按照校内与校外、专家学者和一线教师、管理工作者和班主任相结合等原则，遴选出一批素质高、接地气的家庭教育导师和专家团队，建立相对稳定的家庭教育工作队伍，同时通过"走出去、请进来和自学"等形式，使本校教师掌握科学的家庭教育知识和育人方法，成为引领和推动学校育人和家庭育人有机结合的专家，为家校提供优质师资保障，从而提升育人水平。（责任单位：区教育局、各中小学校）

2. 建好平台，形成育人合力

（1）建好校内家长学校。首先，广泛调研，确定试点学校。为确保家长学校工作推进深入有效，这里采取"整体推进+试点校重点推进"相结合的方式。

天元区教育局通过开展校长座谈、访问等调研方式，结合平时各中小学校家庭教育工作开展情况，确定 10 所中小学校为天元区 2022 年家校试点单位，分组进行。由组长单位统筹推进、分享交流、汇总成果。其次，给予大力支持，建好示范性学校。按照省级示范家长学校标准，在 10 所试点校中，再遴选 3 所基础较好的学校，重点建成天元区示范性家长学校，充分发挥其辐射、引领作用，带动辖区内中小学校建好、办好家长学校。再次，用好株洲市家庭教育教材。选用工作委员会为全市中小学校统一遴选的家长学校教材。最后，抓实家长培训。以家长学校为主要载体，精心打造线上、线下相结合的家长课堂，定期开展家庭教育讲座和家长沙龙活动，对家长进行系统培训，转变家庭教育观念，提升家庭教育水平。（责任单位：区教育局、各中小学校）

（2）建好家长委员会。督促、指导各中小学校加强家长委员会制度建设，构建学校、年级、班级三级家长委员会网络，把家长委员会纳入学校日常管理，制定工作章程，完善例会、对口联系等制度。通过家长委员会选派家长代表参与学校的部分管理或教育实践服务，组织家长委员会成员定期召开师德师风监督会和座谈会，征求家长对学校教育教学、管理等工作的建议。设立家长工作室、选树家庭典范、开设优秀家长讲堂，推动家校双方达成共识，形成育人合力。（责任单位：区教育局、各中小学校）

（3）建设社区家长学校。结合文明城市创建要求，按照"五有"（即有悬挂标识、有教育计划、有管理制度、有工作台账、有师资队伍）标准，进一步推进社区家长学校建设。由各社区牵头，联合辖区内中小学校、社区、妇联、关工委、团委等力量，组建包括社区工作者和成员单位负责同志在内的专兼职工作者队伍，发动辖区内"五老""道德模范""最美家庭"及未成年人心理健康辅导站点、学校老师、家长组成志愿者队伍，以父母课堂、家教沙龙、亲子实践等为主题，每月至少开展一次家庭教育指导服务活动。（责任单位：各街道社区、区妇联、区关工委、团区委、各中小学校）

3. 开展系列活动，提高育人实效

（1）落实"万名党员进万家"活动。结合"大家访、大排查、大整治"行动以及株洲市"动力党建·活力家园"建设，天元区教育局组织开展"幸福邻里情 教育温暖行"活动。活动采取"各基层党组织就近进驻所在社区"和"党员教师、志愿者可结合在职党员进小区、新区志愿服务开展志愿服务活动"的形式，围绕开展"走近你"大家访活动、开设"聆听你"心理健康咨询室、设立"读懂你"名师工作室、开设"贴近你"公益兴趣班、开设"陪伴你"周末课堂五大方面开展活动，充分发挥教育系统党员先锋模范作用，关爱青少年儿童成长，特别是孤儿、单亲家庭、困境儿童等特殊群体学生和有心理问题或有行为偏差问题的学生，为构建适合生存、生活、发展的安居乐业环境，建设幸福天元，促进未成年健康成长做出努力。（责任单位：区教育局、各中小学校）

（2）开展"家长节"系列活动。各中小学校每年要精心组织一次"家长节"系列活动，包括：开展"校园开放日"活动，邀请家长来校观察孩子上课、体验孩子就餐就寝、参与教育教学活动，参加学校组织的座谈，让家长及时了解和掌握孩子的学习和思想状况；开展"家长风采展示"活动，通过家长"书画展、诗歌赛、故事会、家长论坛、节目展演"等形式，展示家长风采和家庭教育成果；开展"亲子活动"，着力推进"亲子共阅读""亲子共运动""亲子共游戏""亲子共研学"等活动，让家长和教师陪伴孩子走进田间、走进展馆、走进福利院、走进研学实践基地，让家长参与、关注孩子成长的每一个环节；开展"优秀家长"评选活动，激励广大家长切实履行家庭教育职责，高质量陪伴孩子成长。（责任单位：区教育局、各中小学校）

（3）开展特殊群体关爱帮扶活动。首先，摸清两类学生底数。一是摸清孤儿、单亲学生、残疾学生、贫困学生、留守学生等五类学生的底数；二是以班级为单元，对小学高年级及中学生每年开展一次全员心理健康筛查，摸清有情绪问题或行为偏差的学生底数。其次，"一人一册"分类建档。对上述两类学生按"一人一册"分类建立档案，并动态跟踪，建立动态数据库。要求对两类学生进行情况摸底、数据收集时必须尊重、保护学生隐私，坚决避免"标签化"，防止产生负面影响。最后，分类施策结对帮扶。对纳入帮扶数据库的学生，各中小学校要充分整合校内外资源，分类组建帮扶工作小组，按照"一对一"或"多对一"的模式大力开展关爱帮扶活动，并做好跟踪记录。（责任单位：区教育局、各中小学校）

（三）优化考核评价，确保教育效果

把家校工作开展情况作为学校工作的重要内容，学校将班主任指导家庭教育情况纳入班主任考核，并作为评先评优的重要条件，教育局同时将学校家校工作整体完成情况纳入学校年度考核评价体系，特别是对做得好的学校进行大力表彰、宣传推广。（责任单位：区教育局、各中小学校）

四、组织实施

从 2022 年 1 月起，株洲市天元区家校工作分四个阶段全面推进。

（一）调研部署（2022 年 1 月—3 月）

制定《株洲市天元区全面推进家校工作实施意见》，组织召开全面推进家校工作动员部署会。教育局、各中小学校结合实际制定实施细则，进一步统一思想认识，明确工作目标和任务。通过各种方式，向社会和家长广泛宣传《中华人民共和国家庭教育促进法》，宣讲家校工作的意义、目的，形成共识。

（二）探索构建（2022 年 4 月—6 月）

各中小学校根据全区统一部署，明确全面推进家校工作的时间表、路线图，在"打造队伍、建好平台、开展活动"等方面积极探索，形成可行的经验做法。

（三）整合提炼（2022 年 6 月—9 月）

各中小学校进行经验整理提炼，形成本校家校体系成果，分别于 6 月 23 日、9 月 23 日将家校工作推进情况上报教育局，教育局组织进行中期评估，并整合各中小学校形成的经验和成果，初步形成初中和小学阶段较完整的家校工作体系，向市教育局做阶段性汇报。

（四）总结提升（2022 年 10 月—12 月）

全区整体推进"家校"工作，不断补充师资队伍、优化平台建设、丰富活动形式，深入实施，取得实效。各校形成完整的家校工作成果体系，于 12 月 23 日报告教育局。教育局组织对全区家校工作进行总结，表彰先进典型，认真查找不足，进一步研究制定改进措施，向市教育局做 2022 年总结性汇报，为 2023 年全区普及推广打下坚实基础。

五、保障措施

(一)建立长效机制

加强组织领导,将家校工作确定为天元区"十四五"教育工作要点,制定三年行动计划,纳入学校评价体系。

(二)广泛宣传发动

抢抓学习宣传贯彻《中华人民共和国家庭教育促进法》的契机,广泛宣传我区家校工作的意义,营造社会各界广泛关注、支持、参与的良好氛围。及时提炼总结工作成效和经验,形成科研成果,争取在省、市级教育界形成影响,获得奖励。

(三)加强经费保障

纳入区级财政预算,争取上级和幸福基金会的经费支持,高效用好专项资金,确保家校工作取得实效。

附件:1.《株洲市天元区教育局家长学校试点工作方案》
　　　2.《"幸福邻里情 教育温暖行"活动实施方案》

附件1:

株洲市天元区教育局家长学校试点工作方案

为进一步加强和改进未成年人思想道德建设,积极探索家庭教育的路径、方法及措施,充分发挥家庭教育在青少年学生成长过程中的重要作用,实现家校共育,合力育人,促进青少年学生健康成长和全面发展,特制定天元区家长学校试点工作方案。

一、指导思想

以"立德树人"为根本任务,全面贯彻落实《中华人民共和国家庭教育促进法》,紧紧围绕以人为本的理念,以家庭教育改革创新为动力,以服务广大青少年学生和家长为根本出发点和落脚点,构建家长学校立体网络,促进青少年学生健康成长、全面发展。建立科学的家庭教育工作机制和方法,努力营造全社会关心、支持和重视家庭教育的良好氛围。

二、基本目标

通过家长学校，家长既充分认识家庭教育的重要性，积极主动地参与家庭教育活动。通过开展丰富多彩的教育、培训活动，广大家长能树立正确的教育观念，掌握科学的家庭教育知识，提高家庭教育水平。实现学校教育与家庭教育并举并重、学校育人与家庭育人有机结合，促进学生健康和谐全面发展。

三、工作思路

以学校教育为依托，以家长学校和班级家庭教育活动为主阵地，全面整合、改进家长学校合作平台，以改革家庭教育指导委员会、革新家长会的方式和内容为突破口，以培训班主任等家长学校骨干队伍、发展家庭教育志愿者为推动力，以科学系统的家庭教育知识和现代远程网络学习为引领，以提供比较成熟的家长教育菜单式辅导为基本途径，通过"小手拉大手"及教师、学生和家长的互动配合，促使现代家庭教育知识技能走进千家万户，从而提升家长的家庭教育素养，使家长承担起育人的责任，形成家校育人的合力，促进学生健康成长。

四、具体措施

(一)成立领导小组，提供组织保障。

天元区教育局成立家长学校工作领导小组：

组　长：龙超俊

副组长：张志成、谢光华、傅红军

成员单位：教育股、人事股、计财股、办公室、试点中小学校

领导小组办公室设教育股，教育股长为办公室主任。办公室负责制定工作方案、遴选试点学校、召集联席会议、组织评估督导、成果普及推广等工作；相关股室为推进"家长学校"建设工作提供人事、经费、宣传等保障。

各试点学校成立以校长为组长的校级领导小组，并制定校级家长学校工作方案。

(二)广泛调研座谈，确定试点学校。

天元区教育局通过开展校长座谈、访问等调研方式，结合平时学校家庭教育工作开展情况，确定10所中小学校为天元区2022年家长学校试点单位，分为3个组。

初中组：建宁实验中学、天元中学、菱溪中学、隆兴中学；

小学一组：泰山学校、天台小学、银海学校；

小学二组：白鹤小学、凿石小学、尚格小学。

各组的第一个学校为组长单位，负责统筹分配各校重点工作任务，组织召开组内碰头会议，牵头汇总研究成果。

（三）制定工作方案，明确工作任务。

各学校结合校情，制定切实可行、操作性强的家长学校工作实施方案，明确试点期间的工作任务，做到规划清晰、措施科学、保障有力，鼓励申报各级科研课题，确保试点期间家长学校工作取得较好的成效并形成具有一定推广意义的模式和经验方法，为在天元区全面推广家长学校探索出多元的实施路径。

（四）加强队伍建设，提供师资保障。

各学校根据本校师资队伍现状，按照校内与校外、专家学者和一线教师、管理工作者和班主任相结合等方式，遴选出一批素质高、接地气的家庭教育导师和专家团队，建立相对稳定的家庭教育工作队伍。同时将本校教师通过"走出去、请进来"和自学等形式进行培训，使他们掌握科学的家庭教育知识和育人方法，成为引领和推动学校育人和家庭育人有机结合的专家，为家长学校提供优质师资保障。

（五）加快课程开发，构建课程体系。

各学校要根据本校实际，充分发挥教师和专家团队的作用，利用好上级家庭教育指导机构、区妇联、民政、关工委等资源，以及部分家长资源，积极探索开发符合本校校情、学情，适合不同年龄、不同文化层次、不同家庭类型家长需要的序列化、系统化家庭教育校本课程。

（六）强化考核评价，确保教育效果。

把家长学校工作开展情况作为学校德育工作的重要内容，学校将班主任指导家庭教育情况纳入班主任考核，并作为评先评优的重要条件，教育局也将学校家庭教育工作整体完成情况纳入学校年度考核评价体系。

五、组织实施

天元区家长学校试点工作为期一年，分四个阶段进行。

（一）调研部署（2022年1月4日—2月16日）。

调研座谈，制定工作方案，遴选试点学校并分组，进行工作部署，明确工作目标。

（二）探索构建（2022年1月17日—5月31日）。

各试点组统筹分配研究领域和任务，在队伍建设、课程开发、活动开展、评价及保障等方面进行实践并形成可行的经验做法。

（三）整合提炼（2022年6月1日—8月31日）。

各组长单位牵头，整合各校形成的经验和成果，形成初中和小学阶段较完整的家长学校工作体系，教育局组织进行中期评估。

（四）有效实施（2022年9月1日—12月31日）。

10个试点校整体推进"家长学校"工作，不断补充师资队伍、健全课程体系、丰富活动形式，侧重新生年级和毕业年级家长，取得工作实效，顺利通过人大代表票决，为2023年全区普及推广打下坚实基础。

六、保障措施

（一）建立长效机制。

加强组织领导，将家长学校建设工作确定为天元区"十四五"教育工作要点，制定三年行动计划，纳入学校评价体系。

（二）广泛宣传发动。

配合学习宣传贯彻《中华人民共和国家庭教育促进法》的契机，广泛宣传我区家长学校工作的意义，营造社会各界广泛关注、支持、参与的良好氛围。及时提炼总结工作成效和经验，形成科研成果，争取在省、市级教育界形成影响，获得奖励。

（三）加强经费保障。

纳入区级财政预算，争取上级和幸福基金会的经费支持，高效用好专项资金，确保家长学校取得实效。

附件2：

"幸福邻里情　教育温暖行"活动实施方案

为深入贯彻落实市第十三次党代会精神，市委、工委（区委）关于城市基层党建工作有关部署，推进株洲市"动力党建·活力家园"建设，实现"营造活力高新、建设现代天元"目标，坚持党建引领基层治理，走新时代群众路线，贯彻落实建设"人人有责、人人尽责、人人共享"的基层治理共同体，构建适合生存、生活、发展的安居乐业环境，大力培育制造名城、建设幸福天元，充分展现天元教育人的风采面貌，经研究决定在全区教育系统开展"幸福邻里情　教育温暖行"活动。制定如下实施方案：

一、活动时间

2022 年 5 月—2022 年 12 月。

二、活动形式

(一)各基层党组织就近进驻所在社区、小区党群服务中心(站点),每月举办不少于一次主题活动,可结合党支部主题党日活动开展。

(二)党员教师、志愿者结合"在职党员进小区""新区志愿服务""幸福邻里学院"等活动,全面发挥自身专业特长,采取集中组织和自主参与的方式深入活力家园建设。

三、活动内容

(一)开展"走近你"大家访活动。

以党员教师、班主任为主体,开展大家访活动。家访对象为各中小学校全体学生,将留守儿童、单亲孩子、贫困学生及遭遇重大变故的学生家庭作为重点家访对象。每学年对全体学生家访一次,重点对象家访不少于两次。注重"面向全体、关注个体"的原则,多方位了解学生情况,交流教育方法,商量教育对策,搭建家校师生沟通桥梁,传递教育交流的方法技巧,推进家校常态化机制的建立,形成学校、家庭、社会共同关注学生健康成长的育人环境。

(二)开设"聆听你"心理健康咨询室。

以党员心理健康教师为主体,利用节假日、双休就近在社区、小区党群服务中心(站点),开展青少年心理健康讲座或设立咨询服务台等。通过入驻小区强化心理健康宣传,传播心理健康知识,引导家长关注子女心理健康,进一步树立培养身心健康的青少年需要家校共同努力的思想认知。提高家长预防、识别子女心理行为问题的能力,营造良好的家庭氛围,培养青少年健康人格和良好行为习惯。

(三)设立"读懂你"名师工作室。

以具有一定知名度,在家长、学生中认可度高的优秀党员教师为主体,号召青年党员教师加入,就近在社区、小区党群服务中心(站点),成立名师工作室。有效引导"双减"政策下的家长缓解教育焦虑,放平心态,回归教育本质,让孩子轻松学习,快乐学习。根据学生特点,引导家长注重孩子自我管理能力和内驱力的培养,科学引导开发潜能,帮助孩子培养独立思考能力、创新能力和实践能力,满足个性发展的需求,促进全面发展,减缓社会焦虑和义务教育的功利化。

（四）开设"贴近你"公益兴趣班。

以党员教师为主体，结合自身特长，就近在社区、小区党群服务中心（站点），开设公益兴趣班、小课堂等，充分发挥主观能动性，尤其是文化、艺体类课程教师，应积极加入区文化、体育、艺术人才苗圃，根据小区需求，精准服务居民。同时，可利用晚上或周末等空余时间，结合小区现有设施设备，广泛利用好运动场、广场、活动室等场地，开设球类、健美操、太极拳、广场舞、绘画、摄影、声乐等各类特色兴趣班。组织小区居民开展形式多样的娱乐活动，进一步丰富居民生活，融洽邻里关系，营造爱党爱国、相亲相爱、向上向善、共建共享的和谐社会新风尚。

（五）开设"陪伴你"周末课堂。

以党员教师为主体，发挥辐射带动作用，号召其他非党员教职工积极参与，整合社会资源，依托社区、小区党群服务中心（站点）等场所，利用寒暑假、周末时间，开设作业辅导、亲子阅读、奥数等形式多样的周末课堂，为同小区的孩子们搭建一个与社会、同伴沟通交流的互动平台，进一步丰富青少年的假期生活，有效缓解进城务工家庭、留守儿童家庭的"假期压力"，将"惠民"工程落到实处。

四、工作要求

（一）精心组织实施。

各基层党组织要杜绝形式主义，从实际出发，制定工作方案，按照总体任务分工形成责任清单，深化党员认识，团结一致共同奋斗。主动与社区、小区加强沟通联系，引导党员教师积极参与驻地街道、社区党建共同体和小区党群服务站援建工作，为基层治理赋能。推动公益性、服务性、互助性党组织进驻党群服务中心（站点），更好满足群众需求。

（二）落实工作责任。

各基层党组织要切实发挥示范引领作用，书记与班子成员要发挥模范带头作用，优化资源整合，加强统筹管理，完善考评、激励机制，推动党员教师积极参与小区治理，促进服务群众常态化、长效化。将进小区活动工作纳入书记抓基层党建述职评议考核和年度绩效考核的重要内容。

（三）加大宣传力度。

充分挖掘工作中的好经验、好做法，形成先进经验和典型案例，树立典型，做好总结推广，发挥示范带动效应，营造良好工作氛围，形成工作合力。开展评选表彰活动，对群众认可、业绩突出、表现优异的个人重点培养并按照《株洲市全面推进家校共育工作实施意见》给予奖励。

为贯彻落实《中华人民共和国家庭教育促进法》，畅通家校沟通新渠道，搭建家校联系新平台，构建家校共育新格局，促进青少年全面发展、健康成长，结合我市实际，制定《株洲市全面推进家校共育工作实施意见》。

一、工作目标

基于问题导向，通过丰富共育内容、拓宽共育渠道、构建共育体系，进一步创新我市中小学家校协同育人工作机制，推动家庭和学校同心同向同力，培养德智体美劳全面发展的社会主义建设者和接班人。

二、主要工作任务

（一）打造三支队伍。

打造市、县、校三级家庭教育讲师团。通过借助外力、严格甄选、规范管理等方式，组建包括校内优秀教师、校外资深专家、优秀家长代表等在内的株洲市中小学家庭教育讲师团。各县市区教育局、各中小学校比照成立县、校级家庭教育讲师团。依托市、县、校三级家庭教育讲师团，对全市所有中小学班主任、学科教师等开展全覆盖的家庭教育知识和技能培训，着力锻造一批高素质、专业化、创新型的家庭教育师资队伍。试行市域内中小学心理健康教育分级认证制度，刚性提升中小学教师全员心育水平。

（二）建好三个平台。

1. 建好校内家长学校。规范阵地建设。各县市区按照省级示范家长学校标准，重点建好1~2所示范性家长学校，充分发挥其辐射、引领作用，带动辖区内中小学校建好、办好家长学校。市教育局直属学校必须按照省示范标准建好家长学校。抓好教材选用。成立株洲市家庭教育教材选用工作委员会，为全市中小学校统一遴选家长学校教材。抓实家长培训。以家长学校为主要载体，精心打造线上、线下相结合的家长课堂，定期开展家庭教育讲座和家长沙龙活动，对家长进行家庭教育系统培训。开通"家长热线服务平台"，围绕家庭教育重点、难点、热点话题，邀请家庭教育专家走进演播间，以直接对话的形式为家长提供专家指导和咨询服务，引导广大家长做智慧父母。

2. 建好家长委员会。督促、指导各中小学校加强家长委员会制度建设，构建学校、年级、班级三级家长委员会网络，把家长委员会纳入学校日常管理，制订工作章程，完善例会、对口联系等制度。通过家长委员会选派家长代表参与学校的部分管理或教育实践服务，组织家长委员会成员定期召开师德师风监督会和座谈会，征求家长对学校教育教学、管理等工作的意见和建议。设立家长工作室、选树家庭典范、开设优秀家长讲堂，推动家校双方达成共识，形成育人合力。

3. 建好社区家长学校。结合文明城市创建要求，按照"五有"(即有悬挂标识、有教育计划、有管理制度、有工作台账、有师资队伍)标准，进一步推进社区家长学校建设。由各社区牵头，联合辖区内中小学校、社区妇联、关工委、团委，组建包括社区工作者和成员单位负责同志在内的专兼职工作者队伍，发动辖区内"五老""道德模范""最美家庭"及未成年人心理健康辅导站点、学校老师、家长组成志愿者队伍，以父母课堂、家教沙龙、亲子实践等为主题，每月至少开展一次家庭教育指导服务活动。

(三)开展三项活动。

1. 开展"万名党员进万家"活动。持续深入推进"大家访、大排查、大整治"行动，在此基础上，充分发挥教育系统党员先锋模范作用，组织开展"万名党员进万家"活动。学校党员领导干部要带头家访孤儿、单亲家庭、困境儿童等特殊群体学生和有心理问题或有行为偏差问题的学生，每学年至少实地走访家访对象2次；党员班主任每学年至少对全班每一个学生家访1次；党员任课教师要配合班主任采取"一对一"的形式结对帮扶特殊学生，每学年至少走访帮扶对象1次。

2. 开展"家长节"系列活动。各中小学校每年要精心组织一次"家长节"系列活动，包括：开展"校园开放日"活动，邀请家长来校观察孩子上课、体验孩子就餐就寝、参与教育教学活动，参加学校组织的座谈，让家长及时了解和掌握孩子的学习和思想状况；开展"家长风采展示"活动，通过家长"书画展、诗歌赛、故事会、家长论坛、节目展演"等形式，展示家长风采和家庭教育成果；开展"亲子活动"，着力推进"亲子共阅读""亲子共运动""亲子共游戏""亲子共研学"等活动，让家长和教师陪伴孩子走进田间、走进展馆、走进福利院、走进研学实践基地，让家长参与、关注孩子成长的每一个环节；开展"优秀家长"评选活动，激励广大家长切实履行家庭教育职责，高质量陪伴孩子成长。

3. 开展特殊群体关爱帮扶活动。摸清两类学生底数。一是摸清孤儿、单亲学生、残疾学生、贫困学生、留守学生等五类学生的底数；二是以班级为单元，对小学高年级及中学生每年开展一次全员心理健康筛查，摸清有情绪问题或行为偏差的学生底数。"一人一册"分类建档。对上述两类学生按"一人一册"分类建立档案，并动态跟踪，建立动态数据库。要求两类学生情况摸底、数据收集必须尊重、保护学生隐私，坚决避免"标签化"，防止出现负面影响。分类施策结对帮扶。对纳入帮扶数据库的学生，各中小学校要充分整合校内外资源，分类组建帮扶工作小组，按照"一对一"或"多对一"的模式大力开展关爱帮扶活动，并做好跟踪记录。

三、实施步骤

从 2022 年 1 月起，株洲市家校共育工作分三个阶段全面推进。

（一）动员部署（2022 年 1 月—3 月）。制定《株洲市全面推进家校共育工作实施意见》，组织召开全面推进家校共育工作动员部署会。各相关部门、各地各校结合实际制定实施细则，进一步统一思想认识，明确工作目标和任务。通过各种方式，向社会和家长广泛宣传《中华人民共和国家庭教育促进法》，宣讲家校共育工作的意义、目的，形成共识。

（二）全面推进（2022 年 4 月—11 月）。各相关部门、各地各校根据全市统一部署，明确全面推进家校共育工作时间表、路线图，在"打造三支队伍、建好三个平台、开展三项活动"等方面积极探索，形成经验。适时召开全市家校共育工作现场推进会，宣传推介一批典型做法和成功经验。

（三）总结提升（2022 年 12 月—）。对全市家校共育工作进行总结，表彰奖励先进典型，认真查找不足，进一步研究制定改进措施。从 2023 年 1 月起，家校共育工作在全市持续、深入推进。

第二节　从主体到主导的学校行动

家校共育不仅是家庭与学校两方面的协调合作，更需要国家、教育行政部门、社会各方等承担起相关责任，积极支持、统筹规划、主动参与，共同促进家校共育的良性运行。本节重点以笔者所在区域——株洲市天元区为例，介绍区域推进小学家校共育的理念与实践。

一、家校共育的学校顶层设计

(一) 明确学校家校共育的价值取向

1. 学校家校共育价值取向的教育合作观

树立新的家庭观。作为教育者,我们同样需要捍卫家庭。如果没有家庭的温暖、正常的家庭生活和良好的家庭关系,孩子是无法健康成长的。全社会,特别是对儿童影响力巨大的教育系统、学校和教师,应该呼吁保护和支持家庭,倡导相亲相爱的爱家精神。

树立新的儿童观。我们要充分认识到:童年影响一生,儿童是具有巨大潜能和希望的人,是具有个性差异和需要尊重的权利主体和特殊群体。教师和家长需要尊重儿童的感受、需求和权利,为他们的自主成长提供条件和机会。

树立新的教育观。现代教育并非只要把学习搞好,其他什么都可以不管。现代教育需要融入生活教育,需要培养儿童爱生活、会生活的能力。生活教育与知识教育并不对立,家校共育更应该关注生活教育对儿童的重要影响,在生活教育中收获知识和成长。

树立新的代际观。没有任何时代的父母像今天这样需要学习。家长需要和儿童一起成长,甚至在有些时候成人也需要向儿童学习。理智的亲子关系趋向于互相学习、共同成长,这种新型代际关系,是家庭教育鲜明的时代特征。

树立新的文化资源观。我国优秀传统文化丰富,尤其是在家庭教育方面,如千年传承的儒释道哲学思想、真知灼见的家风家训文化、近现代教育家的探索实践等,都是举世罕见的宝贵资源,让我们具有独特的教育优势和高度的文化自信。他们都为家校共育事业注入新的文化元素,注入新的生机活力,他们将成为家庭和谐、人生幸福和社会进步的理论基础,以及广大家长、教师投身儿童教育的新的导航系统。

2. 学校家校共育价值取向的三个特性

家校共育价值取向的特殊内涵,决定了它所具有的三个特征。一是道德性。从道德视角来看,学校家校共育价值取向具有较强的公共参与精神,具备强烈的合作意识与能力。通过学校、家庭、社会的合作,教育合力将充分发挥,形成具备道德性的合作规范群体,能够为社会公共教育贡献力量。二是公共性。从社会公共事业视角来看，学校教育合作价值取向体现出整个人类共同的事业，力求达到教育公平与质量同等，通过合作能够充分调动起各类教育资源的通用与配置，从而体现时代的公共伦理与价值诉求。三是共享性。从教育资源视角来看，单一的教育资源很难达到更好的教育效果，在合作价值观的影响下，合作的范围得到进一步扩大，无论是文化、历史，还是课程、方法，都为学校教育资源的完善性带来积极作用。学校教育合作价值取向重点突出教育资源、经验的共生共荣共享，从而实现教育的合作，达到教育提升的目的。

3.学校家校共育的教育目标

个人隶属于家庭、社会，家庭、社会也离不开个人。个人与家庭、社会是学校教育中不可或缺的价值判断。现代学校教育倡导以学生为中心，挖掘学生的内在潜力，主张师生关系平衡，力求以情感教育促进学生的自主发展。学校家校共育整合了学校教育中个人与家庭、社会的价值取向，将个人与家庭、社会紧密结合在一起，倡导在个人发展中体现家庭、社会的责任担当。家校共育将成为个人与家庭、社会共同发展的媒介。

4.树立公共精神

树立公共精神，就是突破个人功利与私人眼界，改变以往的行为方式，形成良好的公共态度。首先，构建学校家校共育的公共生活。打造公共课堂，结合主体差别，为个体发展留出足够的空间，通过同辈间的互动交流，提高对公共生活的认同感；打造公共的生活空间，结合学生差异性、主体性，用发展的态度关爱学生，引导学生加入民主管理中，形成个体责任；丰富公共生活，从公益社团、学生组织等方面入手，丰富学生实践，在自我管理中形成公共责任和学习意识。其次，增强生命关怀。最后，提升公共交往水平。学校家校共育属于公共生活的范畴，是教师、家长、学生等共同生活的环境。学校公共生活作为异质的交往活动，同时是多元共生的交往状态，需要在平等对话的空间提高理解能力，提升公共交往水平。

（二）明确各方责任

家校共育成功的关键是教师、家长、学生都能明确自己的责任，扮演好自己的角色，同时在彼此之间发展良好的伙伴关系。

通常情况下，家长的责任包括：主动与班主任和任课教师保持经常性联系，以便全面准确地了解孩子在学校的表现；尊重、信任和体谅孩子；维护教师在孩子心中的威信；理解并配合学校和教师对学生的教育等。

教师的责任包括：在学生出现学习、品德、心理等方面变化时及时与家长联系；在学生出现问题时不推卸责任，与家长共同商讨解决，不放弃对学生的教育；尊重学生和家长，平等对待每位家长，公平对待每个学生。

学生的责任包括：认真完成学校和教师布置的各项任务；积极进取，不断进步；在家长和教师之间做到不隐瞒、不虚报、不造假。

(三) 制定整体规划

家校共育是一个受多方面影响的包含多种要素在内的综合性、系统性工程，而非仅仅是学校与家庭双方互动交往过程的延伸。

家校共育必须有相应的学校机构设置作保障，由设计规范严密的内容来体现，由灵活多样且专业的实施形式来落实。在家校共育活动的实施过程中，又会受到诸如学校领导、教师与家长以往的交往经验、对交往和双方关系的期待、互动过程中双方的反应、外界评价等来自学校、家庭、社会等多方因素的影响。因此，家校共育活动要持续有效开展，需要注意活动的计划性与系统性。否则，必将导致合作过程的混乱和低效。

二、家校共育的学校组织建设

家校共育的组织形式丰富多样，包括正式的和非正式的。从广义上讲，家校共育的组织可以分为学校、教师层面的组织，家长层面的组织，甚至包括学生层面的组织，或者是学校、教师、家长、学生共同组成的组织。这里，简单阐述几种常见的家校共育组织的建设。

(一) 传统的家校共育组织形式

传统的家校共育方式主要包括家访、家长会等。家访是教师(尤其是班主任)带着一定的教育目的到学生家中，了解学生家庭情况，寻求家长的支持与配合。家长会是由学校组织、面向家长召开的会议，通常集学情通报、问题诊断、任务布置、单独沟通、专项活动分工等功能于一体，是传统家校共育中最常见的形式，至今仍然保持着旺盛的生命力。家长会有信息发布会、家长培训会、任务动员会、教育研讨会、家校联谊会等多种形式。

（二）普遍运用的主要家校共育组织方式

在众多家校共育的组织形式中，运用最普遍、研究最深入、效果最显著的组织形式就是家长委员会和家长学校。它们是学校开展家校共育、家长参与学校教育的重要途径，也是国家推行家校共育的重要正式组织形式。

1. 家长委员会和家校共育委员会

1988年颁布的《中学德育大纲》首次明确提出了家长委员会建设问题，并将其与家访等其他形式并列，作为家校共育的重要平台。

家长委员会是按照一定的民主程序，本着公正、公平、公开的原则，在自愿的基础上，选举出能代表全体家长意愿的在校学生家长组成的群众性自治组织。在学校的指导下，家长委员会参与学校管理，参与学校教育工作，发挥着沟通学校与家庭、教师与家长的纽带作用。

学校家长委员会主要实行班级家长委员会、年级家长委员会(学校根据自身条件选择性设置)、学校代表大会(学校代表大会闭幕期间，由学校家长委员会履行职权)三级架构(图3-1)。其中，学校家长委员会、年级家长委员会和各专业工作组是向学校提供资源、支持学校工作的主要力量。

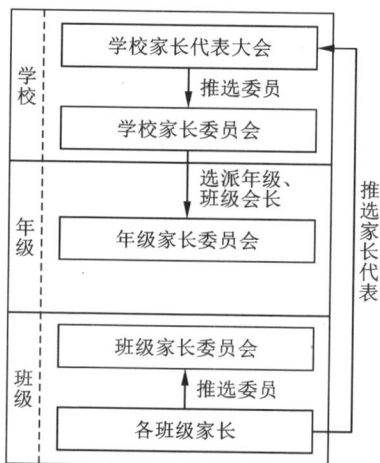

图3-1 学校家长委员会组织结构及产生机制

学校家长委员会主要包括会长、副会长、秘书长、委员等，以及下设的专业工作组等组织，同时可设立名誉会长、顾问等机构。专业工作组由组长、组员和志愿者等组成，其类型、数量和规模根据学校实际情况设定。

家校共育委员会也简称为"家委会"，名称虽然与家长委员会的简称相同，内涵和家长委员会不完全一样。从参与主体来看，家校共育委员会倡导的合作需要家庭、学校、社区的代表共同参与，而不仅仅只有家长。这样能更全面、真实地反映各方的利益诉求，全面改进各方工作，建立良好的家校共育生态环境。从领导架构来看，学校领导和教师不得担任家校共育委员会的主要负责人，家校共育委员会的领导需要由第三方推选的代表协商选举产生。班级、年级的家委会主任，原则上担任上一级家委会委员。

近年来，家长委员会得到了高度重视，大多数学校设立了家长委员会。家长委员会在组建时更加规范、民主，在参与学校管理、为学校提供各类服务方面发挥了更加重要的作用，在促进家校沟通方面也发挥了巨大的作用。

2.家长学校

家长学校是学校或社会其他机构就家庭育儿问题对家长进行教育培训的组织，是成人教育的一种形式，也是家长教育与指导的重要组织形式。目前，家长学校主要是由学校、社区和妇联机构组建的，但真正行之有效的还是以学校举办的家长学校为主。

家长学校应严格遵守国家法律法规的相关规定，贯彻党和国家的教育方针，组织学生家长接受系统、专业的家庭教育学习培训，从而提高家长的教育素养，使之成为家校共育的有力支点。家长学校接受所在学校及其家校共育委员会的监督管理，同时也接受上级教育主管部门和妇女联合会的共同指导，它由本校教师和教育界及社会各界专家担任讲师，培训在校学生家长。家长学校也应实行校长负责制，校长由举办学校校长兼任或由举办学校推荐，负责主持全面工作；副校长原则上由举办学校分管学生工作的副校长和其家校共育委员会主任担任，协助校长分管课程设置、实施、检查、反馈、评价、宣传等工作。教育行政部门也可以建立家长学校总校，指导学校的家长学校工作。

(三) 其他家校共育组织方式

1. 家长俱乐部

家长俱乐部主要是由家长群体自身为主导建立的，以情趣相投、寓教于乐为特点的自发性松散型学习交流和休闲娱乐组织。家长俱乐部的活动具有自主选择性、灵活丰富性和非正式性等特点，是一种基于家校关系产生的同质性团体。团体成员间的交流基于更多的共同目标、经验基础、儿童成长条件等，更为集中导向问题，有助于家长更高程度地参与学校和班级的各项事务。在各类家长俱乐部中，家长共读共写共赏类的家长俱乐部最为普遍，在家校共育中所产生的积极影响也最明显。

2. 家校联合行动委员会

家校共育是学校校务委员会和学校家长委员会两个系统的合作。家校联合行动委员会是这两个系统之间信息互通、关系协调的重要媒介组织，其组建包括家长、学校、学生以及社会各界代表。学校层面的联合行动委员会集中了学校校委会、家委会、社区、学生团体中的领导人物，其主要工作是为学校家长委员会落实家校共育计划，在宏观上协调家长委员会与学校、学生社团和社区的关系。

3. 家庭与学校合作事宜委员会

家庭与学校合作事宜委员会，简称家校会，由教育局派驻官员担任常任秘书长，并由教育局提供秘书处服务作为支援。通过统计调查、编制训练教材、为学校拨付活动经费、宣扬学校与家庭建立更紧密的关系，以及鼓励学校设立家长教师会等方式，促进家庭与学校的合作。

4. 家长互助中心

家长互助中心是家长之间相互交流、相互帮助、出谋划策的组织机构，一般是由学校组织开展的。

三、家校共育的学校持续行动

(一)把握行动的核心——六种家校共育类型

美国霍普金斯大学学者爱普斯坦在深入研究了美国中小学校与家庭、社区关系后,将家校共育活动分类(实践模式)为:当好家长、相互交流、志愿服务、在家学习、参与决策、与社区协作。这六种类型的划分,可以指导发展平衡、全面的合作伙伴计划。

1.当好家长——帮助家庭建立把孩子视为学生的家庭环境

当好家长指帮助所有家庭建立视孩子为学生的家庭环境,向家庭提供如何在家帮助学生的信息和观念,包括做家庭作业、参与课程相关活动、学习决策和计划。学校可以开设家长学校课程、编写家长教材、定期举办亲子阅读活动、亲子德育活动、家校共育主题的家长征文等,引领家长更好地教育孩子。

2.相互交流——构建家校双向沟通的有效形式

相互交流是构建家校双向沟通的有效形式,旨在交流学校教学和孩子的进步与不足。群体性的会议能够更快、更大幅度地达到交流的效果。学校可以通过分级(含校级、年级、班级)家长会和分类(含潜能生、毕业生、新生等)家长会,以及各级(校级、年级、班级)家委会等,让家长更全面地了解学校的办学理念、办学目标、办学特色等,明晰学校和年级、班级的各项教育工作及其要求,从而更准确地掌握孩子在校的学习生活情况。此外,针对性更强的一对一交流,如电话交流、QQ、微信沟通、家访等方式,能更好地走进家庭、走近家长,加深理解、强化共识、增强情感,解决具体的问题。

3.志愿服务——建立支持学校工作的家长群体

志愿服务是指招募并组织家长志愿者帮助和支持学校工作。在我们学校,关于志愿者的理念是:人人都是志愿者,人人都是受益者。学校将家长志愿服务分为安全类、环境类、课程学习类、活动类等。

安全类:分为交通安全和饮食安全两类。交通安全类主要以家长护学岗形式开展。学校护学岗分为入校执勤和离校执勤。全校每个班级每个家长在家委会的组织下轮流执勤。入校执勤时,志愿者主要负责疏导交通;离校执勤志愿者则负责组织本班家长排好接孩子的路队，确保学生安全、有序、快速离校。饮食安全类以膳食委员会形式开展。学校成立家长膳食委员会，委员会的家长志愿者可以随时到学校食堂检查用餐环境、食品质量、口味等，并对当天抽查情况进行记录、在全校家委会群里进行反馈，让所有家长知晓安心。

环境类：班级文化环境是重要的教育资源，学校要努力拓展渠道促进班级文化、校园文化的建设。例如班级里的"书香列车轰隆隆"。原本窗户旁的框架，学生们当作书架来使用。学校在全校家长中征集会木工的家长，他们利用周末时间，义务为所有教室进行改装。由此，经济实惠、方便好用的书香列车架默默行驶在孩子们必经的路旁，颜色鲜艳、标题奇异的各类童书就在这不经意间牢牢吸引住了孩子们的眼神，阅读就变得像呼吸一样自然了。

课程学习类：家长不仅能够为学校提供物质资源和人力资源，家长本身也是珍贵的教育资源。凿石小学的琢玉系列校本课程中引入了内容丰富的"爸爸妈妈当老师"课程。每月第四周的班队课，来自不同教育背景、生活环境和职业领域的家长通过自主报名、班主任审核，走上各个班级的讲台，各班的学生都十分喜欢这种形式的课堂。学校通过强大的家长资源库，精准地找到了适宜的家长参与琢玉艺术校本课程的建设。如 1904 班容孜爸爸妈妈共同创作的抗疫歌曲《灯火》点亮了凿石学子 2020 年寒假的宅家生活。

4. 在家学习——提供家长帮助学生学习的观念与技术

学生在家学习常会面临诸多挑战，教师需要指导家长提升家校共育能力与家庭教育指导能力，营造积极的家庭氛围，促进孩子在家有效学习。学校对家长"在家学习"要给予技术上的支持。

在家学习前，教师要了解每个学生家庭学习的基本条件：电脑、手机、网络等；教会家长熟悉软件功能；指导家长对孩子的家庭学习生活进行规划；根据学生的认知特点与注意力水平，指导亲子创设家庭学习场地和环境；充分了解每个学生家庭成员及支持情况，推荐在家学习的时间安排，指导家长制定家庭时间表，帮助家长和孩子达成共识；有针对性地给家长提供个性化指导；与家长形成有效的合作机制，关注学生在家学习的动态，为家庭教育指导提供参考。

5. 参与决策——培养家长中的领导者和家长代表

参与学校决策是指让家长参与学校决策，培养家长领导者和家长代表。例如，在新冠防疫形势下，为了避免人员扎堆，学校需要错峰放学。学校几位家长分别主动设计放学路队图，学校德育部会同校级家委会成员一起多次调整优化形成最终的放学路队图，原本需要的 40 分钟放学时间，缩短至 20 分钟。在与家委会沟通合作过程中，我们借鉴美国家校共育的经验：一个好的家委会应该是找出事实而不是找出缺点，它不是试图去操作运行学校，而应尽可能地运用自己的能力帮助、促进学校的管理。在这样的理念指导下，学校家校共育运行通畅。

6. 与社区协作——帮助识别和整合社区资源与服务

社区合作是指识别和整合社区资源与服务，以改善学校教学、家庭实践以及学生的学习和成长。凿石小学附近社区有一个民间文化组织——湖湘文化协会，它常年致力于凿石浦文化的研究与传承。通过这个协会，学校找到了很多珍贵的历史资料。例如被誉为中国南方唯一保存最完整的村级志《凿石浦志》，1928 年的学校购物凭证，当年学校的百年"校"字石碑，还有诗圣杜甫在这里留下的《宿凿石浦》等 9 首与株洲有关的古诗。学校邀请湖湘文化协会的核心成员召开凿石小学办学历史研讨会，对学校的办学沿革进行了系统梳理。2018 年株洲市政府在原址上兴建杜甫草堂，开工仪式上，学校领导班子在协会老前辈的帮助下，紧急发掘了当年维修学校的古砖，把它作为校史墙的一部分。最终，学校追溯了厚重的历史，找到了学校的文化根脉，师生家长有了自己的精神家园。

上述六种类型的家校共育，可以提升学校教育质量，改进学校氛围，提供家庭服务和支持，提高家长的家庭教育水平，协助教师完成工作。最重要的是，可以普遍提高儿童的学业成绩，促进儿童成长，并在今后生活中获得成功。

(二) 确定行动的起点和工作计划的制定

起点是行动走向成功的基础，从以往的行动中总结和反思是我们改进行为的新的起点。家校共育的行动起点应从广泛的调研开始，从调研中回看学校以往开展的家校共育活动，评估活动效果，进一步了解家长、教师、学生在家校共育方面的需求，开展有的放矢的实效性家校共育活动。

学校根据调研数据中关于学校行动起点的信息和收集到的教师、管理者、家长、学生对家校共育的理解和建议，列出家校共育工作清单，编制家校共育年度行动计划。这份年度行动计划包括被选定的目标、预期结果、评估结果的措施、可以改善或每年能延续的具体参与活动、活动日期、参与类型、活动所需准备、负责人和协助者、资金预算和资源，以及其他重要细节。

（三）利用专业工作组开展行动

专业工作组隶属于学校家长委员会，组长由家委会委员担任。专业工作组是向学校提供资源、支持学校教育工作的主要力量，是家校共育的行动臂膀，在必要时也会招募其他教师、学生、管理者和社区人员、家长、专家顾问、地方行政人员和其他领导等参与家校共育活动。

专业工作组在家校共育中负责撰写计划、执行并协调活动、检测进步、解决问题等，并向校委会、校长和其他相关领导报告家校共育活动，具体工作包括：

（1）选择工作组结构，基于六种参与类型或者学校的改进目标来组织工作。

（2）选择或选举专业工作组组长、组员、志愿者等。

（3）撰写详细的年度行动计划推进家校共育工作。

（4）保障年度行动计划所需资源的供给。

（5）定期集会，确保计划和活动不断推进并进行行动评估。

（6）定期向学校委员会和家长委员会、教师和其他相关组织汇报工作进展和成果。

（7）向家长、学生和教师乃至社区宣传行动计划。

（8）认可和赞赏家长、学生和社区为行动计划作出贡献的成员。

（9）评估进展以改进行动实施质量，评估反思每个已执行的活动。

（10）为下一个行动计划收集来自家长、教师、学生以及其他伙伴的意见并讨论这些意见。

（11）解决阻碍行动计划进展的问题。

（12）如有成员离开，招募新成员替代以确保行动计划的顺利执行。

(四) 落实执行力的几个要素

1. 要以学生发展为核心

家校共育的基础是有共同的目标, 即促进学生发展。只有坚持以学生发展为核心的家校共育理念, 才能充分调动家长、教师、学生、社会等各方的积极性, 保持各方参与的持续动力。

2. 要与学校教育改革与课程建设相关联

所有注重学生学习和发展的家校共育计划都是学校课程和教学改革的重要组成部分, 是课堂教学的延伸。家校共育计划要直接与学校教育改革与课程建设结合起来, 通过家庭社会参与融入学生学习的具体课程和教学目标中, 既有利于学生更好地发展, 也有利于学校自身的发展。

3. 要重新定义专业发展

教师、管理者、家长和其他成员通过共同接受培训, 发展、执行、持续改进家校共育实践, 将家校共育纳入学校日常管理, 提高教师与家长沟通的能力等方式, 重新定义了学校和教师的专业发展。

如果教育者们工作伊始就准备好与家庭和社区一起有效工作, 那家校共育会更容易。教师职前教育、继续学习都需要相应的家校共育的课程。

4. 要注意循序渐进

家校共育的成功并非一蹴而就, 而是循序渐进的。每年有越来越多的家庭通过各种方式为学生带来利益。推进家校共育计划需要时间, 还需定期检查、评估和改进。在实践中, 虽然有些进步可以迅速取得, 但至少要两三年时间, 家校共育关系才能成为学校工作的一个"稳定性"组成部分。

5. 要合作而非对抗

在家校共育关系中, 学校是主导, 具有主动权和选择权。学校主导家庭参与学生教育的方式存在两种对立的关系: 一种是强调冲突, 将学校视为战场, 这种环境体现出权利争夺和不协调关系, 难以修复; 另一种是强调合作伙伴关系, 将学校视为共赢场, 这种环境中的条件和关系促进相互尊重、共同发展,即使发生矛盾冲突，也可以修复。要深入推进家校共育，必须站在合作而非对抗的立场。

（五）开展序列化的家校共育活动

1.定期组织召开家长会

学校安排各年级每学期组织召开两次家长会，共同就学生学习、生活、思想行为情况进行交流，同时向部分家长发放问卷调查。通过问卷调查客观地了解家长对学校办学的要求，深入了解学生情况，并让家长对学校办学和孩子的教育建言献策，年级再汇总反馈。通过家长会搭建起教师和家长沟通的桥梁，以增强家校互动，促进学校发展；通过家长的互动，家长对学校的发展、建设、校园管理和班级管理都提出了宝贵意见，并提出要进一步加强家校联系，形成教育合力，促进学校和学生健康发展。

2.常态化开办家长学校

普及家庭教育科学知识，提高全体学生家长的教育水平，是增强家庭教育与学校教育同向同步，推动素质教育，立德树人的重要环节。学校通过家长学校，提高家长素质和家教水平，实现学校、家庭、社会教育三结合。通过家长学校有目的、有计划、有步骤地教育引导，家长能够明确家庭教育的重要性，了解孩子生理、心理发展，掌握学生的心理特点，培养孩子的良好的道德情感和行为习惯，转变家长教子观念，提高家长教子水平。

3.举办学校开放日

家长开放日不仅是家校沟通的桥梁，更是提升教育质量的重要途径。每学期定期举办家长开放日，邀请家长走进校园、担任"一日老师"，深入了解学校的教育教学情况，是家校协同育人的一项重要举措。各年级根据教学进度，每学期安排一次家长开放日，邀请家长走进课堂，与孩子共同听课，亲身感受孩子的学习状态和课堂氛围。通过这一活动，家长不仅能近距离观察孩子的课堂表现，了解教师的教学方式，还能与教师、学生进行深入互动，进一步拉近家校距离，增进彼此的理解与信任。

家长开放日活动为家长提供了一个直观了解学校教育理念和管理模式的窗口，帮助家长更好地参与到孩子的教育过程中。同时，这一活动也促进了家校之间的沟通与协作，推动家长和学校在教育目标和管理方式上达成共识，形成教育合力。

4. 邀请家长参与大型学生活动

邀请家长参加学校大型学生节庆活动，让家长看到自己孩子的成长。家长的参与和见证，对学校营造积极向上、清新高雅、健康文明的校园文化氛围有积极的推动作用。建设校园文化、营造学校文化氛围、推动家庭文化氛围，家庭、学校相互影响、相互促进，以更鲜活的形式为家庭教育注入活力，增添动力。

5. 组织亲子体验活动

亲子体验活动可有效提高生命教育的效果，在活动中感悟爱的温暖和生命的力量。活动旨在为学生、家长、教师提供一个不同寻常的交流机会，组织教师、家长和学生参加精心设计的游戏和真情告白，沟通情感，触动心灵，促使学生进一步认识到感恩是一份美好的感情，是一种健康的心态，是一种良知，更是一种人生成长的动力，同时能进一步优化亲子关系，便于家庭教育的同向开展。

6. 开展家访活动

学校要认真组织"万人大家访"活动，鼓励每位教师每学期至少要进行一次计划性家访，并做好家访登记表。通过家访可以了解学生的校内和校外动态，从而加深学校与家庭的沟通，促进家长对学校工作的了解和家庭教育环境的改善。

7. 用好校刊、公众号等媒体

学校可创办校刊，或者借助公众号等新媒体技术向家长推介学校时事，反映各地家教信息，展示教改成果，普及家教知识以及家庭教育的先进理念、中外名人和寻常百姓的成功家教经验等，强化学校和家庭的教育共识。

8. 邀请家长进课堂、当老师

学校成立家长志愿者讲师团，结合自身的成长经历、专业背景等，为学生提供职业生涯规划指导、成长励志故事分享等方面的指导。家长当老师，可以更好地理解学校的教育理念和文化，了解孩子在学校的学习生活情况，有利于调动家长参与学校管理与决策的积极性。

（六）持续设计、评估和改进

学校建立家校共育督导考核评价制度，将教师参与家校共育纳入工作量，对班级家校工作计划的执行情况、班级开展家校活动的效果进行及时的总结和评价。通过经常性的家校共育自我评估，不断优化家校共育的整体设计，改进家校共育行为，提升工作效果。

四、家校共育的学校生态优化

在人的成长环境中，家庭教育与学校教育之间的边界及专属区并非清晰可辩。在很长一段时间里，人们往往基于学生日常的主要学习活动场域在学校，学生的主要学习行为与学校相关，便自然认为学校是学生教育的"主阵地"，出现了"把孩子交给学校"的认知偏差。家庭和学校两个不同主体间的联系通道主要是日常的事务性联系，形成一个"哑铃状"的连接关系。家校共育是当前教育领域倡导的理念，家庭和学校形成合力，才能确保教育理念落实到位。但在执行过程中，家庭与学校最优的模式、理想的策略、互动的边界、合作效能的充分发挥，仍在不断探索之中。随着人类社会的人力资源观在信息化、智能化、国际化等新形态社会生产关系的冲击下，两个主体都面临"千年未有之大变局"带来的挑战。如何重构家庭和学校的主体关系、建立运行机制，成为新时代家校未来发展的核心问题。

（一）增强合作型校园文化建设

学校既是文化的缩影，也是传承、发展文化的载体。搭建合作型校园组织文化，拓展学生合作空间，是提高教学质量的有效方式。一方面，要明确学校的制度文化。鼓励跨区域合作和校际联合，削减竞争性教育导向，塑造良好的学校合作氛围；以学校、学生、教师的内在发展为依据，创新教育评价方式，制定能够促使校际合作的政策，助推学校教育合作均衡发展；鼓励团体研究与团队合作，弱化竞争机制，增强师师间的合作交流，通过多种综合评价，避免过分竞争。另一方面，要明确学校合作的组织文化。学校组织结构具有冗长性、单向性、集权性等特点，学校组织应增强部门联系，突破管理者、学生、教师、家长间的隔阂，在全员参与的同时，搭建扁平化的校园合作组织；通过共享与合作理念，增强协同意识、合作精神，形成共荣合作的共性关系；通过增强教学、行政、科研组织的合作力度，加大外部组织交流，扩充研究机构、学校和企业的共享程度；通过学校墙报、建筑物等物质文化，深化合作文化影响，形成良好的教风与学风，落实学校教育合作的校园文化建设工作。

(二) 形成教育共同体

家校共育的价值取向要求教育共同体加大合作力度，落实教育观，从社会性发展、道德成长、学生学习、教师专业、家长提升等方面搭建共同体关系。为了形成社会、学校、家庭合作的育人体系，建成集社会、家庭、学校教育于一体的教育框架，引导学生参与有教育意义、富有集体性的文娱活动，逐步形成一些教育共同体，营造浓郁的合作文化氛围。

在教师群体中，搭建合作意识，以共同的专业发展为基础，优化教师专业合作机制，促使教师合作，通过合作奖励机制与竞争机制，促使教师共享资源、互相尊重。

在学生合作中，集体主义是促进彼此共同成长的重要理念。学生间的互助合作不仅提升个人能力，也为集体发展奠定基础。集体价值导向深刻影响学生的个体发展与价值取向，而以良性竞争为纽带的班集体，能有效化解"竞争—冲突"，打破封闭压抑的组织形式，营造积极向上的班级氛围。班级不仅是教育组织，更是学生成长的重要载体。它不应局限于管理功能，而应注重教学与教育的结合。通过合作学习与集体活动，班级为学生提供更多互动与协作的机会，促进个体与集体的共同发展。

在家校共育中，形成以教师与家长合作伙伴关系为基础的教育合作共同体，加强沟通交流，共同促进儿童成长。

形成校际合作的发展观，以共享、平等、合作为基础，充分利用信息技术，延伸合作区间和内容，更大范围地实现教育资源合作与共享；从网络建设增强国际学校合作，深化学校教育的国际和区域合作，通过加强中外、区域合作办学，发展国际留学项目，促进国际教育合作和交流。

（三）优化新时代学生成长的教育生态

当今是一个经济社会发展日新月异的时代，学生成长的教育生态环境也随之不断发生变化（图3-2）。

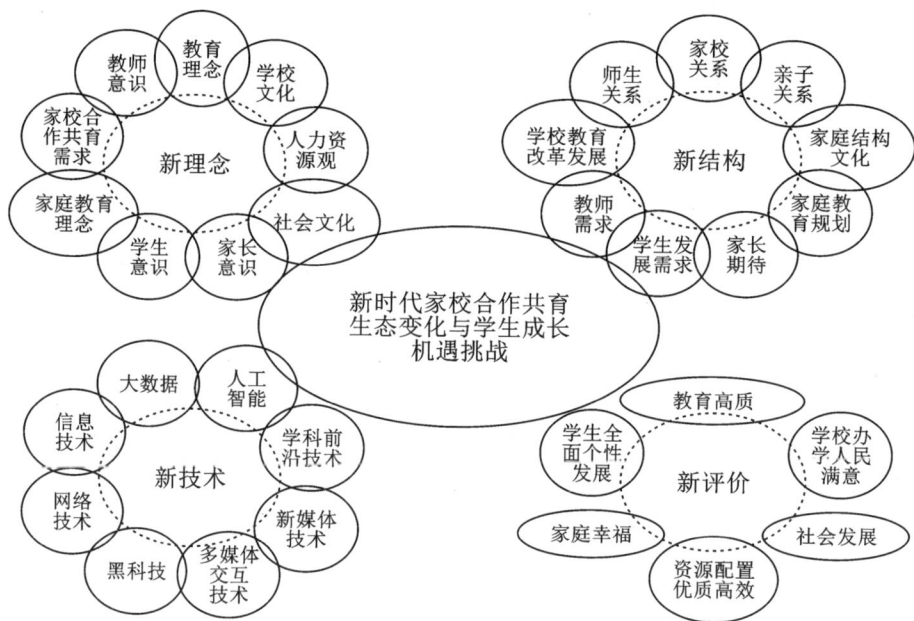

图3-2　新时代家校共育生态变化与学生成长机遇挑战示意图

优化促进学生成长的家校共育，其落脚点在未来化教育生态建设上。其中必然包含家庭教育生态、学校教育生态及双主体联动形成的社会教育生态的未来化（图3-3）。

新时代我们的教育需要比任何一个时期都更加顺应时代发展的大势，积极迎接机遇与挑战，在学生所处的真实情境中推进家校共育，学校主体在联动家庭主体中需要承担更大的使命与责任，需要汇聚科学的教育合力，善用新形态教育科技成果，科学厘定家校之间的边界弹性，设计系统化家校模式，与家庭良性互动，共建优良的教育生态，形成合作、共生、多赢的学生成长教育生态（图3-4），实现"1+1>2"的育人成效。

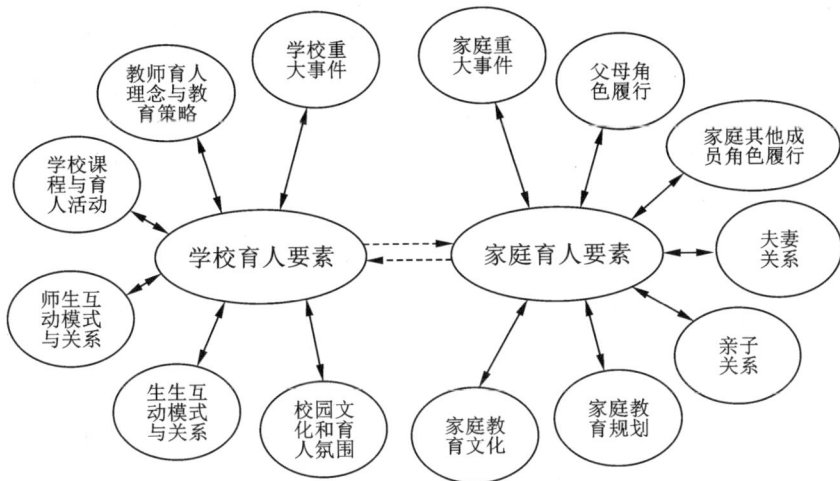

图 3-3　家校共育的生态要素

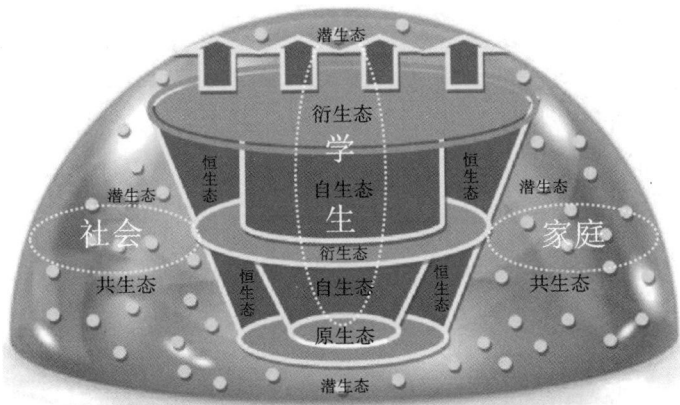

图 3-4　合作、共生、多赢的学生成长教育生态[1]

[1]　李建国. 中小学德育的生态回归[M]. 长沙:湖南师范大学出版社,2020:37.

第三节 从实施者到设计者的教师行动

在教育孩子的这条路上，老师和家长的相遇，是一场爱与信任的邂逅。有人说："老师和家长，就像两支船桨，只有双方朝着同一个方向共同努力，才能让孩子向着我们期望的方向驶去，顺利到达胜利的彼岸。"只有老师和家长各司其职、互相支持，孩子才能学得好、走得远。老师和家长的目标都是让孩子变得更好，既然有同一个目标，又有什么理由不配合呢？[1]

教师作为学生的组织者、领导者、教育者和班级教育教学活动的设计实施者，其工作职责的特殊性决定了教师必须努力扮演多重角色。在家校共育中，教师要规划好家校教育的"经纬线"，从家校共育的实施者走向设计者。

一、教师在家校共育中的角色定位

（一）家校关系的协调者

教育中似乎总有这样的一群人：过于负责的老师、过度焦虑的父母、被控制的孩子。焦虑的父母们在教育孩子的问题上束手无策时，便会向老师尤其是班主任求助。而教师（尤其是班主任）常常自我感觉良好，觉得自己有能力影响他人（学生、家长），于是对于家长的求助"有求必应"，但在插手家长和孩子的矛盾冲突后却发现自己有心无力。

美国心理学博士托马斯·戈登创建了美国第一个全国性的父母训练教程——父母效能训练（parent effectiveness training，PET）。其核心理念就是问题归属原则，它强调"谁的问题谁解决"，鼓励身处问题之中的人应用自己的智慧解决问题。教师要当好学校与家庭之间的纽带和桥梁，充分发挥好在家校中的协调者作用，才能够帮助家长更好地与孩子相处，也才能实现更和谐、更有效的家校共育。

---

[1] 《中国教育报》微信公众号，2020-01-24.

(二)学生心灵的关怀者

儿时的苏格拉底在观察父亲雕刻时,好奇地问父亲:"如何才能成为一位优秀的雕刻师呢?"他的父亲就以手中雕刻的作品为例说:"瞧,我并不是在雕刻石狮子,它本来就存在于石头之中,我所做的只是唤醒它!""唤醒"真是一个温柔而睿智的教育箴言!教育的目的绝不仅仅是传授和灌输一些具体的、外在的知识与技能,而是要从心灵深处唤醒学生的自我意识、生命意识,从而帮助学生建立起属于自己的世界观、价值观、生命感,实现创造力的觉醒,进而实现自我生命意义的自由、自觉的建构。

同时,教师要关心学生的精神成长。这是一种通过对人的精神、思想、信念和心理等方面的关注与培养,促进个体身心健康发展的教育理念。精神关怀是教师促进学生全面和谐发展的重要武器。教师要竭尽全力帮助学生找到属于自己的位置,并且不再局限于单一的成绩、考分,而是实行多元的评价机制,帮助学生找到自己的存在感、价值感、幸福感,让学生最大限度地顺应天性,自由、舒展地成长,更加富有生机和活力。

(三)家庭教育的指导者

家庭本是最早、最直接的教育场所,家长在孩子一生的发展中具有不可替代的作用。但由于每个家长的素养、每个家庭的条件不同,家校共育中常常出现极端现象。有的家长将教育孩子的责任全部"甩锅"给学校和教师,不愿承担自己的责任;有的家长对学校和教师缺乏基本的信任,对来自学校和教师的建议、指导不以为然,对学校开展的家长学习活动敷衍了事;有的家庭偏重孩子学业成就而忽视其成人之道,过于在意学业成绩而忽略学习习惯的养成,过于重视智育而忽视德育、美育……

这些都不是家庭教育应有的样子。改变这些情况,需要以学校和教师为代表的专业教育主体给家长指出正确方向。教师要做亲子关系的助力者,帮助家长明确在家庭教育中的主体责任,明确家庭才是孩子教育的主阵地,家长才是教育孩子的主要责任人。儿童首先是家长的孩子,然后才是教师的学生。教师要帮助家长更新家校共育的理念与方法,发挥专业引领作用和专业育人精神,采用讲解、宣传、调查、研讨等方式主动开展教育政策解读、教育理念阐释等相关活动,及时传递学校教育的内容和进展,借助家委会,配合学校开展校园开放日等交流活动，使家长理解学校教育的理念和策略，增强对学校和教师的信任与尊重，积极提供支持。

（四）家校活动的设计者

教师是家校共育过程中的主要人力资源，是家校共育活动的具体策划人、组织者和实施者，也是活动资源的开发人。班主任要善于通过设定实际目标，引导家长深度参与，共同促进学生的发展。教师进行一次家访，需要做很多准备工作。开一个家长会，要布置会场，请家长发言，请学生代表发言，让一部分学生做好服务工作，教师还要准备汇报材料等。所以，无论是教师走出去，还是家长请进来，都需要教师去组织实施。

教师的工作是一个创造性的劳动，在家校共育中承担设计者的角色。许多合作在活动中创新，在创新中发展，都需要教师精心去设计、去组织。

二、家校共育中的教师"四力"

（一）用好教师教育教学的"专业能力"

家校共育重在合作，需要家庭和学校在孩子的教育问题上朝着同一个方向努力。因此，家校共育更应彰显教师的专业化水平——研究学生发展规律、探索班级管理策略，倾听家长对在线教学的看法，开展家庭教育指导，搭建学校、家庭、社区合作的桥梁。

（二）和家校共育共同体的教育伙伴"群策群力"

班主任、教师和家长面对的是同一个完整的生命个体，不能将学生的成长割裂成独立的板块，而是要积极协作以实现学生全面发展。因此，教师要组建家校共育共同体或以班主任为牵头人的"教育伙伴"团队。教师、教职员工、家长、社区是彼此的"教育伙伴"，其中，班主任要协调其他教师与家长保持有序沟通，还要成为学生发展的指导者和协助者、学生信任的引路人。

（三）引导学生形成自主管理、同伴互助的"内驱动力"

班主任要做好课堂管理和班级管理工作，激发学生自主管理的积极性。特别是在线学习期间，班主任要充分发挥班干部的"在线助手"作用、小组合作学习优势和同伴互助的积极作用，维持在线学习纪律等事务，不断提升学生的自主管理能力。

(四)提升家校共育中的"人格魅力"

教师的人格魅力源于渊博的学识、教书育人的能力、深沉的教育情怀以及为人处世的人际吸引力。良好的公共关系能力、与人沟通的技巧、组织协调能力、指导家长和辅导学生的能力，都是教师在家校共育中应具备的素养，也是彰显教师专业形象和人格魅力的途径和渠道。

三、做好家校共育的设计者

(一)用心发展家校关系

和家长建立伙伴关系是教师设计要家校共育的重要第一步。教师要用真诚努力让父母感到受欢迎和被重视。教师站在与家长平等对话、合作的立场倾听家长的交流，尊重家长的选择，真正考虑他们的意见、想法和要求。教师可以询问孩子的好恶以及他们的长处和短处，让家长感受到教师对孩子成长的关注，并通过尝试从父母的角度看待孩子的情况来培养同理心。教师要信任家长并鼓励家长通过开诚布公的沟通信任自己。在和家长的交往中要加强互动并注意互动的方式，尽可能表现出教师的可靠性、保密性、合理的判断力、开放性和诚实性，促进家校关系良性发展。

(二)与家长达成教育共识

共同的目标及期望有助于促进学生的积极发展。教师可以更加深入地了解家长的愿望和优先事项，协商并和家长一致同意值得解决的共同需求和问题，并在今后的学生教育过程中逐一落实这些需求和问题。着力培养一种家校共同的声音，理解成就进步，形成合力。教师对学生的发展要乐观客观，对学生的长处和短处要开诚布公；当学生有问题或疑虑时，教师要理解、尊重家长，并与家长一起作为解决问题的团队，公开公正地处理冲突；当家校之间可能出现误会或不解时，可以充分利用家长会，因为口头报告通常比书面报告更容易让家长理解，并提供澄清的机会。

（三）鼓励家长提供支持

日常生活、经历、互动、生活习惯和价值观有助于学生的学习和发展。教师要了解、尊重和欣赏家庭对孩子学习的贡献，给予父母在家庭环境中支持孩子学习的重要支持。这种支持包括在家庭中支持孩子学习给予较高的期望值，鼓励父母采用最有效的父母参与方式支持孩子的学习。相信父母能在家庭环境中给孩子提供一个丰富的环境，并能很好地对其进行家庭教育。教师需要明确表示将家长作为真正的合作伙伴，重视家长所做的一切，让家长知道他们为孩子提供的帮助何时对孩子的成就产生了积极影响。教师可以将儿童在家的学习和课堂学习联系起来，以儿童的家庭体验为基础的课堂实践和内容可以利用文化多样性，让所有儿童在掌握课程方面都具有相似的优势。

（四）计划家校共同参与的活动

教育没有"放之四海而皆准"的方法。要想获得更好的教育效果，教师可以尝试挖掘家庭兴趣，邀请家长参与教育教学活动的计划和实施过程，为家庭量身定制教育实践。教师可以从鼓励家长参与孩子的阅读开始，也可以邀请家长来学校观看孩子的表演和其他活动，不断向家长强调活动与学生学习的直接相关性，并尽可能使活动持续、轻松、愉快，这可能会使家长更倾向于参与。教师可以通过家校共同设计活动，并尽力保证活动取得成功，激发家长更大的参与动力。对于可能会阻碍家长参与家校共育的各种因素，要有高度的认知和提前的预见，在它们发生之前尽力消除。

（五）认真设计家庭作业

教师可以通过设计需要学生与家长互动的交互式家庭作业，增强亲子之间的学习互动，为家长支持学生在家学习创造平台。当然，这种交互式家庭作业的设计要确保有效，制定针对家长和学生的具体指导方针，并始终与学生成绩和家长在家参与的改善相关。教师还要帮助家长了解他们在家庭作业活动中的角色，以及孩子陷入困境时该怎么做，并提供提示，鼓励家长支持孩子解决问题。

第四节　从参与到合作伙伴的家长行动

对于孩子来说，最好的学区房是家里的书房，最好的学校是家庭，最棒的老师是父母。近年来，我国经济社会进入全面快速发展时期，孩子受教育程度深刻影响其未来发展和成就高度，直接促使家庭更加关注孩子教育。家长对于学校教育改革与发展寄予了积极的关注和高度的期待。与此同时，我国家庭也随着社会的急剧转型而发生重大转变，家校关系变得更加复杂和重要，家校共育迎来了新的课题与挑战，人们对家校共育的关注也提升到了更高的层次。父母今天在孩子身上下的功夫，都会在未来成为孩子一生的支撑和底气！

一、家庭教养模式与家校共育

通常情况下，家庭教养方式有四类：单一的父辈教养、父辈为主祖辈为辅的联合教养、祖辈为主父辈为辅的联合教养、单一的祖辈教养。儿童的"主要教养人"认定有两个重要指标：一是在教养理念和教养活动安排上的主导性，即教育孩子的问题谁做主；二是教养时间的投入，即谁陪孩子时间长。从我国家庭教育的现实来看，从儿童出生到小学阶段，城市60%～70%的家庭采取了父辈和祖辈联合教养的模式，农村中有近80%的家庭是单一的祖辈教养模式。可见，无论是城市还是农村家庭，祖辈参与儿童教养的情况非常普遍，这既是客观现实的需要，也是双方的主观意愿使然。

尽管祖辈在家校共育中的参与程度、能力和效果都不及父辈，但如果祖辈掌握了或者有意愿去学习和实践科学的教养理念和方法，在给予儿童关怀照料的同时，可以在行为规范上给予儿童更多的指导，也会为教养效果带来更多的正面影响。因此，推动祖辈更加主动地参与家校共育，能起到更好的效果。

基于共性化的家庭教养模式，学校和教师应更多思考针对祖辈参与的家校共育路径、方式和具体活动，引导祖辈家长树立三种理念：

一是注意避免"重养轻教"的现象，重视蕴含在生活照料中的"言传身教"。祖辈养育最普遍的传统观念是"我只负责让孩子吃饱穿暖不生病不发生意外，至于管教都是孩子父母的事情"，这是祖辈低估了自己对孩子潜移默化的影响力和在教育问题上的力量。

二是活到老学到老。祖辈既要承认在科学养育理念和方法的知识储备上不及父辈，在学习的精力和能力上也不及年轻人，但同时要更加积极主动地学习科学养育的知识，将不断更新的育儿理念和方法同自身丰富的育儿经历有机结合，在反思过往中寻找育儿的提升点，在教养遇到困难时主动寻求来自家庭内部和外部的支持。

三是加强对儿童的行为指导。全心全意爱护和照料儿童是爱，对儿童进行行为习惯培养同样是爱，只关注疼爱和满足，不关注规范和矫正就是溺爱。只有心灵的呵护和行为的规范并重，儿童才能健康成长，成为具有良好社会适应能力的个体。

二、家校共育的家长角色边界

家校共育中，家长并非想参与就参与、想怎么参与就怎么参与、想参与到什么程度就参与到什么程度，也不是能参与什么就参与什么。家长参与学校教育是有边界的，而这种边界的把握不能依赖于家长自己，而必须由学校主导和明确。总的来说，家长参与学校教育活动的边界可以归纳为"一个原则""两个中心""三条界限"。

1.一个原则

家长参与学校教育活动的"一个原则"为：家长所参与之事不代替儿童成长。也就是说，儿童能完成的，或者儿童暂时不能完成但通过不断学习能逐步完成、有利于儿童发展的事情，不能由家长去代替。

2.两个中心

家长参与学校教育的工作方式，一是要以支持和帮助为中心，二是要以改进和建议为中心。

支持和帮助学校的建设与发展是家长参与的公益行为，也是家长的义务。其目的是促进孩子、国家、民族的发展。比如，要支持学校的课程改革，家长可以参与帮助开发和实施校本课程；要支持学校各种校外实践活动，家长可以参与帮助做好安全和宣传等工作。

改进和建议学校和教师工作，家长可以通过恰当的渠道提出建议并予以监督，这是家长参与的权利。比如，学校基建改造、食堂管理、校服定制等管理问题，家长可参与讨论并监督施工，必要时还可以行使否决权。或者教师某个行为不当，家长可以提出建议与教师沟通协商，帮助教师改进工作。甚至可以成立家长教师协会、家长支援会等，有组织地参与学校教育管理。

3.三条界限

家长参与学校教育的内容有三条界限。第一，凡属学校现有体制内的事宜不参与，如校长的选拔、教师的聘任、工资的发放等。第二，凡属学校和教师本身的职责不参与，如制定学校发展规划、批改和检查学生作业等。第三，凡属需要提供资金的不参与。我国是政府办教育，义务教育阶段更是如此，家长无须也不能和学校、教师发生经济联系。

三、家长参与学校教育的形式

(一)家长参与学校活动

1.家长会

家长会是家校共育中最为传统和普遍的一种形式，承担着重要的任务。最常见的是以班级为单位组织的，也可以有年级的、全校性的。学校为了及时向家长通报学生在学校的学习、生活等各方面情况，以便家校双方共同促进教学相长，每个学期都会召开一到两次家长会。家长会一般先是整个年级或全校集中召开，然后回到各班教室继续召开。

家长在家长会前应先跟孩子了解各方面情况，做到心中有数，以便有针对性地跟班主任、科任老师请教。每次开家长会都要认真做笔记，虚心向老师及家长朋友请教教育孩子的经验与做法，并将有关问题反馈给孩子，让孩子发扬优点、克服缺点，更好地落实家校共育。

2.小型家长见面会

与面向全班的家长会不同，小型家长见面会并非要求班级所有家长都参加，而只是少数家长参加，旨在解决少数学生的共性问题。这种家长见面会在小学中并不常见，仅在必要时才会由教师组织召开。这种会议谈论的话题往往比较集中且有很强的针对性。家长在参与时要尽量把事情说得清楚明白，以便更好地找出对策方法，促进孩子健康成长。

3. 学校开放日

学校开放日是学校在预定时间，有目的、有准备地邀请家长来校参观或参与教育活动的一种综合性活动。学校开放日旨在让家长了解孩子在校学习的全貌，主要包含课堂的开放，学校大多通过开放名师（特色）课堂或日常授课课堂，安排家长和社会人士自主听课，展示学校教学水平；设施的开放，学校通过开放德育展厅、荣誉展室、活动室、餐厅、宿舍、活动场地、文化长廊等，让家长和社会人士参观，展示学校的育人环境及教育教学成果；文化的开放，让家长和社会人士了解办学理念、特色、管理等，感受学校文化。

家长参加学校开放日要善用"望、闻、问、切"四种方式。望：考察学校校园环境、硬件设施，一般会关注校园大小、操场、住宿环境以及食堂等；"闻"：听校长阐述治学理念、办学成果、课程设置、管理举措等；"问"：问询所有"疑难杂症"，家长有任何不清楚的地方、需要解决的疑惑都可以通过问询了解；"切"：切身感受孩子在学校学习的生活和状态。

4. 亲子活动

亲子活动是一种以亲缘关系为基础，旨在建构良好的亲子互动关系，实施亲情影响的有目的、有计划的教育活动。它将游戏活动作为主要教育手段，教学活动遵循儿童的身心发展特点设计而成。亲子教育作为一种新型的科学的家庭教育模式，更强调父母与孩子在情感沟通的基础上实现双方互动。

亲子活动以其固有的情趣性和娱乐性，吸引家长和孩子愉快地参与活动，减轻家长的顾虑。通过参与实实在在的活动，家长和老师的配合会更加密切、协调，从而更有效地促进家校互动、相互交流。

在亲子活动中，家长既是活动的参与者又是活动的传递者，应认识到自己在活动中的主体地位，充分调动自身积极性，全身心地投入活动中，努力做孩子成功的合作者。

5. 重大学生节庆活动

在学校举办重大的学生节庆活动时，常常会邀请家长共同参加。小学阶段节庆活动最普遍的是六一儿童节，教师和学生会经过相当一段时间的精心准备，向家长和学校汇报学生在学习、思想、兴趣、才艺等方面的进步。参与重要学生节庆活动，可以让家长更加关注孩子的课余生活，帮助孩子发展兴趣爱好和特长，促使孩子们全面和谐发展。

6.开学、毕业典礼

在开学伊始或毕业之时，家长会被邀请与孩子一起参加开学典礼或毕业（结业）典礼等有仪式感的重大活动，这也是家长参与学校教育活动的一种非常有意义的形式。家长参与见证孩子一个新的人生历程的启航，见证孩子一个阶段最荣耀的时刻，对孩子和家长而言，都是最难以忘怀的人生经历。孩子带着家长和教师的期待、祝福走向新的人生阶段，是家校共育最激励人心的画面。

（二）家长参与教学

1.课程开发委员会

家长参与课程开发主要是针对校本课程开发。教育部《基础教育课程改革纲要（试行）》中规定："校本课程开发的旨趣在于依照学生、教师、家长、学校和社区的实际需求与客观现实，设计出可供学生选择的多样性的课程，以满足学生的差异性和独特性。"家长参与校本课程开发的主要途径是通过学校课程开发委员会，这一组织机构的主要任务如下：

其一，为校本课程开发建言献策，为课程目标的拟定、课程结构的设计、课程标准的编制、课程内容的选择和组织提供思路。校本课程充分体现了社区特色与学校特色，其内容与社区生活和学生生活存在更为直接、更为密切的联系，而这些是作为该社区居住的学生家长所熟悉的。哪些可以作为教材内容进入校本课程开发的范围、成为开发的对象、以什么样的方式进入，家长对这些问题自然有他们独特的视角和见解。

其二，对校本课程开发进行过程监督与评价。校本课程开发把学校教育内容、方式方法与学生家长直接联系起来，凸显出家长在学校教育中的地位和价值，因此，就必然会引起家长的参与意识和兴趣，他们会自觉不自觉地对校本课程的开发过程给予关注、进行监督，并作出评价。这种监督由过去对其子女学习绩效的监督转变为对学校工作的监督，这种能动的监督既是学校工作的压力，又是学校工作的动力，能促使学校不断改进教育教学工作，提高校本课程开发的质量。

其三，为校本课程开发反馈意见、提供服务。家长分布在社会生活的各个领域，通过校本课程开发这一途径和形式，可以调动起他们参与学校工作的责任意识，使他们享有在其子女教育问题上发言的渠道和实现良好愿望的形式，进而他们就会从各自的人生经历、生活感受和职业体验出发，随时向学校提供与校本课程相切近的各种补充信息，以及社会生活的实际变化和最新出现的相关课题，使开发出的校本课程具有更大的灵活性和主动性。另外，在校本课程开发借助社会力量、取得社会物质支持及舆论支持方面，家长群体也能发挥重要作用。[1]

家长不一定要参与上述所有环节，可以根据自身兴趣、需求、能力等，有选择地参与学校校本课程建设。

2. 教学评估委员会

家长参与教学评估作为参与教学的一部分有着极其重要的作用。通过参与评估环节，家长能更好地监督学校教师的教学，发挥在家校共育中的主体性作用。为了更好地听取家长对各个方面的评价，学校可以成立专门的家长评估小组、家长教学评估委员会之类的较为正规、工作内容较为单一的组织。只有做到适当分权，评价工作才能做得更好，更有效地促进其他工作的开展。在实践中，一些学校接纳家长参与学校教学的各个方面的评估，如教师的评价、学生的评估等。在这样民主的氛围下，学校的教学工作质量得到了很大程度的提升。当然，家长参与这类活动要充分考虑其在教育教学方面的理念、能力等综合因素，不能干扰学校正常教育教学工作的开展，也不能以此类评估结果作为对教师考核、聘任、评价等工作的依据。

（三）家长参与学校管理

1. 家长代表大会、家长委员会和家校共育委员会

家长代表大会、家长委员会和家校共育委员会是家长参与学校教育的重要形式，也是当前普遍采用的家校共育方式之一。前文已做详细介绍，此处不再赘述。

2. 学校领导接待日

除了家长有组织地参与学校的管理外，学校也应重视个别家长的意见和建

---

[1] 郑晓梅：论家长参与校本课程开发[J].江苏教育.2003：5.

议。有时，家长对教师的意见不便直接提出，对学校发展的总体意见也只能对管理者提出。一般来说，学校领导的接待日以每月一次为宜，固定时间，并让所有家长知晓，以便家长的意见能及时传达给校方。

3.意见箱和问卷调查

为了更广泛地征集家长的意见和建议，学校可以在进门的大厅或其他显著位置设置家长信箱。家长可以给信箱写信，反映自己关注的问题。学校应定期开启信箱，由行政领导针对家长的意见和建议进行讨论，并在适当的时间和场合给予答复或采纳。

为了全面了解家长对学校办学的意见与建议，了解学校的办学质量及家长的满意度，学校可以每学期或每学年进行一次面向部分或全体家长的问卷调查，征求家长对任课教师及学校工作的意见、建议和要求，及时总结反馈，不断改进工作。

(四)家长参与学校服务

家长参与学校服务最普遍、最有效的方式就是担任家长志愿者(义工)。鼓励家长参与学校教育，增加家长对学校工作的理解，争取家长的支持，形成教育合力，这对于提高教育质量、消除家长对学校教育的不理解和不满都大有裨益。

四、从对立到融合的家校关系发展之路

学校和家庭对孩子的成长犹如人之双足、鸟之两翼，影响至关重要。家校共育，让教师和家长达成共识，相互配合，形成教育合力，孩子才能在成长的路上走得更稳，更快，更远。

(一)家校关系的六种状态

第一种类型：对峙。这是一种不合作、对抗的关系，是家校关系中最危险的状态。家校在目标追求、教育理念、行为方法等方面存在明显分歧，或者家校之间由于某些原因产生误解，导致家校关系出现分裂甚至对立。这种关系使儿童在家校之间互相牵扯、无所适从，非常不利于他们的健康成长。

第二种类型：跟随。这是一种看似双方参与实则单方用力的家校关系，是

一方跟随另一方行动的被动关系。多以学校、教师为主动方，家庭、家长为被动方的情形存在。教师安排和布置工作，家长只需全面接受并按要求做好配合、完成任务即可。这种关系中的家长被动接受学校的价值观念和做法，消极参与家校活动，没有对家校关系进行独立思考和需求反馈。

第三种类型：对话。这是一种趋于平等的家校对话关系，是最初始的双方交互关系。这种关系既有平等的对话交流，又有明显的角色、立场差异。家校之间虽有对话但并不一定完全坦诚，虽有交托但又无法完全信任。这种关系中的家校对话少了一些"温度"，多了一分距离。

第四种类型：同行。这是一种目标一致、步调一致、同向而行的协同关系，是家校共育的基础。这种家校关系不仅仅是双方从相视对立到并肩同行的"位置"关系的改变，更是家校关系真正实现平等的起点。家长、教师在共同的队伍中，都尝试用对方的视角审视儿童的教育，形成家校齐步走的态势。

第五种类型：伙伴。这是一种关系亲密、相向用力的合作关系，家校之间相互尊重、相互理解、相互信赖、相互支持、相互成全。这种家校关系不仅目标一致、共同用力，而且在各自的领域里对儿童的教育影响各有侧重、相互补充，对儿童发展的影响力具有共时性。

第六种类型：融合。这是一种理想的、最高层次的家校关系，是家校共育的升华。家庭、学校既互不依附、边界明确、各行其责，又平等相容、彼此交互、共生共成。在这种关系中，家校双方的角色是多样化的也是可转换的，如喝彩者、陪伴者、引领者、辅导者等。家校双方叠加影响，形成"家校共同体"，形成强大的教育合力，全面作用于儿童发展之路上。

第二篇

小学家校共育的学校特色实践

第四章

家校共育走向美好的学校策略

著名教育家朱永新曾说，"在所有的问题儿童身上，都可以找到他们家庭的原因""家庭教育才是我们整个教育链的基础的基础，关键的关键""教育是美好生活最重要的内容，同时也是创造美好生活最重要的途径。更好的教育，才能有更好的生活，才能增强人民群众的获得感""家校共育是激活教育磁场最重要的方法"。为了让儿童、家庭、学校、社会都拥有这份成长的美好，所有教育工作者都在竭尽自己的教育智慧，不断探索、实践。

第一节　小学家校共育研究的学校思考缘起

"家校共育有利于增强家庭的教育功能，促进新型家庭、家教和家风建设；有利于建立现代学校制度，拓展教育教学资源，提升教育教学质量；有利于师生、亲子和相关参与者共同成长；有利于社会和谐稳定，生活幸福完整。"[1]

一、小学家校共育研究的价值和意义

(一) 小学家校共育是实现教育公平的需要

党的十八大以来，习近平总书记高度重视家庭教育，高度重视家庭、学校、

---

[1]　朱永新：新家庭教育论纲[M].长沙：湖南教育出版社，2020:09.

社会协同育人。党的十九大报告提出，"努力让每个孩子都能享有公平而有质量的教育"。党的二十大报告强调，"坚持以人民为中心发展教育，加快建设高质量教育体系，发展素质教育，促进教育公平""健全学校家庭社会育人机制"。

教育公平和教育获得有很大的关系。理想的教育获得的差异应是基于学生的知识、技能以及努力程度，而不是因为学校教育资源分布不均或家庭能力的差异。但事实并非如此。1996年，美国社会学家科尔曼在著名的《教育机会均等报告》中指出：社会经济发展到一定阶段后，学校在儿童学业成功方面的作用并非人们所想象的大，而家庭经济及文化背景才是决定儿童学业成就的关键因素。这揭露了教育不平等的根源首先在于家庭，其次才是学校。如何提高那些来自社会经济地位低、父母文化程度不高的家庭中的孩子的教育获得？家校共育就成了实现教育公平的一种需要。

（二）家校共育是建设现代学校制度的要求

现代学校制度把学校视作开放的组织结构，它不仅关注学校内部的具体运作，也强调学校与家庭、社会的互动，关注各利益相关者的作用。《国家中长期教育改革和发展规划纲要（2010—2020年）》中有5处提到家庭参与和家庭合作，并明确提出"建立中小学家长委员会，以推进现代学校制度建设。建设依法办学、自主管理、民主监督、社会参与的现代学校制度"。所以家校共育是建设现代学校制度的必然要求。

（三）家校共育是青少年儿童健康成长的保证

家校共育的目的是促进孩子的健康成长，让孩子充分享受来自老师和家长的关怀，以及教育带来的欢乐。儿童教育是一项复杂的系统工程，需要多方面连续不断的，数年如一日的努力。家庭是学生接受教育最早、时间最长的场所，家庭教育的模式适合与否，对其能否顺利接受学校教育关系极大。因此，家庭教育和学校教育之间的一致和配合，在儿童成长过程中有着潜移默化的重要作用。然而，由于家庭的千差万别，家长对教育子女的目标、成才的观念各不相同，因此家长对子女的教育理念也不相同，所以家庭教育必须在学校教育的配合下，具体分析每个孩子的实际情况，正确引导孩子成才，让孩子健康成长，成为有用之才。

二、小学家校共育研究的现实基础

(一) 学校和家庭有着天然的合作基础

习近平总书记在全国教育大会讲话中指出，"办好教育事业，家庭、学校、政府、社会都有责任。家庭是人生的第一所学校，家长是孩子的第一任老师，要给孩子讲好人生第一课，帮助扣好人生第一粒扣子"。他强调了家庭教育是学校教育的基础，也是学校教育的延伸。家庭里的孩子就是学校里的学生，家庭教育和学校教育的起点和终点都是促进儿童的健康成长，共同的教育目标让学校和家庭有着天然的合作基础。

(二) 长期以来的持续研究为小学家校共育实践做了充分的准备

笔者所在学校株洲市天元区凿石小学建校以来一直在开展小学家校方面的相关研究和探索。2015 年，笔者参与了湖南省教育科学"十二五"规划重点资助课题"中小学生态德育理论建构与实践研究"的研究，并负责其子课题"小学家长志愿者研究"的研究实践。2018 年笔者主持了湖南省教育协会重点德育课题"小学家校共育的行动研究"。经过 5 年的实践和探索，笔者及团队积累了一定的经验，从"当好家长、相互交流、志愿者服务、参与决策、与社区合作"五个方面开展了序列化的家校活动，提炼总结了家校"调查分析、全员培训、成立组织、制定章程、制订计划、开展活动、评价激励"实践七步骤，有效促进了家校活动常态化和规范化。

但是，随着研究的深入，笔者意识到，虽然学校针对各年级学生特点已经开发整合了 1~6 年级家长课程的校本课程，但是如何实施这些课程，后期如何检测这些课程的效果，家长们在育儿过程中还需要哪些课程等一系列的问题都需要进行进一步系统性的深入思考。因此，开展小学家校课程体系构建与实施研究是学校深入推进家校研究的现实需要。随后，笔者申报主持了湖南省教育科学"十四五"规划课题"小学家校课程体系的构建与实施研究"，全面开启了小学家校共育课程建设研究，将原来点状化的小学家校共育研究实践推向整体规划和系统实践之路。

三、小学家校共育研究的思考基点

(一)家校共育要从点状走向系统建设、加强重构和推进

大部分学校的家校共育没有一个系统、长远的规划，这致使很多学校的家校共育基本上处于点状的、零散的、无序化的状态，合作活动存在着较大的偶然性和随意性，还没有达到常规化、系统化、规范化、制度化的状态。所以，我们期待的家校共育要从点状走向系统建设、加强重构和推进。

(二)家校共育要从独立研究走向共同联盟

家校共育要打破学校关起门来独自研究的局面，要在区域内形成家校共育共同联盟。开展学校联合的家校互动，以联盟为基础，优势互补、资源共享、共同提高学校办学质量，使区域内的学校教育得到均衡优质发展。

(三)家校共育要面向更广泛的家长群体，尤其要重视留守儿童和流动儿童家庭的家校共育

留守儿童和流动儿童是我国当前快速城市化背景下伴随着农民工问题出现的一个特殊社会群体。随着农民工规模的不断扩大，留守儿童、流动儿童数量也在随之逐渐增加。由于社会经济地位较低，以及语言上的隔阂、文化上的差异和心理上的自卑等因素，阻碍着这些家长主动走进孩子所就读的本地学校，与学校开展家校共育。笔者所在的学校就是一所在城乡接合部转型期新建的小学，虽然目前划分为城镇学校，但生源构成仍有大量留守儿童和流动儿童。我们要把这些弱势群体的家长教育指导和服务列为重点工作，深入他们的家庭，开展上门辅导、追踪指导、贫困帮扶等相关活动。

(四)家校共育从引进走向本土创生

目前，国内的家校共育主要参照的是国外的研究模型和其他省份的相关研究，但是由于存在中西文化的差异，学校系统的差异，学生、学校、家庭生活方式的差异，所以每个学校在借鉴国内外优秀经验和其他地区经验的基础上，需要结合本地文化构建适合自己学校的本土家校共育的模型。

第二节 小学家校共育的学校文化

"一所学校的开启，不是校门的开启，而是文化的开启。"文化是一所学校的活的灵魂，它彰显着学校的个性和品质，唯有文化的注入与引领，学校才能成为"有魂有根"的阵地。

一、凿石小学历史沿革

凿石小学位于湖南省株洲市天元区衡山中路与金华路交叉处，前身为湘潭王氏学堂，始建于1902年(清光绪二十八年)，由本地望族王姓家族出资，地处清代属湘潭县一都九甲凿石村，迄今已有123年办学历史。1963年更名为凿石小学。2018年学校易址新建，占地36.7亩。

清乾隆二十一年《湘潭县志》载："凿石港在县南七十里，即凿石浦。"清嘉庆二十二年《湘潭县志》载："凿石浦在县南七十里，源出山塘坳合冯家坳水入于湘。"因天元区地势属罗霄山脉，湘江左岸红砂岩遍布，加之雨水充沛，山塘坳与冯家坳两股溪流汇合冲击红砂岩以形成缺口入湘江，这才有"凿石"一说。凿石小学也因此得名。

唐贞观元年，凿石浦山上有寺，名曰庆霞寺，为当地乡民募资所建。公元769年春，诗圣杜甫为避战乱，曾宿于庆霞寺，并留下千古名篇《宿凿石浦》《早行》等诗作。

宋代著名书法家米芾游历至此，有感于杜甫名篇，在凿石浦临湘江的悬崖之上书"怀杜岩"三字，后因辟石修渠遗憾被毁。此后历代文人志士亦曾纷至沓来瞻仰怀杜，并在庆霞寺旁修建了一座杜甫草堂，史称石浦少陵草堂，是为天下"三个半草堂"中的"半个"。草堂始建于宋，盛于康乾，毁于晚清。后当地人将每年重阳日定为"工部祭祀之期"，专门祭奠和怀念杜甫。

据悉，目前全国共有五个杜甫草堂，仅成都杜甫草堂保护和开发较好，其余俱毁，可考证的依据均不如株洲杜甫草堂多。《湖南省旧通志》《湘潭县旧志》《凿石浦志》均对杜甫草堂有详细的记载，怀杜岩也有照片存世。

2016年株洲市两会上，多位政协委员提交提案，呼吁在湘江边的原址上重建杜甫草堂、庆霞寺。株洲市文体广新局对委员提案进行答复，表示将本着

"修旧如旧"的原则进行恢复,形成四种保护方案,征求广大市民意见。2018 年 11 月杜甫草堂在原址上开工重建,现已建成,成为株洲地区影响广泛的文化地标。

新凿石小学距老校原址直线距离约 1000 米,距杜甫草堂旧址约 2000 米,毗邻湘江,南傍衡山中路,东邻神农大道,周边交通便捷,大型社区密集。学校建筑呈欧式风格,连廊环绕,楼舍林立,设施完备,环境秀雅。

二、凿石小学文化之基

2018 年 9 月,新凿石小学由原农村点校老凿石小学和王家坪学校合并组建而成。建校之初,学校便设有 30 个教学班,涵盖一至六年级,学生总数达到 1579 人。生源主要为本地农村户籍家庭子女和进城务工人员子女。教师队伍以原两校的中老年教师为主体,同时加入了 30 多名新入职的年轻教师,为凿石小学增添了新活力。学校管理团队延用了两所农村学校的原班人马,缺乏城区大规模学校的管理经验。

学校合并重组后,面临严峻的社会信任危机。周边居民普遍认为"新凿石小学不过是新瓶装旧酒,换汤不换药"。原本属于天元小学招生范围、后划归凿石小学的湖南工业大学教授们,联名向天元区委、区政府致信,表示"坚决不让孩子就读凿石小学"。周边社区入读的学生也寥寥无几,就连本校教师也或明或暗地将子女送往其他学校就读。与区内其他学校相比,新凿石小学可谓"负数起步、负重前行",陷入了"内忧外困、举步维艰"的困境。

2019 年 1 月,学校被正式定位为城市小学,需与区内其他城区学校在同一标准下参与考核评价。这一转变既突然又直接,就像时代变革从不打招呼,教育领域的竞争也不会给予凿石小学任何喘息和准备的机会。

面对这样的现状,来此担任"一把手"的笔者压力可想而知。笔者感叹,和区内其他学校相比,新凿石真是"负数起步,负重前行,内忧外困,尤为艰难"。有人给笔者出主意:您来自名校,何不挂个集团校的牌子呢?但笔者并不同意,因为在笔者看来凿石小学有着百年历史,有着独特的资源,蕴藏着无价的文化。因此,如何挖掘和培育学校文化,夯实学校的发展之基,一直是笔者的"心中结"。

自 2017 年 7 月担任老凿石小学党支部书记的那天起,笔者便踏上了寻觅凿石文化之路。2019 年 2 月被任命为校长后,笔者更是废寝忘食,并加快了寻根溯源的脚步。6 年多来，笔者泡图书馆查文献找资料、拜访本地文史专家、实地调研走访……最终笔者从凿石浦文化、办学历史出发，闯出了一条新路。

(一)追溯百年办学沿革

在新凿石小学开办后的六年间，笔者发现了中国南方保存最为完好的村级志书——《凿石浦志》。据该书记载，湘潭石浦王族学堂(即凿石小学的前身)始建于 1902 年(光绪二十八年)4 月。同时记载了唐代诗圣杜甫曾在株洲留下诗作，宋代书法家米芾在此题写了"怀杜岩"三字，这些信息为株洲这座"火车拖来的城市"和"制造名城"增添了厚重的历史文化底蕴。

随着日子的推移，在查阅文献、走亲串户的过程中，湘潭石浦王族学堂、王族学校、湘潭石浦阇邑蒙学堂等散发古老气息的老校名也从历史的尘埃中浮现出来，为 121 年的办学历史——溯源。

(二)抢救性发掘保存文物

在探寻历史的过程中，笔者发现了 100 多年前王族学校的"校"字石碑(株洲日报图)和学堂的楹联"敦诗说礼；干国栋家"。此外，还有 1928 年石浦学校的课本、购物凭证和作业本，以及文采斐然、饱含殷殷期望的《石浦学校记》等校史文物。这些文献和文物，如同穿越时空的使者，成为凿石百年历史的生动注脚。

2018 年 11 月 28 日，在株洲市"重建杜甫草堂开工仪式"的工地上，笔者带领学校教职员工抢救性发掘了百余块古砖。这些古砖曾是王族学堂、庆霞寺和杜甫草堂的一部分。如果不进行抢救性的紧急发掘，它们将被埋入地下，无法见证凿石教育人一代代的赓续与传承。

此外，一块刻有日文与中文两种字体的"军路界"碑也被发现，它是当年日军侵犯株洲凿石浦的铁证，更是激励凿石学子奋发图强、精忠报国的德育教材。

(三)汇集历代文人诗作

在文物抢救性发掘与保存的过程中，笔者不仅发现了大量珍贵的历史文物，还找到了公元 769 年诗圣杜甫夜宿庆霞寺时留下的《宿凿石浦》《早行》等九首诗。300 多年后，北宋书法家米芾来到凿石浦吊唁杜甫，挥毫题写了"怀杜岩"三字。这些发现印证了《凿石浦志》中记载的历史真实性，令人惊叹不已。

除了杜甫和米芾在凿石浦留下的文字遗迹，朱熹、张栻、范成大、文天祥、胡铨等唐宋文人也在株洲留下了多篇诗作。此外，笔者还发现了清朝嘉庆二十三年（公元1818年）古长沙府湘潭县的手绘地图。这幅地图较为完整地还原了诗圣杜甫在湖南的历史足迹，让学生能够直观地了解那段历史，仿佛穿越时空，与古人对话；同时，也激励后人传承文化、铭记历史。

学校将百年凿石文化凝练为"镇校三宝"和"一亭一院一记、四廊四石"，构建了一个独具特色的文化育人体系。"镇校三宝"包括《凿石浦志》、杜甫诗作《宿凿石浦》以及百年"校"字碑，这些文物承载了学校深厚的历史底蕴和文化精髓。"一亭一院一记"则指怀杜亭、石浦书院和《石浦学校记》，它们不仅是历史的见证，更是文化传承的重要载体。"四廊"包括怀杜诗廊、"唐宋文人过株洲"诗词廊、凿石诗词长廊和湖湘文化长廊，通过诗词与文化的展示，将凿石的历史与湖湘文化的精髓融为一体。"四石"则指怀杜岩、"校"字碑、界碑石和校训石，每一块石头都镌刻着历史的印记与教育的使命。学校匠心打造的"校景馆一体化"百年校史实践树人场域，为师生、家长深入了解并积极传播凿石文化提供了沉浸式体验场域。

"凿石浦"历史文化的溯源，已然收获颇丰。但"凿"字在株洲方言中念作"cuò"，在当地人口中成了"cuò石小学……"。为了让"凿石"二字更具文化内涵，笔者决定从凿石浦的千年历史文化中寻找文化的力量。经过反复查阅网络与古籍，笔者搜集到许多与"凿石"相关的古诗词。例如，宋代彭龟年的"有水涓涓，石凿凿兮"，宋代释正觉的"云树苍苍，泉石凿凿"，唐代白居易的"白石何凿凿，清流亦潺潺"，以及宋代沈辽的"绿树暗濛濛，流水鸣凿凿"等。

为了让这些古老而隽永的诗词融入校园文化，学校将它们精心陈列于校园各个角落的消防栓箱面上，成为校园文化的一部分。此外，学校还通过校园直播大课堂，组织诵读活动和"寻找校园中的凿石诗词"活动。孩子们纷纷惊叹："原来，我们的校名早就藏在古老的诗词中了，它们是那么动人，那么美……"

（四）打造"石浦书院"

2020年，笔者及其团队积极筹资、设计并建成了"石浦书院"。书院集四馆于一体，包括阅读馆、校史馆、汤圆妈妈读书俱乐部和石浦诗社，成为一个多功能的文化场域。如今，石浦书院已成为学校的网红打卡地，老师、家长，尤其是学生，纷纷走进这里，探寻凿石百年历史，感受厚重文化，畅游书籍的海洋。一位湖南工业大学教授(学生家长)曾这样自豪地说："对凿石小学最认同的就是它的文化……"在百年文化的浸润中，凿石人找到了心灵的归属与文化的自信。年轻而又古老的凿石小学重拾了自己的根与魂。

(五)提炼办学文化

凿石小学建校以来，笔者带领团队持续深入挖掘学校文化，逐步提炼形成了基于本校深厚文化底蕴、符合新时代学校发展实际的学校特色文化系统。

学校坚持以习近平新时代中国特色社会主义思想为指导，落实立德树人根本任务，以办好人民满意的教育为宗旨，以"琢玉教育"为教育主张，以"培养'文行兼美、身心强健、学识丰厚、创意无限、志在家国'的凿石学子"为育人目标。通过建设具有湖湘文化血脉和本土文化特色的学校文化体系，致力于打造市内一流、省内知名的优质特色小学。

校训是一个学校的文化标志，体现了学校秉承的教育态度，达成的教育目标和追求的教育境界。凿石小学以"凿石成玉"为校训，彰显学校核心文化并以此构建学校文化系统。

凿：蕴含"匠心化育"的精神。"匠心"是匠人的特质，但又并不为匠人所独有；"化育"即教化培育。"匠心化育"意味着科学钻研、锲而不舍的精神和对艺术品质的精益求精、执着坚守。我们追求的凿石境界就是努力发现每个人的不同潜质，因势而"凿"，顺势而"凿"，本着"凿石方逢玉，淘沙始见金"的精神，最终成就世上独一无二之美玉。当教师怀着工匠之心做事时，一言一行都会融入教育者的人格魅力。

石：璞石，含玉的矿石。意喻着每个师生无论他来自哪里，拥有怎样的生活背景和教育背景，都拥有自己独特的待开发潜质。

成：成就，成材，成为。孟子曰："天将降大任于是人也，必先苦其心志，劳其筋骨，饿其体肤，空乏其身，行拂乱其所为，所以动心忍性，曾益其所不能。"此话意指"成玉"过程的艰难。

玉：自古以玉德为贵，教化世人以玉比德。在中国历史的悠悠进程中，在中国文化的发展、丰富和完善过程中，人们提炼、创造了许多与玉有关的词语和诗篇，来表达对美好事物的赞美和珍重。我们从中可以发现，凡是用玉来形容的人、事、物、理，都是美好而令人神往的。

凿石成玉："玉不琢不成器""艰难困苦，玉汝于成"。意指要成大器，需经历艰难困苦的磨炼。每个师生都是一块天然的璞石，看似其貌不扬，只要历经"如切如磋、如琢如磨"的艰难历程，终能成玉。凿石小学期望全体师生铸就诗圣杜甫那样的爱国爱民胸怀、历代名匠那样的铁杵成针精神，自我砥砺、自我完善，主动学习、相互激励，最终凿石成玉，玉琢成器。

三、凿石小学文化标识系统

（一）校徽

标志造型为圆形印章，代表团结、圆满之意，同时也暗指"园丁"。它寓意着学校的教育面向未来、多元发展，也喻示着学生通过小学六年的努力，将成为一个全面发展的、具有良好素养的人。同时，圆形还蕴含着全体教职员工对孩子的包容与呵护，以及学校一切以人为本的核心理念。

"凿"字采用篆书变形，线条造型粗犷，寓意玉石的质地坚韧、朴实；"石"字既取自古时地名"凿石浦"，又蕴含校训"凿石成玉"的灵魂精华。

标志以深棕色为主色调，配以黑色、灰色字体。深棕色属于大地色系，象征踏实厚重、沉稳深邃，既代表着凿石小学深厚的办学历史和人文底蕴，也喻示着凿石校园将是师生们成长的摇篮和沃土。同时，深棕色与学校楼舍主体外墙的橘色同属大地色系，和谐统一。黑色和灰色则包含了璞石成玉前的色彩，蕴含着天真与淳朴的本质，诚实与善良的品性，体现了凿石小学对师生良好德行培养、知识传承和能力发展的重视。

标志中最外层的圆呈动感流线型，既象征着师生团结一心、学校和谐发展，也象征着凿石师生充满活力和张力的生命状态。校徽图案见图4-1。

图4-1　株洲市天元区凿石小学校徽

(二)校旗

校旗(图4-2)的底色以海洋的蓝色为主,整面旗帜蓝红相映,庄重和谐而不失朝气,简洁流畅且富有意蕴。寓意着学校博大深远,发展历程海阔天空,学习环境安全安静;学生在知识的海洋中乘风破浪,个个志存高远,心向光明;教师的胸怀如大海般宽广,学识渊博,光明磊落。

图4-2　株洲市天元区凿石小学校旗

位于旗帜中心位置的校徽和随之展开的校名,构图简约,典雅庄重,蕴含丰富,寓意着凿石小学紧紧围绕着"凿天下之璞石,成独特之美玉"的办学理念,努力培育德智体美劳全面发展的凿石学子。

(三)校歌——生生不息迎光而行

凿石小学前身为清光绪二十八年创办的湘潭石浦王族学堂,1963年更名为凿石小学,迄今已有百余年办学历史。公元769年,唐代诗圣杜甫为避战乱,夜宿凿石浦的庆霞寺,留下《宿凿石浦》《早行》等诗作。之后,北宋大书法家米芾游历至此,感物伤怀,在临江悬崖上题写"怀杜岩"三字。此后历代文人志士纷至沓来瞻仰怀杜,并在庆霞寺旁修建一座杜甫草堂,史称石浦少陵草堂。凿石小学距离杜甫草堂旧址仅2000余米,是一所承载了百余年本土文化历史的学校。

音乐具有延展时空的功能。校歌是学校赓续文脉的最佳方式,对内凝聚力量,踔厉奋发,鼓舞士气;对外展示学校形象、擦亮文化品牌、彰显特色,是学校办学理念、校园精神的集中体现，更是引领学校发展方向的精神宣言。孩子们在吟唱中找到了文化自信与自豪。2022 年，由湖南师范大学文学院教授、教育学博士黄耀红与凿石小学党总支书记汤彩霞共同作词，湖南工业大学音乐学院院长龙华云作曲的《迎着光——凿石小学校歌》历经两年时间的酝酿与打磨，终于面世（图 4-3）。

迎着光

——凿石小学校歌

作词：黄耀红　汤彩霞

作曲：龙华云

湘水泱泱，
源远流长。
扁舟载着春色，
明月照着诗行。
在古老的江边，
我们迎着朝阳。
在美丽的校园，
我们幸福成长。

金声玉振，
弦歌悠扬。
帆影披着霞光，
风雨穿越沧桑。
在古老的凿石，
蓓蕾迎春开放，
在美丽的校园，
我们放飞梦想。

啊　有石就有火花，
有玉就有光芒，
我们沐浴爱，
我们迎着光。
我们奉献爱，
我们迎着光。

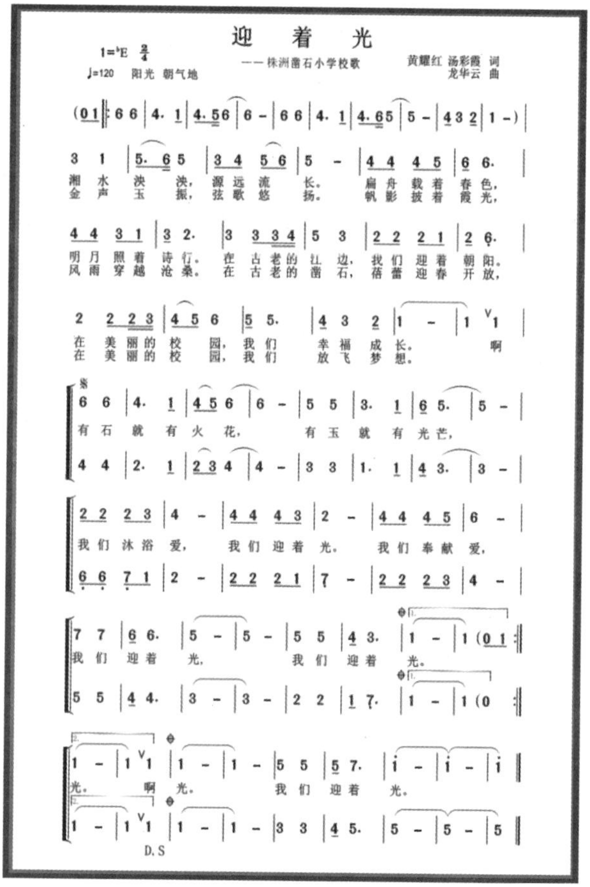

图 4-3　株洲市天元区凿石小学校歌曲谱

"湘水泱泱，源远流长……"《迎着光》犹如学校的精神图腾，曲调欢快、朗朗上口且意蕴深远。旋律选用了向上、阳光的曲风，是每一个凿石少年最需要的正能量与追求所在。同时，歌词中蕴含着学校"凿石成玉"的教育情怀，激励着一代代凿石学子薪火相传、生生不息，迎光而行，续写凿石教育新时代的辉煌。

（四）凿石颂

2018年9月，易址新建的凿石小学将举行竣工仪式暨开办典礼。这是一个历史性的时刻，更是一个值得纪念的日子。在开办典礼上，理应有一首赞颂凿石浦的诗歌，传承文脉流长的百年历史，同时开启改革创新的未来。于是，在历经多个不眠之夜后，时任学校支部书记的汤彩霞创作了原创诗歌《凿石颂》。在2018年9月的开办典礼上，三位年轻的凿石教师上台深情诵读，此后，《凿石颂》成为一批批凿石教育人传承的诗作。

凿石颂
株洲市天元区凿石小学　汤彩霞

你是亿万年前孕育的自然精灵
你是湘水江畔静默的无字丰碑
千百年来人们　开凿求取
从此
你和你的土地拥有了一个共同的名字——凿石浦

晨钟暮鼓　斗转星移
岁月流长　你初心未改
默默守候的还有那公元627年的庆霞寺
比肩望日出　执手话斜阳
你们共同见证这片土地上的沧海桑田又一年

公元769年　初春时节
你依稀记得

那个满腹博爱的晚唐诗人落帆抛锚、夜宿凿石浦
他挥笔写下"穷途多俊异　乱世少恩惠"
纵使"仲春江山丽"　终究意难平
世人皆叹：
一路坎坷成圣成人亦成史　两袖清风忧国忧君更忧民

自此以后
文人雅士纷至沓来
他们拜谒思古、感物伤怀
他们挥毫泼墨、草堂赋诗
那书在通天岭上高高的"怀杜岩"啊
更是北宋米芾留下的千古情怀
它氤氲在岁月长河的浪花里
更流淌在凿石浦千山万水的血脉中

春来秋往　朝代更替
1902 年
本地望族创办王氏学堂、开蒙教化
民国年间
更名为石浦学校　开国大将在此奋发图强　革命立志
1963 年
更名为凿石小学实施义务教育　福泽你的四方
君不见
一代代凿石子孙在历史先贤的指引下
瓜瓞绵绵　辉光日新

当历史越过泛黄的一页
当日出唤醒你的清晨
"凿石成玉"的大门
在这一刻
徐徐展开 2018 金秋的画卷

这里有"凿天下之璞石"的坚毅决心

这里有"成独特之美玉"的远大情怀

看

怀杜亭下，孩子们立志"读书破万卷"

石浦广场，青年党员"风华正茂　挥斥方遒"

三尺讲台前，老教师"身教重于言传"

学校会议室里，党政班子"路漫漫其修远兮　吾将上下而求索"……

今天的凿石教育人

要以传承作笔

写下一段文脉流长的历史

要以开创为色

描绘一个日新月异的未来！

哦，静默无言的这方热土啊

前有古人　星光灿烂

后有来者　群英堂堂

今日，我们在凿石故里

承孚众望　薪火相传

明朝，我们在湘水之滨

桃李芬芳、喷薄万丈

因为

这一幅新区发展的蓝图

给予我们壮志凌云的希望

这一方湖湘文化的圣土

更赐予我们文化自信的力量

匠心独具　追求卓越的凿石教育人

将始终不忘初心　牢记使命

奋力谱写继往开来　绚丽千秋的新华章！

四、凿石小学家校共育特色文化

特色办学的终极价值是培养有个性、具体鲜活的人。学校文化和特色课程则是学校实现这一目标的最主要手段。如果说作为隐性课程的学校文化影响了学生的思维方式和行为方式，那么显性的特色课程（即校本课程）则是有目的地促使学生个性发展的最直接、最有力的方式。因此，特色课程与学校文化之间应是相互观照、携手共进的关系。

（一）特色办学主要以特色课程为载体

众所周知，学校教育功能的发挥是基于课程来实现的，课程文化决定了学校文化的主题。学校的课程文化往往也主导了一个学校的个性与特色。尤其是在当前实施的三级课程管理下，让学校有了更大的课程选择、组织、开发和实施权，也就意味着课程在学校个性建设上发挥着更大的作用。因此，我们可以说特色课程建设是学校文化建设的核心，特色课程是学校文化实现育人功能、培养有个性的具体的人的载体。

（二）特色课程建设以学校文化为灵魂

课程与文化有着天然的血肉联系。课程是文化的产物，文化造就了课程。从发生学的角度来看，课程是作为文化的一种手段或工具而产生的。可以说，文化作为课程的源泉，其形成无疑先于课程，是文化造就了课程，文化作为课程的母体决定了课程的文化品性，课程的价值观的确立、内容的选择等都应决定于文化。抛开文化，课程就成了无源之水、无本之木。因此，"从本校独特的学校文化出发"，立足于学校自身独特的文化基础，围绕学校的核心文化，是特色课程建设的基础和灵魂。特色课程的开发只有研究学校文化，把特色、课程、文化三者结合起来，才能办出特色。开发的课程也只有依托学校传统（学校文化），才是有根的，才能发展壮大。"学校的传统来自学校长期积淀形成的特色，从而特色也必然成为学校文化的标志。"所以，成功的学校特色课程应该是能够凸显学校办学特色的课程，其开发必须充分考虑是否与学校的办学理念相一致，其实施必须结合学校的具体实际，与学校的具体环境相协调，建立学校个性化课程体系，而非外在课程与本校文化的随意嫁接。唯其如此，学校课程的实施才具有精神引领，才不会偏离特色课程的初衷。

为了更好地引领特色课程建设，学校要充分挖掘学校的历史传统、地域文化等特有的文化积淀、底蕴和资源，结合学生发展需求，提炼出属于自己学校的文化。办学历史不长的学校，也应立足于办学理念、地域文化和学生发展需求等培育学校文化。将学校文化内化为课程，以特色课程建设为载体彰显其强大的力量，使学校全体成员参与特色课程实践开发的过程中，逐步明确共享学校的核心价值观，从而进一步明确学校的发展方向。

基于学校百年文化特色，我们开发构建了"琢玉"校本课程体系（图4-4）。

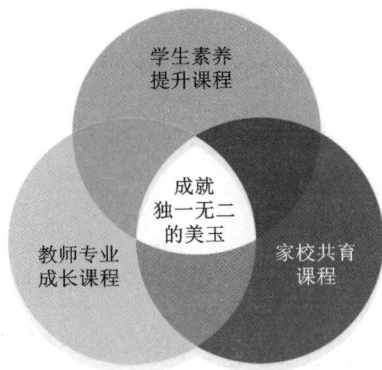

图4-4　凿石小学"琢玉"课程统整架构图

为什么取名叫"琢玉"？这源自两个文化背景：《三字经》中的"玉不琢不成器"以及我们的校训"凿石成玉"。

琢玉校本课程涵盖"教师专业成长课程、学生素养提升课程、家校共育课程"三大领域，鼓励凿石的孩子、老师和家长争做美玉少年、美誉教师和美育家长。

关于琢玉课程体系，后章再进行详细论述，此处不赘述。

五、家校之歌

凿石小学的家长和学校心心相通，在协同育人的过程中建立了深厚的感情。

2020年初夏，疫情笼罩下的凿石小学，家校之间的纽带却愈发紧密。为了在特殊时期更好地推动家校协同育人，校级家委会组建了一个名为"凿石鼓与呼团队"的十人微信群。群里的家长来自各行各业，他们不仅是家委会的骨干，更是凿石小学"好学生、好老师、好家长"形象的积极宣传者。这个小小的微信群，成为家委们为学校发展出谋划策的阵地。

5月15日，群里讨论起了学校组织的"凿石小学第二届家校共育征文"活动。校级家委会主席言沛龙爸爸灵机一动，提议将疫情期间1904班荣孜妈妈和孩子录制的一段自弹自唱的视频改编成歌曲。"你可以唱出来！"他的建议立刻得到了回应。荣孜妈妈说："要么干脆写一首《凿石义工之歌》，你们写词，我试着配曲，怎么样？"大家摩拳擦掌、跃跃欲试。

翌日清晨，一场突如其来的暴雨打破了早间的宁静。上学时分，大雨倾盆而下，校门口的积水迅速上涨，给孩子们的出行带来了困难。无数家长义工纷纷挺身而出。汤彩霞校长忍不住提起笔，在微信圈记录下了这感人的一幕："今晨，大雨如注……凿石小学义工家长团队在这场暴雨中，成了一股温暖积极、团结振奋的力量。他们不约而同地挽起裤腿，光着脚，背着孩子们一次次往返于积水路段。暴雨打湿了他们的头发和衣襟，却浇不灭他们对孩子的爱与关怀。更令人动容的是，一位送孙子上学的奶奶也被义工们的奉献精神感染，自发加入了他们的行列。夜深人静的时候，我曾认真地问自己：你为何如此深爱这所年轻而又古老的学校？此刻，我好像找到答案了。"这段深情的文字在当晚连同新媒体"新区发布"的文章《暴雨中，那暖心的一幕》被迅速转发到"凿石鼓与呼团队"群里。家委们纷纷点赞、留言。

在接下来的日子里，《凿石小学家委会制度》的出台和"5·20"当天凿石小学家长学校的挂牌，让家校共育的理念更加深入人心。于是，凿石小学义工之歌的创编最终变成了家校共育歌曲的创作。

荣孜妈妈主动承担了谱曲的任务，但填词、演唱、录音棚的选择以及主题的确定等问题接踵而至。面对这些挑战，校级家委会迅速行动起来。汤彩霞校长也特别强调，歌曲应体现学校"凿石成玉"的办学理念和百年文脉的深厚底蕴。霍思燕爸爸灵机一动，想到了孩子的舅舅——朱进老师，一位曾与郎朗等大师合作过的音乐人。朱进老师的加入，为创作团队注入了专业力量。

如何用歌曲表达凿石家校的心声？网上关于家委会会歌的资料寥寥无几，于是大家将目光转向学校征集的家校共育征文，从中寻找灵感。黄梓锜爸爸提议"歌曲开头要体现孩子"，傅依可妈妈建议"每个孩子，一种声音（every child, one voice）"，言沛龙爸爸则强调"付出点滴汗水，汇聚凿石力量，这是爱的舞台"。群内讨论热烈，创作灵感源源不断。周末的线上语音会议上，大家各抒已见,歌曲从初稿到完善,经历了一次又一次的打磨。汤彩霞校长感慨道:"大家都是在用心写歌,用爱传唱。"

到了盛夏父亲节,歌曲已初具雏形。最终,汤彩霞校长将歌曲定名为《互促互鉴　共筑明天——凿石小学家校共育之歌》。这首由汤彩霞校长和校级家委会成员填词、朱进老师作曲的作品,凝聚了学校和家长的情感,成为凿石小学家校共育工作的精神内核。

附:

《互促互鉴　共筑明天——凿石小学家校共育之歌》合唱演出策划方案

经过前期的筹划和创编,凿石小学《互促互鉴　共筑明天——凿石小学家校共育之歌》现已创作完成。根据校级家委会会议精神,歌曲拟在本学期校运会进行表演。现在学校教师、各级家委会和各班家长中选拔 30 名合唱成员,进行排练和演出,力争完美呈现。

一、合唱成员组成

学校行政人员及音乐老师 5~8 人、三级家委会 5~6 人、家长代表 15~18 人。

二、合唱成员要求

(1)唱歌爱好者,具有一定声乐基础者优先;

(2)五官端正、身材匀称;

(3)家长代表由各班推送,每班推荐 1~2 人。

三、合唱成员遴选

(1)被推荐的家长先行学习歌曲,并将演唱视频发至校级家委会成员邮箱中。

(2)由校级家委会邀请音乐专业评委和学校音乐教师组成评选小组,对演唱视频进行遴选。

四、具体安排和时间节点

9 月 3 日—9 月 8 日　学校、各级家委会、各班级推送名单;

9 月 9 日—9 月 13 日　遴选合唱成员

9 月 14 日—校运会前　排练

凿石小学校级家长委员会

2020 年 8 月 30 日

互促互鉴 共筑明天

——凿石小学家校共育之歌

作词：汤彩霞、朱进及校级家委会成员
作曲：朱进

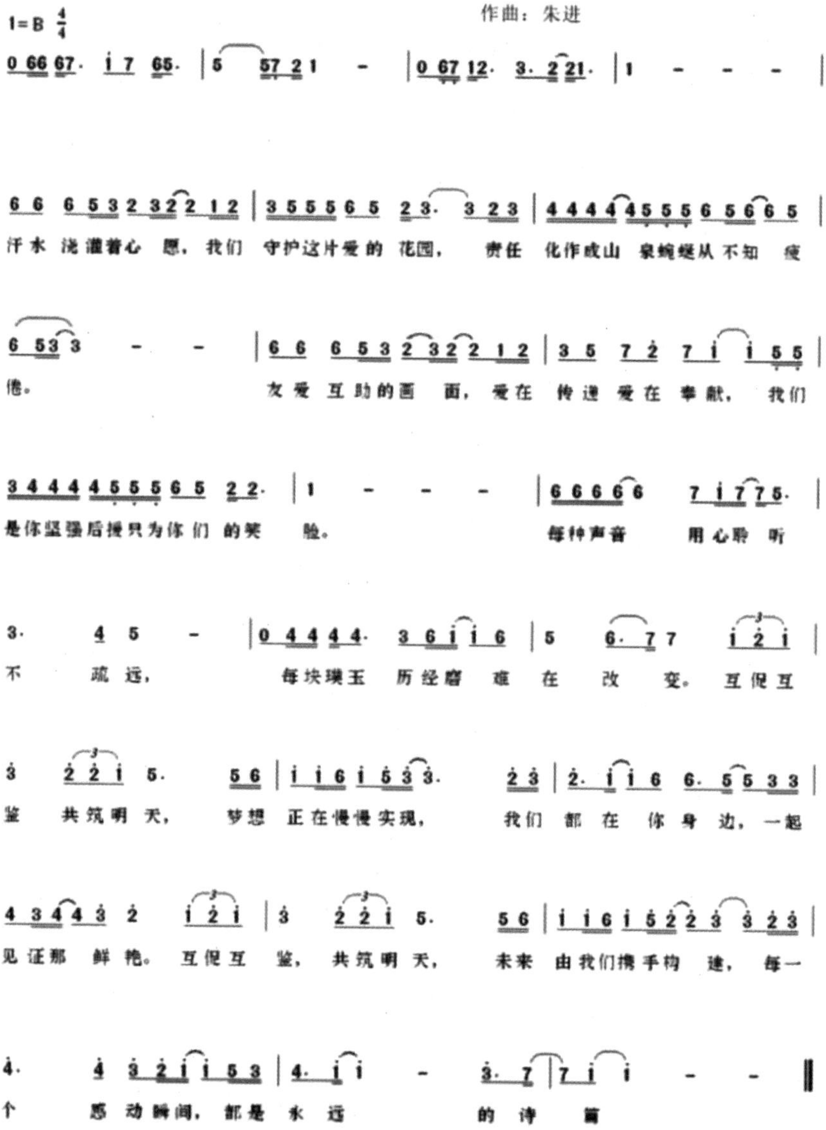

1=B 4/4

```
0 66 67. i 7 65. | 5 57 2 1  -  | 0 67 12. 3. 2 21. | i  -  -  - |

6 6 6 5 3 2 3 2 2 1 2 | 3 5 5 5 6 5 2 3. 3 2 3 | 4 4 4 4 4 5 5 5 6 5 6 6 5 |
汗水 浇灌着心 愿，我们 守护这片爱的 花园，   责任 化作成山 泉蜿蜒从不知 疲

6 5 3 3  -  -  - | 6 6 6 5 3 2 3 2 2 1 2 | 3 5 7 2 7 i i 5 5 |
倦。          友爱互助的画 面，爱在 传递爱在 奉献， 我们

3 4 4 4 4 5 5 5 6 5 2 2. | 1  -  -  - | 6 6 6 6 6  7 i 7 7 5. |
是你坚强后援只为你们 的笑 脸。        每种声音  用心聆 听

3.    4 5  - | 0 4 4 4 4. 3 6 i i 6 | 5  6. 7 7   i 2 i |
不   疏远，    每块璞玉 历经磨 难在 改 变。互促互

3  2 2 i 5.   5 6 | i i 6 i 5 3 3.   2 3 | 2. i i 6  6. 5 5 3 3 |
鉴 共筑明天，  梦想 正在慢慢实现，  我们 都 在 你身边，一起

4 3 4 4 3 2  i 2 i | 3  2 2 i 5.   5 6 | i i 6 i 5 2 2 3  3 2 3 |
见 证那 鲜艳。互促互 鉴， 共筑明天，  未来 由我们携手构 建，每一

4.   4 3 2 i i 5 3 | 4. i  - | 3. 7 7 i  i  -  - |
个   感 动瞬间，都是永远   的 诗 篇
```

图4-5 株洲市天元区凿石小学家校共育之歌曲谱

第三节 小学家校共育的学校设计

凿石小学"凿石成玉"的校训，蕴含着"匠心化育"的工匠精神，意味着科学钻研、精益求精和执着坚守。在学校眼中，每位学生和家长都像一块可经雕琢的璞石。孩子需要学习，家长同样需要树立终身学习的意识，以便成为一个更好的家长。

凿石小学在"凿石成玉"的校园文化引领下，通过多种家校合作的方式，如成立家校联合行动委员会、开展家校课题研究、成立家长学校、开发系列家长课程、鼓励家长参与学校和周边社区志愿服务、与社区合作等，旨在让家长通过多种途径与学生同学习、共成长，努力成为一个更合格、更称职的家长。

一、组建家校社共育两个网络体系

家长委员会是由家长自愿组成的群众组织，作为学校与家庭之间的桥梁，其成员协助学校开展家长学校、组织三点半课堂、监督食堂及校门安全等工作，是公信办学的重要形式之一（图4-6）。

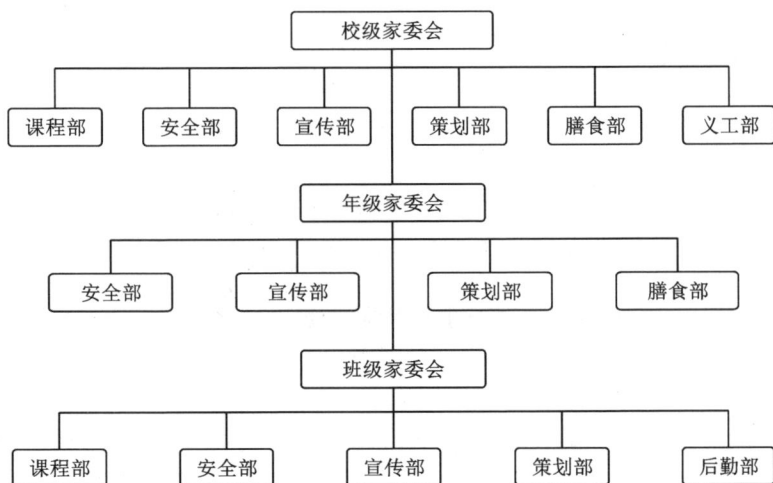

图 4-6 株洲市天元区凿石小学三级家委会管理架构图

家长委员会的核心作用在于将家庭教育与学校教育紧密结合，营造关心学生健康成长的氛围，增强家长参与学校教育的意识，促进家长对学校工作的支持。通过沟通学校与家庭的联系，家长委员会不仅督促学校工作，还帮助改善和提升家庭教育质量。此外，家长委员会充分发挥家长的才能和资源，为班级综合提升贡献力量，进一步推动学校与家庭的协同发展，助力学生全面成长。

在此基础上，凿石小学建立了家校社共育工作委员会(图4-7)，充分整合学校、家庭和社区资源，深入推进家校共育。

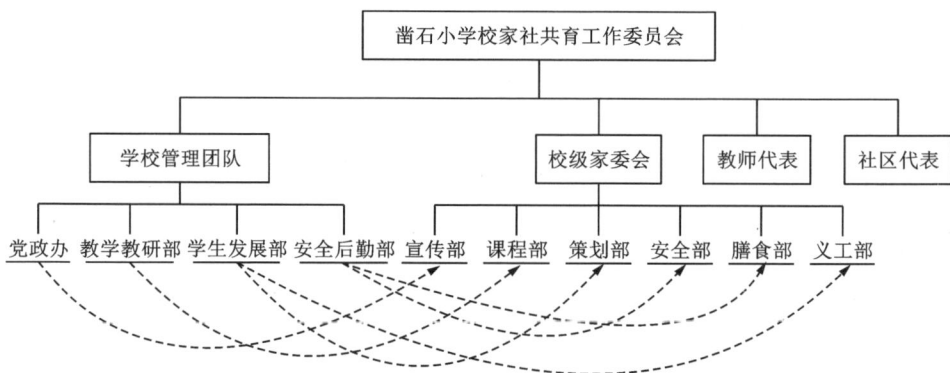

图4-7　株洲凿石小学校家社工作委员会结构示意图

二、建章立制契约行动

建章立制是推进家校共育常态化实施的重要保证，既能让学校、教师和家长等多方明晰自己在家校共育中的职责和地位，也能让家校共育更具操作性。本文以凿石小学家委会章程为例，为广大家校共育工作者提供参考。

凿石小学家委会章程

家委会是"学校家长委员会"的简称。《国家中长期教育改革与发展规划纲要(2010—2020年)》提出，建立中小学家长委员会，引导社区和有关专业人士参与学校管理和监督。在学前教育、义务教育阶段，学校成立家长委员会，目的在于加强联系沟通、增进家校互动、促进学生成长，形成学校、家庭、社会三位一体的学生整体教育工作网络。

学校以"家校合力最大化"为目标,从"建设队伍、完善机制、发挥优势"入手,提高家委会成员参与家委会工作、实施监督管理、支持学校发展的积极性和主动性,促进学校各项工作的开展。

为保证家委会工作的顺利开展,充分发挥家委会的作用,确保家委会有效运转,特制定该章程,请家委会各成员遵照执行。

第一章　总则

第一条　家委会的宗旨

学校家长委员会(简称家委会)以宣传和落实国家教育政策法规为核心,代表家长参与学校管理和教育活动,支持、监督、促进学校、班级的各项工作,发挥家长在学校教育中的监督和参谋作用。积极探索家庭、社会与学校三位一体的教育新模式,推动家校共育,为孩子营造良好的教育环境,助力学校办好人民满意的教育。

第二条　家长委员会的作用

家委会是构建家庭教育与学校教育的纽带。它是学校、家庭联系的桥梁,促使家长紧密地与学校、班级相配合,形成家校教育合力,以利于学生全面、健康地成长,为孩子创造良好的教育环境。同时,家委会是家庭教育参与学校教育的平台。通过家委会这个平台,可增强班级与家长之间、家长与家长之间的沟通和交流。多方传递信息、交流经验、协调关系,让家长资源成为学校教育和管理的新资源,共同实现促进学生全面发展的教育目标。

第三条　委员的权利

学校家委会委员享有多项权利,包括听取学校工作报告,了解学校的发展规划、教育教学目标和计划及收费情况,并据此提出相应的意见和建议;按规定的程序对学校的各项工作实施民主监督;参与学校重大活动,研讨相关事宜并提出建设性建议;协助学校开展家长学校活动或亲子活动,运用各种形式总结交流家庭教育经验,评选和表彰优秀家长;负责传达学校精神,确保信息畅通无阻;协调关系,向其他家长解释学校决策,增进家长对学校工作的理解和支持;让家长资源成为学校教育和管理的新资源,共同促进学生的全面发展。

第四条　委员的义务

家委会是家校沟通的重要纽带,主要职责包括协助学校开展护学岗、家长学校、三点半课堂、食堂监督等工作;深入了解家长对学校教育的期望,及时反馈家长意见,宣传学校教育成果,提出合理化教学建议,营造尊师重教的良好氛围。同时,家委会需协助调解家长与班级、学校之间的争议和矛盾,促进家长与班级、学校的互相了解、交流与合作。此外,家委会还需与妇联、社区、街道等外部组织保持联系,争取更多资源支持学校教育工作,共同为学生创造优质的学习环境。

第五条　产生与组织形式

家委会成员均由在校学生家长组成,学生毕业或转学后自动退出。班级家委会在家长自愿参加和老师推荐的基础上产生,并需经过校级家委会批准。每个年级均设有组长、安全组长、宣传组长、策划组长各一名。校级家委会则设立主席、秘书长、副主席(兼膳食委员会会长)、安全部长、策划部长、宣传部长等职务。校级家委会成员每两年选举一次。

第二章　细则

第六条　家委会组织架构图

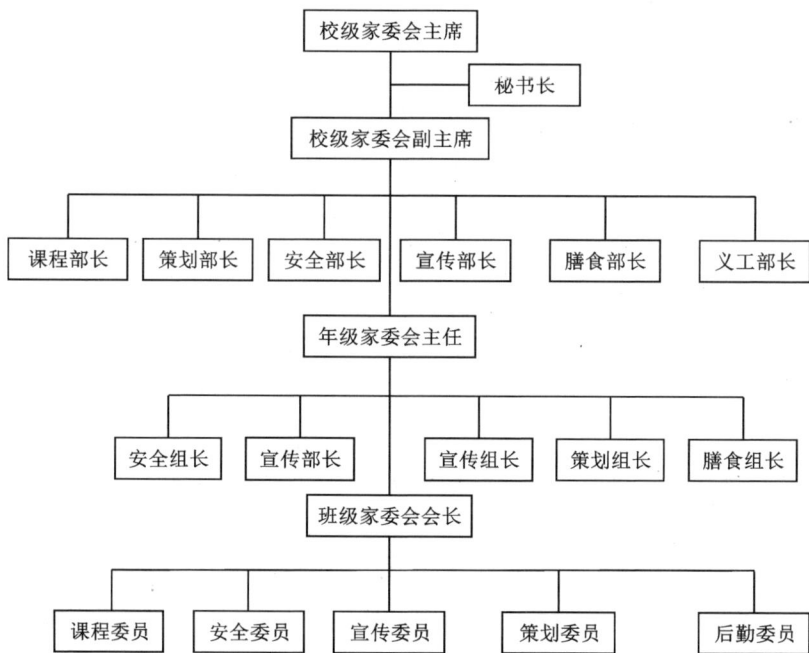

图4-8　家委会组织架构图

第七条　成员要求

家委会成员需拥护党的路线、方针、政策，遵守国家法律法规，关心教育工作，积极了解学习并懂得教育规律，具备高度的爱心和责任心，愿意全心全意为学生和家长服务，为学校的发展贡献力量。成员应积极参与家委会组织的各项活动，遵守家委会章程和规定。成员间应团结协作，保持风清气正，共同维护家委会的和谐与统一。此外，成员还需具备较强的组织协调能力，能够与学校管理人员、班主任、科任教师、家长及社区等外部机构保持良好的沟通与协作，形成教育合力，助力构建和谐、积极的教育环境。

第八条　信息反馈机制

信息反馈机制是家委会工作的重要组成部分，旨在确保家长意见能够高效、有序地传递和处理。家委会实行信息逐级反馈机制，以保证信息的准确性和流程的规范性。反馈形式包括微信、短信、面谈、电话等，以满足不同家长的需求。通过这一机制，家委会能够及时了解家长诉求，协调解决问题，促进家校合作，共同为学生创造良好的学习和成长环境。

第九条　进入、退出机制

为确保家委会工作的连续性和稳定性，特制定明确的进入、退出机制。每个家庭限一名成员加入家委会，以确保代表性和广泛性。班级家委会成员的调整需提交书面申请，经班主任和班级家委会会长同意，确保调整过程公开透明。校级家委会成员如需退出，需向校级家委会主席提交书面申请，并经学校批准后方可退出，以保证家委会工作的连续性和稳定性。同时，家委会成员应严格遵守家委会章程，履行相关义务，确保家委会工作高效运行。

第十条　校级家委会委员任期

校级家委会委员任期为两年，任期结束后可连任一届。委员由学校学生发展中心、教学教研中心等部门推荐，并经过校务会审定后正式聘任。委员在任期内需积极参与家委会工作，发挥桥梁纽带作用，共同推动家校合作的发展。

第十一条　咨询服务与活动支持

家委会需为学生及家长提供全方位的咨询服务，包括学业指导、心理辅导、家庭教育建议等。同时，家委会应为学校活动提供支持，包括活动策划、场地协调、交通安排等，确保活动顺利开展。家委会还应积极动员家长参与学校活动，增强家校互动，共同为学生创造良好的学习和成长环境。

第十二条 "美育家长"评选

家委会负责组织"美育家长"评选活动，旨在表彰在家庭中注重孩子教育、积极参与学校活动的优秀家长。评选过程需公开透明，确保公平公正。通过评选活动，树立榜样，激励更多家长关注孩子的全面发展，营造良好的家庭教育氛围。

第十三条 会议与团建

为确保家委会工作的有序进行，家委会每学期应至少召开一次全体会议，讨论、落实、总结各项工作。如年级、学校管理工作需要可临时召集会议。每年可借用学校场地和设施设备，组织一次团建活动，让成员们在轻松愉快的氛围中增进了解、提升团队协作能力、加深友谊。

第三章 职责

第十四条 校级家委会主要职责

关心学校工作，积极提出建设性意见，制订家委会年度工作计划；充分挖掘整合家长资源，为学校和学生提供优质服务；在家长与家长、家长与学校、教师之间出现矛盾时，应发挥调解作用；协助学校，共同关注并帮助家庭教育较为薄弱的家庭。

第十五条 校家委会主席职责

全面负责校级家委会全局性统筹工作安排，制订年度计划；与家校建立良好的沟通机制，确保家委会高效运转；召开校级家委会会议，做好分工，协调委员会关系；收集整理家长要求或建议，向学校相关部门及时反馈，定期总结工作。

第十六条 秘书长职责

协助主席处理家委会的日常事务，拟定工作计划；负责文案起草，召集会议及活动；负责会务工作，记录家委会会议及活动总结。

第十七条 副主席职责(兼膳食委员会会长)

配合主席做好各项教育协助活动的筹备、接洽；协调、督促家委会工作；组织家长参观食堂，了解食堂运作情况；收集家长对餐饮的意见和建议，并组织试餐活动，以提升食堂服务质量。

第十八条 宣传部长职责

负责家校活动的宣传工作，宣传学校的教育教学工作，组织家长撰写宣传稿件；在学校党政办的支持下，联系媒体发布活动信息，扩大学校的影响力。

第十九条　策划部长职责

协助学生发展中心策划与组织学校活动，积极参与并配合学校及班级举办的重大教育教学活动，协助学校及班级加强学生管理，整合家长资源，联系家长义工。

第二十条　安全部长职责

安排护学岗家长义工，维护学校南门早晨和下午两个时段的接送秩序；协助学校安全部门开展各项安全活动，如校园安全大排查、联防联控活动等。

第二十一条　课程部长职责

搜集家长关于校本课程建设的建议，及时反馈，并协助教学教研中心和学科教师做好学业管理。

第二十二条　年级家委会主任职责

负责年级家委会工作，协调校级家委会与班级家委会工作；落实校级家委会安排的工作，设计实施年级家校活动。

第二十三条　班级家委会职责

班级家委会由会长、策划委员、宣传委员、后勤委员、安全委员等组成。

会长职责：提出班级家委会计划，协调委员工作，协助老师管理班级家长微信群或QQ群等。

策划委员职责：协助班主任策划班级活动，完成校级家委会任务。

宣传委员职责：做好班级活动宣传。

后勤委员职责：负责活动后勤准备。

安全委员职责：安排护学岗义工，保障学生安全。

第二十四条　委员产生与任期

家委会成员在家长自愿参加和老师推荐的基础上产生，通过班级、年级、学校"两推一直选"方式，逐级形成学校家委会，任期两年，可连任一届。

"凿石为人人，人人为凿石。"让我们肩负重任与嘱托，家校携手，共创美好未来。

良好的家校共育关系需要老师和家委同心同行同向、相互尊重和相互信任。家校双方多听取彼此的意见，多沟通才能增进了解，事半功倍。"凿石为人人，人人为凿石"，各位家委成员身披的既是一份荣耀，更是一份责任，一份担当。"水尝无华，相荡乃成涟漪；石本无火，相击而发灵光。"对于孩子的教育只有家校紧密合作，才能促进孩子更加健康的成长。

凿石小学家委会誓词

我是光荣的家委会成员，我一定恪守家委会章程，履行家委会职责，弘扬志愿者精神，服务于学校、服务于孩子、服务于家长，带动全体家长积极参与学校活动，主动参加家长学校的培训。让凿石小学的家长更优秀、孩子更进步、学校更美好！

宣誓人：×××

年　月　日

三、搭建平台家校互通

"家校互动平台"是运用现代计算机信息技术、网络技术与无线通信技术等搭建的网络平台，是现代教育家校沟通、互动的重要载体，能实现实时、快捷、高效的家校互通，是推进小学家校共育的利器。本文以凿石小学家校互动平台管理为例，为广大家校共育工作者提供参考。

凿石小学家校互动平台管理制度

家校互动平台是学校与家长之间信息交流的重要渠道。为加强家校沟通，促进家校合作，特制定本制度。本制度适用于全体教师、学生家长及学校相关部门。

第一章　组织架构

第一条　成立家校互动平台管理领导小组

组长：汤彩霞、佘湘玲

副组长：彭仲飞、郭志强、钟星

成员：陈奕如、曹琳芬、罗春梅、屈二妹、楚伊珺、周晓璇、余敏、丁小钰、张倩云、邓慧红、各班班主任

第二章　部门及教师职责

第二条　家校互动管理员职责

负责互动平台日常运营，包括信息发布、数据统计与汇总；定期检查互动平台运行情况，协调解决平台使用中的技术问题；组织网管、班主任完成新生、转校生及其家长的信息注册与激活工作；负责学校层面信息的发送，包括重要通知、规定、预警和应急信息等。

第三条　网管与信息技术教师职责

负责互动平台的技术维护与升级，确保平台稳定运行；指导班主任、家长完成平台注册与使用，提供技术支持；每学年完成一年级新生的班级录入及转校生的班级调整与信息更新；培训正副班主任协助完成家长注册与激活工作。

第四条　教务处职责

负责在管理员平台上完成新学年教师的任课安排及班级信息调整；完成新生及转校生的基本信息(如新生姓名、身份证号码和手机号等)录入，确保数据准确真实；每学期初检查并更新教师和学生的班级信息。

第五条　德育处职责

组织班主任定期发布学生个性化信息(如课堂表现、德育活动、表彰鼓励等)；负责家校互动平台中"家校动态""家长学校""最美义工"等栏目的供稿和管理；每学期组织一次家长满意度调查，收集反馈并改进工作。

第六条　班主任职责

负责班级微信群的日常管理，确保每个家庭有一名家长入群；每周至少发布5条学生个性化信息(如学习表现、活动参与等)；做好舆情监控，及时处理家长反馈，维护群内良好氛围；通过平台发布学校和班级各类通知。

第七条　任课教师职责

每周至少发布3条教学相关信息(如作业布置、学习重点等)；社团教师每周至少发布1条相关活动动态；积极参与家校互动，解答家长疑问，提供学习建议。

第三章　家长职责

第八条　家长需及时完成平台注册与激活，配合学校完成信息更新，确保联系方式准确无误；应经常关注学校通知与学生动态；可通过平台反馈意见，但需遵守文明沟通原则；如手机号码发生变化，需及时告知班主任进行平台更新。

第四章　考核与奖惩

第九条　对在家校互动工作中表现突出的教师和家长予以表彰；对未履行职责的教师，视情节轻重给予提醒或通报批评。每学期评选"美誉教师"和"美育家长"。

第五章　附　则

第十条　本制度由家校互动平台管理领导小组负责解释，自发布之日起实施，并根据实际情况适时修订。

2023年9月5日

四、整体布局统筹实施

小学家校共育工作是一项系统工程。作为主导者，学校要整体布局，做好顶层设计，并统筹协调多方力量，整体推进家校共育。本文以株洲市天元区凿石小学家校共育的顶层设计(图4-9)为例，为广大家校共育工作者提供参考。

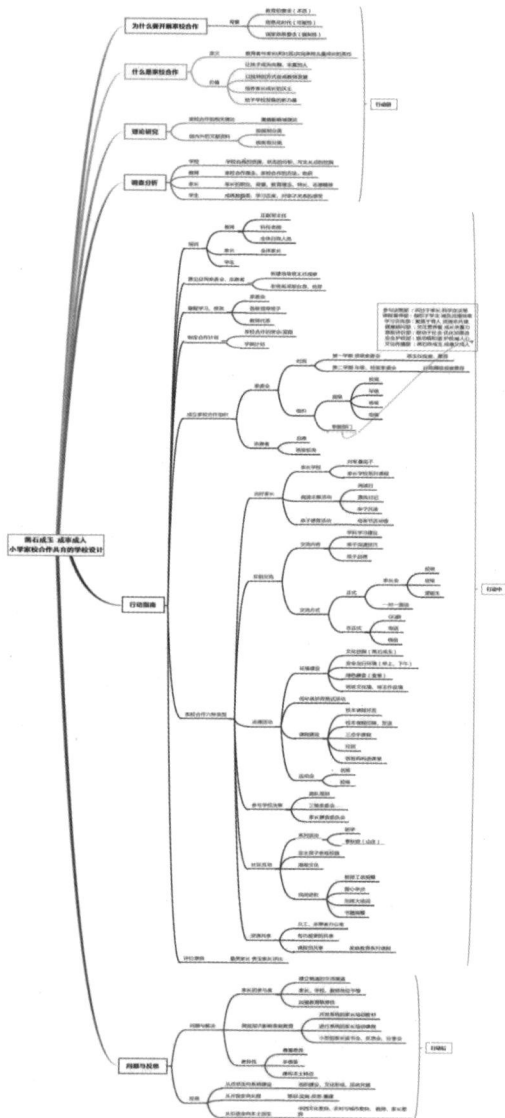

图4-9　凿石小学家校共育顶层设计示意图

第四节　小学家校共育的学校模式

探索可操作、高实效的家校共育模式是夯实家校合作过程，提升家校合作成果的有效途径。笔者所在单位——株洲市天元区凿石小学，在新校建立后，启动了家校共育的相关课题研究。结合多年来学校实践与思考，学校总结出小学家校共育实践的"七步"模式。

一、小学家校共育"七步"模式

(一)调查分析

调查分析是开展家校共育的基础性工作，旨在寻求学校、教师、家长、学生四方合作的可能性和发展点，以便更科学、准确地了解在本校开展家校共育的可行性。例如：对家长的教育背景、兴趣爱好特长、自我认知以及家庭教养方式等方面的调查。

为了更科学精准地开展家校共育，学校面向全体家长进行了关于教育背景、兴趣爱好特长、自我认知、家庭教育方式等方面的调查。同时，针对全校教师开展了关于教育背景、教育理念、家校共育相关技能等方面的调查分析。除此之外，还进行了大量关于学校历史、周边人文环境的调研和文献梳理工作，为家校共育的顺利开展打下了坚实的基础。

(二)全员培训

培训是先导，是全面推进家校共育和家长教育工作的关键。通过系统培训，家校共育的感性、经验认识将升至理性、科学层面，同时通过政策学习，参与者能认识到用实际行动开展家校共育的可行性、必要性和重要性。

学校意在通过对全体教师、正副班主任、家长、学生的系统培训，使家校共育的参与者明确家校共育的意义和具体方法。具体培训形式包括线上培训、线下培训、大型现场活动和小型沙龙活动等。

（三）成立组织

根据实际情况，学校成立家校联合行动委员会，委员会由校务会成员、校级家委会成员、教师代表组和社区代表组组成。

为了方便管理，校级家委会下设年级家委会、班级家委会与班级小组。年级家委会由各班级的会长与副会长组成。班级家委会非常重要，它是基层性的，是校级家委会的基础。这个基础的功能发挥好了，校级家委会的功能才能发挥得更好，事实上，我们也可以看到班级层面的家长之间，以及家长与班级里的老师之间的大量互动。班级家委会一般是根据各班实际情况与家长特色设定岗位，如会长、宣传委员、安全委员等。组建家委会时，在考虑家长自愿的前提下，还应当充分考虑不同家庭背景家长的代表性。

在班级家委会的组织下，全班家长还可进行异质分组。根据各方面综合考量，可以分成4~5个小组，组内设置组长、副组长等。这是家长群体最小的组织单位，能够最快速、最精准地传达精神，落实各项学习及活动要求。

各级家委会参与学校管理的边界在哪里？借鉴美国家校共育的经验：一个好的家委会应该是找出事实而不是找出缺点。它不是试图去操作运行学校，而是尽可能地运用自己的能力帮助、促进学校的管理。

（四）制订章程

为规范组织行为、培育组织文化，需制订组织章程。班级家委会章程由班主任把关，校级家委会章程由校务会负责把关、审定。

（五）制订计划

班级家委会计划的制订需结合校级家委会计划，校级家委会计划的制订则要紧密结合学校年度计划。反之，学校年度计划应体现家校工作的具体安排，以目标为导向，列出家校共育活动的详细方案。

（六）开展活动

我们对美国霍普金斯大学爱普斯坦教授团队关于家校共育活动类型的框架进行整合，将家校共育的活动类型分为当好家长、相互交流、志愿服务、参与决策和与社区合作五种实践类型。每次活动都有目标，有过程，有追踪，有反思。

1. 当好家长

当好家长是指帮助所有家庭建立视孩子为学生的家庭环境，向家庭提供在家帮助学生的信息和观念，包括做家庭作业、参与课程相关活动、学习决策和计划。

2018年以前，凿石小学是一所农村学校。2018年9月，学校易址新建，成为一所公办城区小学。为了帮助家长更好地理解教育，掌握正确的教育理念和方法，学校针对每个年级的学生进行具体分析，从心理学、教育学、沟通技巧等方面构建家长学校校本课程，让家长们参与相关培训，并组织拓展活动，如亲子阅读活动、亲子德育活动，让家长们学以致用；同时通过家长们的描述性写作和反思性写作，让家长们更好地看清自己和孩子在家庭中的成长。

2. 相互交流

相互交流是指构建家校双向沟通的有效形式，交流学校的教学、孩子的进步及孩子有待提升的地方。

学校根据实际情况举办各级各类家长会，如校级、年级、班级家长会，潜能生、毕业生和新生家长会等。除了各级各类家长会外，还有各级家委会会议，包括校级家委会、年级家委会、班级家委会以及全校家委会成员会。这些会议的开展能够促使家长快捷有效地达成家校共育的共识。除了上述群体性的会议，还有更普遍、针对性更强的一对一交流，如电话交流、QQ、微信沟通和家访。由于手机通信设备越来越便捷，很多教师习惯用电话、微信替代家访。但即使现代通信技术再发达，家访仍具有独特的、不可替代的功能。因为家访能够帮助教师真正了解学生的成长环境和家庭教养方式，了解家长的需求和想法，沟通与家长的情感，同时把关爱与重视传达给学生和家长。

3. 志愿服务

志愿服务是指招募并组织家长志愿者帮助和支持学校工作。

学校关于志愿者的理念：有需求，找义工；有时间，做义工。人人都是志愿者，人人都是受益者。学校的志愿服务一般分为安全类、环境类、课程学习类、活动类等。

4. 参与学校决策

参与学校决策是指让家长参与学校决策，培养家长领导者和家长代表。家长参与学校管理是建立现代学校制度的重要标志。尽管目前不是所有的学校、教师都能接受家长直接参与学校决策，但多数教师都承认参与学校决策是家长的一项基本权利。

各级家委会参与学校管理的机会可能更多，那他们参与管理的边界在哪里呢？借用美国家校共育的经验：一个好的家委会应该是找出事实而不是找出缺点。它不是试图去操作运行学校，而应尽可能地运用自己的能力帮助、促进学校的管理。

5. 与社区合作

与社区合作是指识别和整合社区资源与服务，改善学校教学、家庭实践以及学生的学习和成长。我国中小学校与社区合作的活动较少，但通过研究，我们发现很多国家都比较注重学校与社区的互动。因为社区是一个重要的微观系统，对儿童的成长和发展具有潜移默化的作用。

为了突破现状，我们积极发掘社区资源，主动交流。学校附近社区有一个民间文化组织——湖湘文化协会，常年致力于凿石浦文化的研究与传承。通过这个协会，我们找到了很多珍贵的学校历史资料。

（七）评价激励

评价和激励是管理过程中不可或缺的环节。根据马斯洛需求层次理论，我们设置了评价激励机制。

1. 给予表彰

学校每期都开展"最美义工"和"美育家长"的评比、颁奖。在学校的宣传栏和形象照片墙上，除了行政团队、教师群体、保安、校医、保洁员，也有校级家委会合影、美育家长的形象展示。

2. 资源共享

一是设置校级家委会办公室暨家长义工办公室。为了方便工作的开展，学校专门设置了校级家委会办公室和家长义工办公室，还配备了办公所需的桌椅、打印机、文具等。办公室设在校门口，方便家长进出。这一举措极大地激发了家委会委员们的工作热情,他们积极构思办公室的文化布置,主动利用办公室处理家长之间的矛盾纠纷或突发事件。家长们都高兴地说:"学校也有我们的办公室,我们也是学校的一分子。"

二是共享功能室。学校将功能室资源共享给家长,如学校图书馆、陶艺馆、运动场、室内体育馆、多媒体厅等。各班家长如需要场地组织活动,提前和学校预约即可。资源共享让家长和学校的伙伴关系变得更加紧密和团结。

三是提供展示平台。学校在官方微信公众号中,建立了家校板块,它包括家校动态、家长学校以及最美义工。家长们也积极投稿,参与学校的宣传报道工作。

二、小学家校共育实施细则案例

家长学校是为家长提供教育指导和培训的机构,旨在帮助家长学习科学育儿知识,提升家长教育能力,解决家庭教育难题,促进家校合作,共同助力孩子健康成长。本文以《凿石小学 2020 年度家长学校实施方案》为例,为广大家校共育工作者提供参考。

凿石小学 2020 年度家长学校实施方案

(一)指导思想

以立德树人为根本任务,以《中华人民共和国家庭教育促进法》为指导,落实"家校社协同育人"理念,进一步加强学校与家庭的沟通与合作,帮助家长树立科学育儿观,形成家校教育合力,促进学生全面发展和健康成长,为学生的终身发展奠基,特制定本实施方案。

(二)目标与任务

1.家长层面

● 普及科学育儿知识,提升家长教育素质;

● 引导家长关注孩子心理健康,改善亲子沟通方式;

● 增强家长与学校、教师之间的沟通与合作,形成教育共识。

2.学校层面

● 努力构建系统化的家长学校课程体系;

● 提升青年教师家校共育的能力;

● 建立家长学校管理机制,提升办学质量。

（三）组织机构

1. 领导小组

- 组长：汤彩霞、佘湘玲
- 副组长：方兴
- 成员：彭仲飞、廖敏、各部门主任
- 职责：负责家长学校工作的整体规划、组织协调和监督评估。

2. 工作小组

- 组长：左思盼
- 成员：班主任、各班家委会会长
- 职责：负责家长学校的日常管理、课程安排、活动组织和资料整理等。

（四）实施对象

全体学生家长，重点覆盖一年级新生家长及特殊家庭（如留守儿童、学困生、单亲家庭学生、建档立卡贫困生等）。

（五）课程内容与形式

1. 课程模块设置

教育理念与政策、心理健康教育、学科学习指导、家庭教育方法与技巧、亲子沟通技巧、家校协作实践。

2. 授课形式

主题讲座：邀请教育专家、心理咨询师、优秀家长和优秀教师授课。

家长沙龙：分组讨论、情景模拟（如"如何培养孩子的抗挫折能力"）。

空中课堂：学校公众号家长学校课程、班级微信群推送微课、教育短视频。

亲子实践：亲子共读、亲子运动会、亲子手工制作、亲子研学活动等。

（六）师资队伍

1. 校内师资

- 学校行政管理人员、骨干教师、优秀班主任等。

2. 校外师资

- 教育专家、家庭教育指导师、心理咨询师、社区法律顾问、医院儿科医生等。

3. 家长讲师团

- 挖掘家长特长（如心理咨询师、阅读推广人等）。

（七）保障机制

1. 组织保障

学校成立家长学校领导小组和工作小组，校长统筹，德育部主抓，班主任具体落实。

2. 制度保障

建立健全家长学校管理制度，包括考勤制度、课程管理制度、活动管理制度、学员评优制度等。

3. 资源保障

学校设立家长学校专项经费，保障师资、学习材料、上课场地等需求。

(八) 实施步骤

1. 筹备阶段 (2020 年 1 月—3 月)

- 成立家长学校领导小组和工作小组，制定年度计划。
- 调研家长需求 (通过问卷星收集问题)。
- 制定家长学校实施方案和课程计划。
- 组建家长学校讲师团。

2. 实施阶段 (2020 年 4 月—11 月)

- 按照课程计划和活动安排，有序开展家长学校各项工作。
- 定期召开家长学校工作会议，总结经验，解决问题。

3. 总结阶段 (2020 年 12 月)

- 收集家长反馈意见，撰写工作总结报告，评估工作成效。
- 评选"学习型家庭""优秀家长学员"。
- 召开总结会，优化下一年方案。

凿石小学家长学校领导小组

2020 年 1 月

三、小学家校共育的成效与思考

家校共育的意义在于，它能够为孩子营造一个全方位、多角度的教育环境。家校共育的核心是家长与学校共同参与孩子的教育活动。通过几年的实践，我们欣喜地发现，家校共育打破了传统教育中家庭与学校之间的界限。它将两者紧密地联系在一起，形成了一股强大的教育合力，让孩子在家庭与学校之间自由穿梭，享受到了更加全面、丰富的教育资源。

（一）家校共育建立了有效的沟通机制

家校共育的前提是家长与学校之间建立有效的沟通机制。一方面，学校定期举办家长会、开放日等活动，让家长了解学校的教育理念、教学进度以及孩子的在校表现。同时邀请家长参与教学活动，如家长课堂、亲子阅读等，让家长成为孩子学习路上的伙伴和引导者。另一方面，家长也主动与学校沟通，分享孩子的家庭情况、兴趣爱好以及成长中的困惑。同时参与学校的志愿服务、食堂试餐等活动，增进对学校的了解。通过形式丰富的双向互动，有效的家校沟通机制得以形成。

（二）家校共育增强了家长教育责任感

家校共育过程中，学校定期举办家长教育沙龙、家长学校讲座等活动，邀请教育专家、心理咨询师等为家长提供育儿知识和心理辅导。这些活动有力提升了家长的教育理念，使他们更加了解孩子的成长规律和教育需求。

家校共育要求家长积极参与孩子的教育过程，与学校共同承担教育责任。家长的教育责任感得以增强，他们更加关注孩子的成长和教育，同时努力提升自身的家庭教育能力，与孩子同学习、共成长。

（三）家校共育优化了教育环境

家校共育过程中，学校通过向家长宣传科学的教育理念和方法，引导家长为孩子提供良好的家庭环境。其包括物质环境和精神环境两个方面，如提供适宜的学习空间、营造积极向上的家庭氛围等。

家校共育有助于增强家长与学校之间的信任和合作，从而营造和谐的校园氛围。一方面，家长可以更加了解学校的教育理念和工作方式，支持学校的教育教学工作；另一方面，学校也可以更加了解家长的需求和期望，为家长提供更好的服务。

（四）家校共育拓展了教育资源

家校共育作为一种教育理念和实践模式，极大地拓展了教育资源，为学生的学习和成长提供了更加全面和丰富的支持。家校共育整合了家庭与学校的教育资源。众所周知，家庭是孩子的第一个课堂，家长不仅是孩子的监护人，更是他们成长道路上的重要引导者。家庭环境、家庭文化、家长的言传身教等都是宝贵的教育资源。学校则是孩子接受系统教育的主要场所，拥有专业的教师团队、完善的教学设施、丰富的课程资源等。家校共育通过加强家庭与学校之间的沟通和合作，将这些资源有效地整合在一起，形成教育合力，共同促进学生的全面发展。学校还鼓励家长根据自己的专业背景和兴趣爱好，为学校提供特色课程或实践活动，如科学实验、艺术创作、体育训练等，这些活动有效激发了学生的学习兴趣，培养他们的综合素质。

第五章

小学家校共育课程体系的构建

　　学校教育最重要的载体是课程，课程内容决定着学校教育目标的达成度和教育实效。如何通过构建小学家校共育课程体系，提高小学家校共育的实效，我们在株洲市，特别是天元区，做了诸多探索与实践。本章节主要阐述小学家校共育课程的基本情况，具体围绕"小学家校共育课程规划""小学家校共育课程开发""小学家校共育课程实施"展开论述，旨在不断完善小学家庭共育课程内容，加大小学家校共育实施力度。

第一节　小学家校共育课程规划概述

　　我们在实践中发现，阻碍小学家校共育实效性的一个重要原因是小学家校共育常常以零碎化、活动化、任务式的具体教育教学活动和管理事项为重点，忽略了教育需要系统规划、长期坚持的规律以及润物细无声的作用。当前，小学家校共育的课程建设意识比较薄弱，缺乏科学、全面、系统的家校共育课程体系。小学家校共育课程建设需进一步厘清学校家校共育工作的基本思路，创新家校共育方法，提升教育实效。

一、小学家校共育课程规划的相关概念

(一)小学家校共育课程体系

笔者理解的"小学家校共育课程体系",是基于小学生身心发展特点、小学阶段家庭教育及家校的重点和实际需求,由学校主导构建的家校课程结构及其运行管理机制。小学家校共育课程体系是相对独立于学校以学生为教育对象的国家课程之外的课程运行系统,在课程理念、目标、内容、结构、实施、管理、评价等方面具有较大的灵活性和差异性。

(二)学校课程规划

学校课程规划是指学校遵循基本的教育规律、一定的教育理念和方法论,根据教育方针、政策,从学校的课程现状、可持续发展需要以及外部环境等因素出发,运用办学自主权对学校课程内容、课程实施和课程评价等方面做出设计和安排,最终实现对国家课程规划的增值。

这种课程规划力求充分尊重学校自身课程实践情境的特殊性,强调学校是课程规划的主体,而不局限于被动地、机械地、简单地执行外来的、规定好的课程。这种课程规划是一种进行中的状态,而不是完成状态,它具有人文性、过程性和情境性。

简而言之,学校课程规划就是学校对课程应该做什么以及怎么做等问题进行整体性的设计、统筹和安排,最终构建出具有学校自身特色的课程系统。

(三)小学家校共育课程规划

教育界对课程规划的理解,主要有两种观点:一是将课程规划视作整个课程系统的一个基本过程;二是认为课程规划是课程管理的一部分。

从系统论的角度来看,课程规划是课程系统的基本过程。持这一观点的主要代表是美国的乔治·A. 比彻姆。在他的理论中,课程系统是有关课程各种职能的决策和实行体系,课程的规划、实施、评价等过程都是课程系统的基本过程。学校教育的职权必须做出的第一个选择就是课程活动的范围,当范围一选定,课程决策人员就可以确定课程目标,进行课程设计,甚至研究细节和着手编制课程。从这种意义上说,课程系统中最关键的环节之一就是规划好的课程。

　　而从管理学的范畴而言，课程规划是课程管理的一部分。任何课程规划都应该始于对课程目标的理解和陈述，实际上这就是对学校教育成就设定目标和进行规划的行为。当前常见的课程规划模式主要有三种：第一种是目标规划模式。这种模式试图将教育变成一种学科活动和一种类似工业过程的活动，强调要按照一些既定的、明确的目标去培养塑造人。第二种是内容规划模式。在这种模式中，课程内容成为课程规划的起点，重点是课程内容选择方面的问题，尤其强调课程内容中应该包含一些构成人类经验和认识力方面的、有价值的文化传承。第三种模式是上述两者相结合的规划模式。对这种模式而言，按照一定标准选择出来的内容是教育的目的，为便于传送，课程内容被分割成不同部分，而教学则被视作知识的传输过程，这种传输方式不可能充分满足教育活动所具有的广博性需求。

　　总之，现有的课程规划模式带来了一整套无法令人满意的教育实践指导原则和一些极不合适的学校课程。无论采用哪种课程规划模式，都无法提供一个具有真正教育意义的课程规划模板，阻碍了"面向全体学生""个性化培养学生"和"致力于学生终身发展"的教育目的的实现。基于上述原因，学校应该站出来，作为课程规划的主体之一，承担起对课程进行整体规划、设计、统筹实施和自主评价的责任。

　　小学家校共育课程规划是指小学学校遵循基本的教育规律、一定的教育理念和方法论，根据教育方针、政策，从学校的课程现状、可持续发展需要以及家庭、社会等外部环境因素出发，运用办学自主权对学校家校共育的课程内容、课程实施和课程评价等方面做出设计和安排，最终实现对小学家校共育系统化的增值。

　　小学家校共育课程规划力求充分尊重学校自身课程实践情境的特殊性和家庭教育情境的差异性，强调学校是课程规划的主体，家庭也必须参与其中。这种规划不局限于被动地、机械地、简单地执行外来的、规定好的课程，它是一种进行状态，而非完成状态，具有人文性、过程性和情境性。

　　简而言之，小学家校共育课程规划即以小学家校共育课程为对象，根据小学生、家长、学校实际以及家校共育基本原则、规律和现实需求，运用学校课程规划的理念和技术，对小学家校共育课程应该做什么以及怎么做等问题进行整体性的设计、统筹和安排，最终构建出具有学校自身特色的小学家校共育课程系统。

二、小学家校共育课程建设的基本原则

小学家校共育课程以《中华人民共和国家庭教育促进法》和教育部《关于加强家庭教育工作的指导意见》为指导，深入贯彻落实立德树人根本任务，形成家校合力。抓紧抓好小学家校共育课程建设，必须坚持双情境原则、发展性原则、时代性原则、多元化原则和实践性原则。

(一) 双情境原则

任何事物的健康发展都必须拥有一个良好的生态情境，小学生的健康成长也必须置身健康和谐的育人情境中。小学家校共育必须基于小学生健康成长的两个重要生态情境，即家庭教育生态情境和学校教育生态情境。深度的小学家校共育需要激发双情境的育人功能和活力，将双情境有机融合成一个完整统一的教育生态系统，促进小学生的健康持续发展。

(二) 发展性原则

学校是学生发展与成长的重要场域，学校的任何课程必须都具有发展性。传统的家校课程过分强调德育性和社会性，有时反而成为孩子发展的制约因素。小学家校共育强调尊重孩子的身心发展规律，促进孩子健康成长。在家校共育课程建设中，必须坚持一切为了促进孩子发展的根本原则。

(三) 时代性原则

社会是不断发展与进步的，具有时代性。经过长期努力，中国特色社会主义进入了新时代，家校共育的内容也有了新的内涵。要深度推进小学家校共育，切实提升家校共育实效性，就必须顺应时代的潮流，小学家校共育课程建设要以习近平新时代中国特色社会主义思想为指导，坚持时代性原则。

(四) 实践性原则

人是社会的产物。学校教育离不开社会多样化的实践活动，传统的家校课程注重学理上的传授，即我们通常说的"理论脱离实际"，其严重影响了小学家校共育的实效性。笔者试图构建的小学家校共育课程，倡导理论联系实际，开发实践性课程。

新时代的教育，必须坚守生命与生长的价值主张，必须遵循学生个体的自身发展规律、教育基本规律和家庭教育实际，必须坚持家校共育课程建设的基本规律，努力构建科学、全面、系统、适应新时代发展需求的小学家校共育课程体系。

三、影响小学家校共育课程规划的主要因素分析

小学家校共育课程规划受多种因素影响，其中最主要的是学校对课程规划的价值判断，这种价值判断既包括对课程本身的认识，也包括对课程内容的选择，还包括对课程规划中人的存在的理解。

（一）家校课程意识

课程意识是教育理论与实践工作者关于课程的信仰与观念。作为信仰系统，课程意识是一种潜在能量，具有课程实践行动导向作用。它强调通过对课程实践的阐释，达到对课程的共识性理解，进而维护课程理论与实践的合法性。因此，课程意识具有实践精神、批判精神和超越精神，它是学校课程规划能力的核心因素，决定着学校课程规划的价值取向及课程选择、课程实施、课程评价等问题。

家校课程意识通过实践方式表达课程价值立场，对学校课程实践具有批判精神，不断质疑学校课程实践并纠正其不恰当的程序。学校家校共育课程建设起步较早，积累了较为丰富的理论与实践经验，也形成了相对成熟且特色鲜明的家校共育课程体系。但在具体实践中，也暴露出诸如课程执行力不够、管理过程与预设脱节、课程评价落实不到位等问题。通过不断自我批判，学校逐步找到问题症结，也开始尝试调整课程规划、课程管理结构来优化课程执行。

课程意识通过"脱离学校课程现实"的课程理念显现其超越精神，当条件成熟时，这种学校课程理念不仅不会打破学校已有的课程实践秩序，而且能直接指导和运用于课程实践活动。学校的课程理念及课程规划算是比较超前的概念，尤其对于教育资源条件有限的中部地区普通小学而言，这种学校课程理念及规划可以说是是一种"乌托邦"式的课程体系。在总结提升学校课程理念和设计学校课程规划之前，这些构想即使是对学校自身，也是一种理想状态，实施存在难度。但当笔者学校经历整体改建转型、教育资源条件全面升级、生源结构调整等重大变更之后，这种看似超前的理念和规划有了扎实推进的基础和必要。

(二)家校对课程内容的选择

学校通过课程内容来促进学生成长与发展。小学家校共育课程的内容选择主要是回答"什么是家校共育所需要的知识信息""什么知识信息对家校共育最有价值"等问题。在现代的西方，对这个问题的理解有三种不同的观点，即理性主义知识观、经验主义知识观，以及实用主义或工具主义知识观。不同的知识观倾向，必然影响学校对知识内容的选择，也必然决定学校的课程规划。

学校在家校共育的实践中并未倾向于上述三种知识观中的任何一种，而是基于"凿石成玉"的教育理念，探索帮助家庭树立"琢玉"理念、掌握"琢玉"工具，提升"琢玉"技巧，达成"琢玉"目标的知识信息系统，精心为家庭教育选择学生发展所必需的课程内容。

(三)家校视野中"人"的生命存在

教育的本真就是要求课程指向人的存在和关怀。对人的存在的理解，直接影响家校共育课程规划的方方面面。

对人的存在的理解，首先体现在对学生作为"整体的人"的存在的理解。学生是一个智力与人格和谐发展的有机整体。"整体的人"的形成不是各学科知识简单相加的结果，也不是条分缕析的理性思维所能还原的。关注学生作为"整体的人"，应包括谋求学生智力与人格的协调发展，追求个体、自然与社会的和谐发展，符合学生自身独特性要求的多元化课程目标，以及提升学生主体性和注重学生经验等几个方面的内容。

对人的存在的理解，还应该体现在对教师作为课程规划者和执行者的存在的理解。教师是课程实践活动的主体，不仅决定了课程的开发、课程资源的利用，还是各种课程的实施者。从这个意义上讲，教师就是学校最为重要的课程资源，是课程建设的关键因素，因此，教师也是学校进行课程规划的重要人力资源。教师作为学校课程规划者能够充分调动其能动性、自主性和创造性。教师作为课程规划者是教师与课程整合的直接体现，表现了教师角色的转变。在学校中，教师不仅是课程的执行者，还能通过学校最高学术机构——学术委员会，对学校课程进行规划建议、监督评估，更能够直接对课程进行深度开发，使每一位教师都成为学校课程的规划者和个性化的执行者。

对人的存在的理解，不能忽视对家长作为课程规划参与者和执行者的存在的理解。家长自身的需求，才是激发他们积极参与并切实执行家校共育课程建设和实施的最根本动力。只有尽可能满足大多数家长对家庭教育的共性需求，针对性地满足部分家长对家庭教育的个性化需求，选择适宜的课程内容，才能保障家校共育课程的实效性。

四、小学家校共育课程规划的主要内容

小学家校共育课程规划是一项系统工程。从课程开发和实施的基本流程来看，学校课程规划可分为课程内容规划、课程实施规划及课程评价规划等。

（一）课程内容规划

课程内容是构成学校课程的基本要素，是课程内在结构的核心。学校对小学家校共育课程内容的选择和组织，是学校特有课程观的集中反映。

内容规划要根据学校的办学理念、发展特点，家校共育的优势、不足和实际需要，以及学校办学条件和师生家长的差异性等多方面因素，整合现有课程资源，规划具有个性、灵活性以及多样性的家校共育课程，最终形成具有学校特色的课程结构与内容体系。

内容规划要体现统整性。通过对学校课程的整体性规划，搭建学校课程的内容框架。家校共育课程理念的核心思想是促进学生作为"整体人"的全面发展。因此，在学校课程的内容规划上必须落实这个全面发展的教育目标，在通识教育、个性教育、探究教育方面构成学生递进式的认知层次；在德、智、体、美以及职业教育方面培养学生全面发展的行为实践能力；在家庭教育知识培训、家庭教育方法指导、家庭教育能力提升、亲子互动体验、学校事务参与等方面全面提升家长的家庭教育实效。

（二）课程实施规划

课程实施的过程实际上就是一个教育事件发生的过程，小学家校共育课程的实施活动本身就是教师、家长和学生的存在方式。对学校课程实施的规划，能确保课程得到强有力的执行，并在其中形成科学有序的管理运行机制。

课程实施的规划既是一个执行问题，更是一个管理问题；既强调其预设性，也强调其生成性。课程实施的规划是一种计划性、操作性都很强的预设性教育活动。而课程实施过程中人的因素，造成了课程实施的动态性变化，不可

能完全按照教育者事先的预设进行程式化作业，而应该与管理结合，既要执行，更要思考厘清。课程实施没有预设不行，以免造成执行时的盲目和混乱；而课程实施没有生成也不行，那样课程就成为机器，教师和教育管理者就成为工人，家长、学生则成为产品，整个课程实施就成为一条工业化生产的流水线。因此，在课程实施规划中要预留一些空间，体现课程本身的灵活性。以学校为例，所倡导的课程与教学的弹性管理制度，就是在课程实施规划上留白的一种尝试。

（三）课程评价规划

课程评价是学校课程体系中重要的组成部分，是实现课程目标、发挥教育导向作用和保证学校教育质量的有效手段。由于小学家校共育课程本身的特殊性，目前尚无统一的标准化课程评价指标体系和评价机制。这是每一所学校都必须结合自身实际去探索构建的，在评价时要切忌过分依赖于"标准化"测试而落入片面追求"客观性"的陷阱。我们所倡导的学校课程评价规划，要重塑评价观，重建评价指标，重组评价主体，最终发挥评价在学校课程规划和学生个体发展中的导向、激励、诊断、修正功能。

第二节　小学家校共育课程开发

学校课程开发是学校在对学生课程需求进行科学评估的基础上，充分利用当地社区和学校课程资源而开发出多样性、可供学生选择的课程的过程。

对小学家校共育课程开发基本内涵的理解，需要基于学校对课程概念的解读。

学校如果把"课程"解读为学科内容或教材，那么学校课程开发的主要工作就是各种科目的罗列、教材的编制与审定、教材的编写及其他教学材料的准备。在这种过程中，课程的开发主要由学科专家来完成，教师只是课程材料的执行者和使用者。

学校如果把"课程"解读为在学校行政管理、教育教学和学习过程中所实际发生的一切经验，那么学校课程开发就成了为改变教育对象知识能力的所有活动设计。

学校如果把"课程"解读为教育目标，那学校课程开发的根本任务就在于发现、选择和组织课程目标，课堂上任何材料的选择和活动安排都是达成这些目标的手段，即教学任务。

在笔者看来，学校小学家校共育课程开发的客体是广义的小学家校共育课程，即涵盖学校家校共育活动中所有具有教育意义的实践及文化要素。因此，笔者所说的小学家校共育课程开发，是基于家校共育实际，对学校课程全方位进行再挖掘、再发现、再思考、再执行的过程。

一、小学家校共育课程开发的基本原则

小学家校共育课程开发是一个因校制宜的过程，以校为本，呈现学校鲜明的特色，是小学家校共育课程开发所必须坚持的。不过，尽管存在差异，学校在课程开发过程中仍需遵循一些共同的、基本的原则。经过比较研究，笔者认为，以下几个原则，在所有学校的课程开发中都必不可少。

（一）导向性原则

小学家校共育课程开发，必须以国家制定的教育目标为课程开发活动的根本准则和行动导向，避免出现偏离国家教育政策、方针、路线的小学家校共育课程开发。

一方面，小学家校共育课程目标的确定应以国家教育目标为基准。小学家校共育课程开发虽然是基于每一所学校自身的"个性化"教育实践，强调差异性和特殊性，但这种"个性"应该植根于整个国家教育目标的"共性"之中，最终落脚于更好地实现国家教育目标。因此，小学家校共育课程开发过程中，要将小学家校共育课程的特殊目标与国家课程所应达到的一般性目标结合起来，并以国家课程目标的实现为终极目标。

另一方面，小学家校共育课程开发活动应以国家教育目标为指向。小学家校共育课程开发的主体是教师，课程开发活动的质量与效果与教师素质息息相关。没有共同教育目标的宏观调控，是造成小学家校共育课程开发质量低下的一个重要原因。由于每所学校教师队伍素质存在差异，即使同一所学校，教师的水平也参差不齐，因而，教师个人对于小学家校共育课程的理解能力和实际开发能力会千差万别。因此，在小学家校共育课程开发的过程中，应当通过共同的目标——国家教育目标来规范和指导课程开发活动的全过程，以避免开发中的随意性和盲目性，防止和避免开发出来的课程沦为教师自编课程或教师本

位课程。这样既保证了国家基础教育的质量，又提升了教师的课程开发能力。

(二) 协调性原则

小学家校共育课程开发，既会引起学校组织机构的某种程度的变革，也会触及学校已有教育经验的方方面面。因此，变革与稳定之间的协调问题就显得极为重要。它不仅影响到小学家校共育课程开发的质量，还涉及实施课程的方式等众多复杂问题。

小学家校共育课程开发的协调性原则首先体现在三级课程之间的协调。学校课程开发必须在国家课程计划框架之内，谋求与国家课程、地方课程框架的协调一致和均衡发展，以获取支持。有学者就说过，"校本课程开发倘若丧失了国家层和地方层的主导与支持，只能沦为'空洞的口号'。"因此，在规划设计小学家校共育课程时应处理好课程衔接问题，不但要坚持学校课程的整体性和连贯性，更要兼顾学校课程的灵活性和针对性。

学校课程开发的协调性原则还体现在课程开发过程中所关涉的诸多因素要整体协调。就小学家校共育课程而言，开发主体包括教育管理者、教师、家长、学生、课程理论研究者或课程专家、社区人士等。在小学家校共育课程开发过程中，需要让这些开发主体秉持一种整体的观点，形成合力。这样既可以避免彼此间的冲突与对抗，也可以避免将课程变为个人本位课程。此外，小学家校共育课程开发还应处理好学校、家庭、社会三者之间的关系，使之共同为小学家校共育课程开发提供动力。

(三) 统整性原则

小学家校共育课程开发应该采用横向组织的课程组织类型。这就要求在尊重差异、找出内在联系的前提下，将所选择的各种课堂要素整合为一个有机整体，统整的重点在于对认知、技能、情意与知识的统整。

一是小学家校共育课程开发要注意课程内容、方法和学生生活经验的统整。小学家校共育课程开发应改变完全以知识为取向的课程组织形式，采取以家庭教育问题解决和促进家校共育为取向的课程组织形式，把课程与家长个人经验及其所处的社会环境联系起来。家长的需要、兴趣、经验、能力是课程统整的焦点。

二是小学家校共育课程开发要注意课程间的统整。这种统整强调横向联系，其目的是让家长把已有经验和所获知识联系、贯穿起来，获得完整而非零散的经验。小学家校共育课程开发不主张对知识领域进行严格的划分，提倡按需要把跨领域的内容引入课程并组织成教学主题。

（四）适宜性原则

小学家校共育课程开发要基于学校办学实际，因地、因时、因校循序渐进，量力而行，切忌盲目冒进或照搬他人。不同区域的学校，社会物质环境、社会精神环境和家长社会经验、家庭文化背景不同；不同的学校之间课程价值取向、师资队伍、经费、硬件条件、家长需求等都存在差异。学校在进行课程开发时必须准确评估自身优势与不足，考虑如何利用自己已有的条件，如何挖掘潜在的课程资源，如何最有效地创设课程开发条件等，而不是等待时机和条件。

二、小学家校共育课程开发的基本流程

（一）课程需求与课程情境分析

小学家校共育课程开发的起点毫无疑义应该放在对课程需求的分析上，这种课程需求实际上就是学校自身和家长的课程需求，能提升小学家校共育课程开发的针对性，激发教师和家长参与的积极性和实效性。

我们要分析家长的课程需求，就是要找出家长真实的课程愿望。了解家长的课程需求需要通过系统的实证调查与研究分析，同时需了解家长在小学家校共育课程内容上的缺失和不平衡，确定理想状态与现实状态之间的差距，并寻求满足这种差距的对策（图5-1）。

完成课程学习需求分析后，就需要综合了解学校及学校所在区域各方面的信息，进行学校课程的情境分析。这是小学家校共育课程开发不可或缺的前提之一，决定了小学家校共育课程开发的适用性和有效性。学校课程情境的分析主要包括学校条件、师资情况、家长情况、学校文化环境、学校管理、校内外课程资源、课程开发相关实践经验等。只有对校内外各种情境因素进行科学的、充分的了解和分析，才能结合自身条件，最大限度地挖掘小学家校共育课程开发能力，开发出符合本校实际和家长需求的小学家校共育课程。

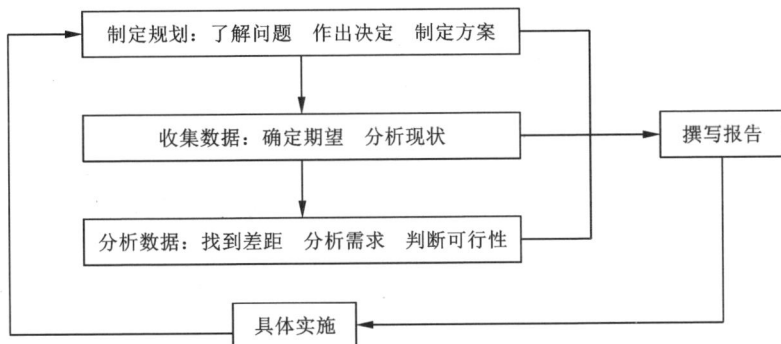

图 5-1　课程需求分析流程示意图

(二)课程目标确定

　　课程目标是具体体现在课程开发和教学设计中的教育价值,它的确定在课程开发活动中占据着非常重要的位置。在学生课程需求和学校课程情境分析的基础上,学校可以作出决策:小学家校共育课程的总体目标是什么? 小学家校共育课程结构和主要的课程门类是什么? 小学家校共育课程将使学校形成什么特色? 小学家校共育课程开发会给学校带来什么变化? 等等。

　　小学家校共育课程目标的确定要体现“为了每一位家长都成为学生成长的最佳陪伴者”的理念,通盘考虑学校整体的课程。在学校课程目标初步拟定之后,还需广泛征求教师、家长及课程专家的意见,进行必要的补充、调整或修改,也可在实施过程中逐步完善。

(三)机构建设与条件保障

　　课程开发是一项专业性很强的工作,既涉及学校理念、培养目标、决策导向等指导性问题,又涉及实施、执行、操作等程序性问题,需要学校内外多方面的共同配合和努力才能较好完成。因此,学校要成立专门的组织机构负责课程开发,形成学校课程开发组织系统,为学校课程开发提供组织保障。

　　校长(含分管校长)负责课程理念、目标、决策等指导性意见的制定,应尽可能提供课程开发所需的政策、经费、人员、时间及硬件条件保障;组织相关人员成立学校课程委员会，作为学校课程最高决策机构，负责课程规划、发布及审定等；职能部门负责课程组织、实施，并制定相关制度确保课程开发及运行的各项工作顺利开展；组织教师全面参与学校课程建设。

（四）课程结构设计

小学家校共育课程结构影响课程开发和教师课程申报的范围。课程结构是指课程知识的组织及其相互关系，一般分为三个层次：一是宏观层面的课程门类、课程类型划分及相互关系；二是中观层面的学科之间的组合关系，即学科结构；三是微观层面的某个领域知识的组合，即知识结构。笔者所说的小学家校共育课程结构，主要指宏观层面的课程结构。

（五）学校课程发布与解读

在明确了小学家校共育课程目标和课程结构之后，学校课程委员会便可以着手编制《小学家校共育课程指南》，旨在对全校师生发布学校课程整体规划及课程安排的设想。同时，学校课程委员会还要负责做出较为翔实准确的课程解读，让广大师生家长明确，学校为什么要这么规划课程，这些课程预计会如何实施，有哪些课程仍需要师生参与开发以及如何申报课程，等等。

（六）学校课程申报和审议

《小学家校共育课程指南》发布后，教师和其他有志于课程开发的相关人员可在规定的时间内向学校课程委员会提交课程开发申请，提交课程申请表（表5-1），并附上较为详细的课程纲要及课程简介，主要说明：授课教师、授课对象、开课时间及课时数、课程主要内容、教学组织形式、学习活动方式等。

教师提交课程申请后由学校课程委员会进行审议。这是确保课程开发质量的一项重要评估手段，也是学校课程管理中一种不可或缺的机制。审议可以发现课程方案中的一些问题，促使课程申报者改正问题，提高方案质量。审议的人员组成一般为学校课程委员会委员、学科专家教师、行政管理者或教辅人员代表、家长代表和学生代表等，主要就课程目标一致性、内容选择与组织、实施与评价建议及条件资源准备情况等方面进行审议，并向申报人反馈书面审议结果（表5-2）。

表 5-1　株洲市天元区凿石小学家校共育课程申报表

课程名称		课程类型		开设年级	
执教教师		课时数		申请学分	

课程背景：

课程目标：

课程内容及课时安排：

教学形式：

预期成果形式：

评价方式：

课程介绍(对课程进行必要的说明，以便家长、学生、教师了解和选择本门课程)：

表 5-2　株洲市天元区凿石小学家校共育课程审议表

审核时间：_____年___月___日　　　　　　　　审核人：_____

课程名称		课程类型		开设年级			
执教教师		课时数		申请学分			
指标	课程目标	课程目标是否恰当、明确			A	B	C
		是否符合家长需求，有利于提高家长育人能力			A	B	C
		是否体现学生发展的需求，有利于家校共育			A	B	C
	开发能力	课程计划是否完整、切实可行			A	B	C
		课程准备情况			A	B	C
		任课教师课程开发能力			A	B	C
	资源条件	课程资源条件情况			A	B	C
		课程成本情况			A	B	C
		原有基础情况			A	B	C
结果	是否同意开设(　　　)		建议：				

三、小学家校共育课程开发项目研究

2018 年 9 月，株洲市天元区凿石小学由老凿石小学（农村点校）和王家坪学校（农村小学）合并而成。在区内 17 所城区公办小学中，凿石小学是唯一一所合并两所村小的学校。

合并之初，学校设有 30 个教学班，覆盖了 1 至 6 年级，学生总数为 1579 人，其中进城务工人员子女 794 人，占比 50.28%。过去五年间，农村户口学生及进城务工人员子女的比例始终维持在 40%~50%。家长群体普遍学历层次较低，主要从事体力劳动，由于平时工作繁忙，很难有足够的时间关注孩子的教育。然而，这些家长对学校充满信赖，尊重学校的文化传统和办学理念，愿意参与家长志愿者服务，这为家校共育的开展奠定了良好基础。

2018 年 12 月—2021 年 9 月，笔者依托湖南省教育科学研究工作者协会重点课题《小学家校合作的行动研究》，带领团队从"当好家长、相互交流、志愿者服务、参与决策、与社区合作"五个方面开展了序列化的家校合作研究，提炼总结了家校合作"调查分析、全员培训、成立组织、制订章程、制定计划、开展活动、评价激励"实践七步骤，有效促进了家校合作活动常态化和规范化。但是，随着研究的深入，我们也发现，家长们在"相互交流、志愿者服务、参与决策"等方面参与度较高，但在如何"当好家长"方面就犯了难，缺乏必要的育儿智慧和家庭教育理念。

众所周知，课程是学校教育的主要载体。充分发挥课程在家校共育的重要载体作用是落实家校共育目标，提升家校共育实效的最重要途径之一。基于这一背景，2021—2023 年，笔者组织骨干教师开启了湖南省教育科学"十四五"规划一般资助课题"小学家校共育课程体系的构建与实施研究"的项目研究，希望通过系统化的课程设计与实践，充分发挥家长的积极性，构建家校协同育人的长效机制；提升家长育儿智慧，形成家校共育合力；进而提升学校教育教学质量，促进学生全面发展，使凿石小学成为老百姓家门口的好学校。

课题组明确了研究目标：通过小学家校共育课程的开发与实施，进一步密切学校教育与家庭教育的联系，促进家长、教师家校共育理念的深度认知，进一步激发家校共育的动力，提升家校共育的实效。实现家长从个体经验思维、从众思维到理性思维的转变，实现班主任从经验思维向理性思维和科学思维转变，形成家校共育的强大合力，助力学生的健康成长。

为了达成研究目标，课题组编制了基于学校实际的小学家校共育课程结构规划，进行了学校家校共育课程顶层设计。根据学校家校共育课程规划和课程领域划分学校家校共育课程项目，成立了子项目研究团队，开展了相关的教师培训，设计开发了相应的家校共育课程，进行了课程的可行性论证，形成了家校共育课程群。

在常见的小学家校共育课程开发与课程(教学)案例设计活动中，除了采用"讲座"的形式外，课题组还在各个年级小众范围的选修课中，采取亲子活动、沙龙、茶话会、游戏互动、心理剧场、现场咨询等多种方式。具体课例设计可以以体验式学习理论、教育学和心理学先进理念为指导，通过个人设计、小组磨课、课堂试用、集体审议、小组决议和课程实施六个步骤来实施家长体验校本课程，从而提升自身的专业能力和职业幸福感，同时提高家长的家庭教育水平和自我实现幸福感。

同时，课题组还对小学家校共育课程的实施策略、路径、方法、模式等进行了行动研究。

通过对不同层次、不同类型的家长课程的实施，探究小学家校共育课程实施的制度保证和队伍保证，摸索家长课程实施的模式和方法；通过研制《小学家校共育课程实施效果问卷调查表》和《小学家校共育课程评价表》，从质性评价和量化评价两个方面进行家校共育课程实施效果评估。

两年中，课题组经过不断研究，构建了凿石小学家校共育课程体系。课程由最初萌芽版到1.0版，再升级为2.0版。1.0版家长课程侧重梳理各年级常现的主要问题，2.0版家长共育课程根据不同年龄学生的身心特点以及家长的需求，设置了低段、中段、高段篇，更具针对性和实操性。2021年疫情期间，为了便于家校交流与学习，课题组成员将家校共育课程录制成微视频，开展家长学校空中课堂的学习。比如主持人汤彩霞面向一年级新生家长作了《一年级新生家长需要"陪读"吗》线上讲座，反响很好。

家校共育课程内容的选择和设计需要贴合家长内心需求，解决教育的痛点、难点和弱点：

1.家庭教育理念和方法培训：通过为家长提供教育心理学、儿童发展等方面的培训课程，帮助家长了解儿童成长发展的规律和特点，掌握科学的家庭教育理念与方法。

2.学科辅导和家庭学习支持：提供家长学科辅导培训课程，帮助家长了解学科教学的要点和方法，以便更好地与孩子合作，支持孩子的学习和作业完成。

3.家庭教育沟通与管理培训：通过教授有效的沟通技巧和家庭管理方法，帮助家长建立良好的家庭氛围和亲子关系，提高与孩子的沟通质量和家庭冲突解决能力。

4.亲子活动和互动培训：组织家长与孩子一起参与的亲子活动和互动培训课程，帮助家长了解如何通过游戏、互动和创造性活动来促进孩子的综合能力和社交能力的发展。

5.信息技术应用培训：提供关于互联网安全、网络素养和数字技术应用的培训课程，帮助家长了解和应对孩子在数字时代面临的挑战和机遇。

6.家庭教育支持小组和讨论会：组织家长之间的小组讨论和经验分享活动，鼓励家长之间相互支持和合作，共同解决教育难题。

通过提供这些家长教育和培训课程，家长们获得了专业指导和支持，他们的教育意识和能力得以提升，能更自信地参与到孩子的学习和成长中，孩子们由此获得更多的支持与理解。

通过两年的研究，课题圆满结题，被评为"优秀"等第。同时，课题组获得一些研究心得：

家庭教育与学校教育相互融合，能够为学生提供更全面的教育支持，促进其全面发展。

1.家庭教育和学校教育的融合可以提供多角度的教育指导。家庭是孩子最早接触到的学习环境，父母作为孩子的第一任教师，可以在家庭中为孩子提供积极的教育指导。而学校则拥有专业的师资队伍和丰富的教学资源，能够提供系统化的学习机会和教育经验。家庭教育和学校教育的相互融合，可以从不同的角度为学生提供支持和指导，促进其全面发展。

2.家庭教育和学校教育的融合可以形成良好的学习氛围。家庭环境对孩子的学习产生重要影响，家长的教育观念和态度对孩子的学习态度和学习习惯有深远影响。当家庭教育和学校教育相互融合时，家庭与学校共同传递积极的学习氛围和价值观，能够激发学生的学习热情和动力，提高其学习效果和成绩。

3.家庭教育和学校教育的融合可以提供更多样化的培养途径。每个家庭都有独特的文化、价值观和教育方式，而学校则通过课程设置和课堂教学提供专业的教育内容和知识传授。两者的融合使得学生能够接触到更广泛的教育资源和培养途径，充分发展自己的潜力和特长。家庭和学校共同为学生提供多样化的教育支持，能够更好地满足学生个性化发展的需求。

课题组还提出了一些研究建议：

1.家校共育要面向更广泛的家长群体，尤其要重视留守儿童和流动儿童家庭的家校共育。

(1)加强对留守儿童和流动儿童家庭的关注：学校应密切关注留守儿童和流动儿童的学习和生活情况，积极与他们的家长沟通和合作，了解他们的需求和困境。

(2)提供特殊支持和关怀：针对留守儿童和流动儿童家庭的特殊情况，学校可以提供专门的支持和关怀。例如，设立有针对性的学业辅导、心理咨询和社会适应等服务，帮助他们更好地融入学校和社区。

(3)制定灵活的家校共育策略：考虑到留守儿童和流动儿童家庭的特殊情况，学校和家长可以共同制定灵活的家校共育策略。例如，利用线上平台进行家校互动、适应不同时间和地点的合作方式等。

(4)提供家长培训和支持：针对留守儿童和流动儿童家庭的家长，学校可以提供专门的培训和支持，帮助他们了解有效的家庭教育方法和资源，提升家庭教育能力。

（5）增进家校沟通与合作：学校应积极与留守儿童和流动儿童家庭保持良好的沟通与联系，建立起信任和合作的关系。通过定期的家校沟通会议、家庭访问和亲子活动等形式，促进家校协作和互动。

通过重视留守儿童和流动儿童家庭的家校共育，学校可以更好地满足他们的教育需求，帮助他们克服困难，获得更好的学习和成长机会，促进他们的综合发展和幸福感。同时，也有助于促进社会的公平和包容。

2. 家校共育从引进走向本土创生

家校共育应该从简单的引进外部经验走向逐渐本土化的创生，以适应当地的文化、教育和家庭环境。以下是一些方法和思路：

（1）深度融入本土文化：要将家校共育与本地文化和教育特点相结合，根据当地的教育政策、教学大纲和教学方法制定相应的家校共育方案，使其符合本土的需求和特点。

（2）注重家校共同研发：鼓励学校和家长共同参与家校共育的规划和设计，在实践中共同发现问题和解决问题，形成适合本地实际情况的家校共育模式和策略。

（3）培养本土家庭教育师资：通过培训和专业支持，提升本地家长的教育能力和家庭教育意识，让他们在家庭中担任更积极的角色，与学校紧密配合，共同促进孩子的学习和成长。

（4）创新本土家校共育项目：根据本地的家庭需求和教育目标，探索和推动本土定制的家校共育项目，如家庭读书俱乐部、社区亲子活动、家庭科研项目等，满足家长和学生对优质教育资源的需求。

（5）加强本地家校共育研究与交流：鼓励学校和家长参与本地家校共育研究和经验交流，形成相关论文、案例和教育实践分享，帮助其他学校和家长更好地借鉴和应用。

总之，逐渐使家校共育从引进走向本土创生，可以更好地结合本地的教育理念和家庭特点，提高家校共育的质量和效果。同时，也能够促进本地社区的共同发展和教育公平。

常言道，星光不负赶路人。两年的研究催生了一大批成果。如课题组成员在省级刊物上发表论文 2 篇，论文获奖合计 42 篇，其中省级一等奖 4 篇，省级二等奖 14 篇，省级三等奖 21 篇，市级一等奖 3 篇。湖南新课程教育乐学研究院、湖南省心理学组编的《家长必修课》丛书，课题主持人汤彩霞应邀担任分册主编，课题组 8 名骨干教师参与编写。该丛书由湖南科学技术出版社出版。学校成立了家庭教育讲师团，其中包括株洲市首批家庭教育讲师 1 名，株洲市首批家庭教育志愿者 2 名，株洲市天元区首批讲师 1 名，校级讲师 19 名，外请专家若干名。学校共有 5 位教师获"家庭教育指导师"高级证书。学校的家庭教育讲师多次受邀在国家级、省、市、区级家校共育论坛或培训中作经验发言，其中，国家级讲座 1 次，省级讲座 1 次，市级讲座 3 次，区级讲座 6 次。2022 年，汤彩霞在北京师范大学"鸿儒计划"——中国号校长治校能力提升工程中作了主题为《从参与到伙伴：家校共育走向美好》的专题讲座。更让人欣喜的是，本课题立项以来，凿石小学相继衍生出两个家校共育主题的省级课题，更多的教师积极参与研究，积极提升自身的家校共育意识与能力。

凿石小学的家校共育工作获得了社会各界的赞誉与认可，省市级媒体争相报道合计 60 余次。2022 年 6 月，凿石小学承办株洲市中小学五育并举（德育）工作现场推进会，家校共育工作得到了来自株洲市五区四县 140 余名领导和教育同仁的高度认可。2022 年 1 月，凿石小学被认定为天元区首批家长学校试点校。2023 年 4 月，经天元区教育局推荐、专家评审、株洲市教育局党委会审议通过，凿石小学被认定为株洲市首批家校共育示范校。

自 2018 年 9 月以来，凿石小学办学成果斐然，荣获多项殊荣。学校先后被授予教育部奥林匹克教育示范学校、国家级教育大数据采集基地、国际田联少儿趣味田径实验学校、全国校园大课间啦啦操推广实施单位、全国青少年禁毒知识竞赛优秀组织单位、全国中小学生绘画书法作品比赛优秀组织单位、湖南省教育学会中小学阅读研究专业委员会理事单位、湖南省"绿书签"行动绿色阅读优秀学校等称号，并荣获湖南省首届基础教育创新案例奖（株洲地区唯一获奖学校），累计获得国家级奖项 7 项、省级奖项 17 项、市级奖项 42 项。师生在各类竞赛中表现优异，斩获国家级、省市级奖项 1500 余人次。百年校史、汤圆妈妈读书俱乐部、科技创新和家校共育等特色项目，成为凿石教育的亮丽名片，学校也因此成为老百姓家门口的优质教育品牌。

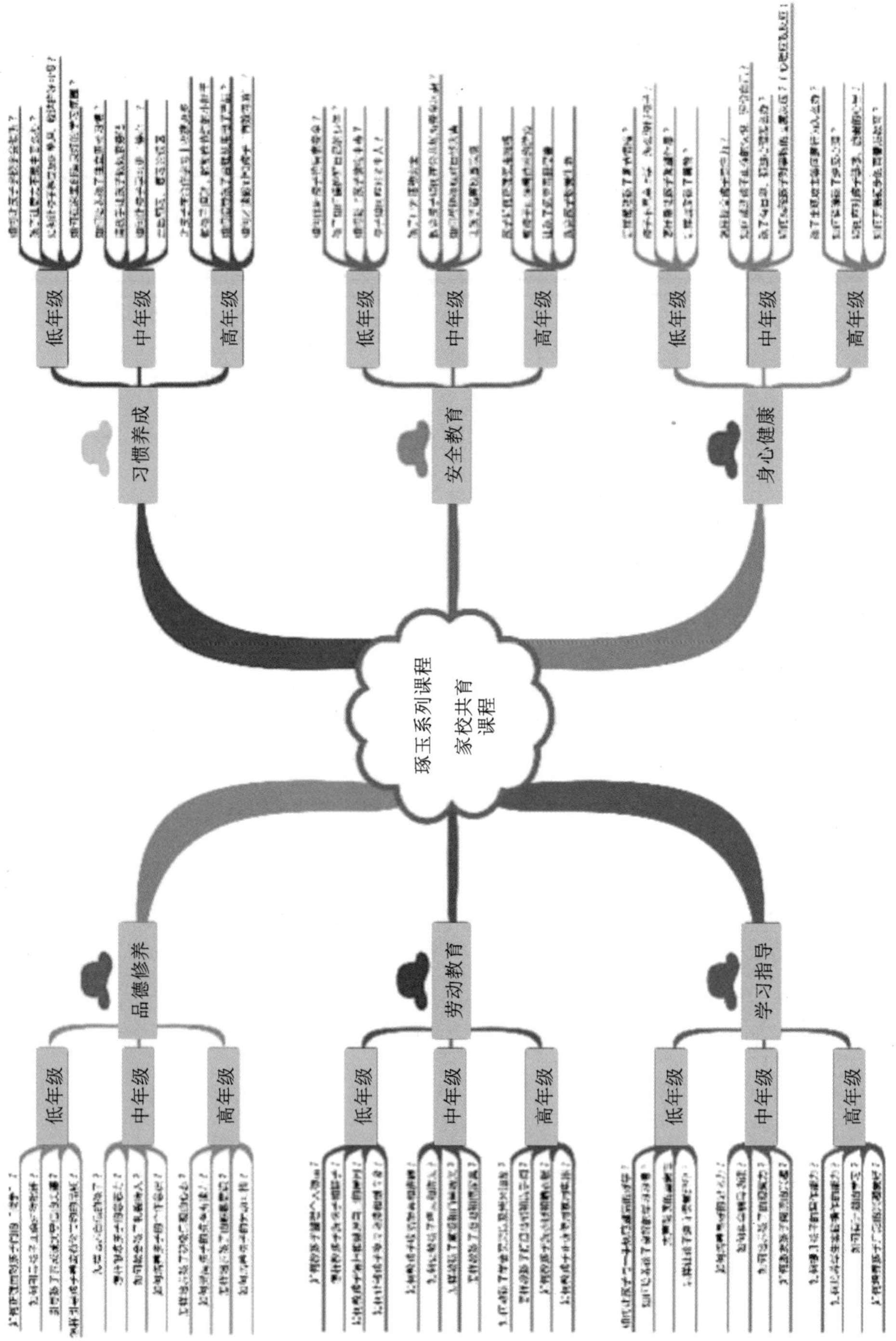

图5-2 株洲凿石小学"琢玉课程"家校课程示意图

附表：

凿石小学家庭教育讲师团成员选聘方案

为认真贯彻落实《中华人民共和国家庭教育促进法》，有效提高我校家庭教育工作整体水平，提升凿石小学家长的家庭教育素养和能力，根据《株洲市全面推进家校共育工作实施意见》(株教小组发〔2022〕3号)文件要求，凿石小学特制定家庭教育讲师团成员选聘方案，聘期三年(2022—2024年)。现将有关事项通知如下。

一、招募方式和时间

(一)面向凿石小学全体教师进行招募选聘。报名采用个人自荐形式，需填写"凿石小学家庭教育讲师团成员申报表"和"凿石小学家庭教育讲师团成员推荐汇总表"。

(二)招募截止时间：2022年5月12日上午12:00，将电子档发送至邮箱：250246669@qq.com。

二、讲师团成员招募条件

1. 拥护中国共产党的领导和路线、方针、政策，拥护社会主义制度，热爱祖国，有坚定的理想、信念和追求，遵守法律和社会公德，无违法犯罪记录。

2. 热爱家庭教育事业，志愿从事家庭教育工作。

3. 语言表达能力强，具备一定的科研、写作能力，能制作讲座课件。

4. 具备大专以上学历且有家庭教育工作经验。

5. 自身具有成功的家庭教育经验和家庭教育指导案例，子女培养发展良好。

6. 能保证家庭教育指导与服务授课所需时间。

7. 有公开讲授经验、有相关研究论著成果、有相关实践经验者等优先。

三、讲师团成员的权利与义务

1. 对被聘用的家庭教育讲师团成员颁发聘用证书，聘期三年。

2. 讲师团成员将参与家庭教育报告、咨询、宣讲活动等活动。

3. 主动开展家庭教育方面的调查研究，参加学校层面组织的家庭教育研究推广活动。

4. 积极参与家庭教育知识报告、咨询、宣讲等活动，向广大家长传播科学的家庭教育观念和方法，指导家长科学育儿，提升家长素质。

5. 每年须在学校或社区举办家庭教育讲座或相关活动1~2场，或推送文章、视频至学校公众号4篇。

6. 认真听取学校和家长的意见，不断改进方法，提高教学质量，学校将根据各讲师的工作完成情况评选优秀家庭教育指导讲师。

四、有关要求

(一)讲师团成员工作为志愿服务性质。

(二)讲师团成员需服从统一管理,积极从事家庭教育指导与服务工作。

附件:

1.凿石小学家庭教育讲师团成员申报表

2.凿石小学家庭教育讲师团成员汇总表

株洲市天元区凿石小学

2021 年 5 月 10 日

附件 1　凿石小学家庭教育讲师团成员申报表

姓名		出生年月		
性别		民　族		
政治面貌		联系电话		照片
毕业院校		所学专业		
是否具有家庭教育指导师资格证书				
个人简历				
家庭教育方面取得的业绩(擅长领域)	(本人在家庭教育课程体系建设、家长学校建设、家校沟通、家委会建设、成长心理学、亲子教育及咨询等方面所取得的成绩,可另附页)			
单位意见				

附件 2　凿石小学家庭教育讲师团成员汇总表

序号	姓名	性别	民族	出生年月	职务职称	主要研究方向	联系电话

第三节　小学家校共育课程实施

为了开拓家校交流与学习的形式，拓展学习的空间与广度，学校组织校级家庭教育指导师和骨干教师将自主开发的《凿石小学家校课程》录制成微课视频，开展家长学校空中课堂的学习。空中课堂在德育部门的组织下，每学期每个月第一周的星期六 19:30—19:50 播放微课视频。

家长线上学习时，一方面鼓励自愿听课，学习结束后各班主任向家长发放学习问卷，以问卷的形式及时了解家长对课程掌握的情况；另一方面，鼓励家长边看视频边做笔记，学校每学期评选优秀学习型家长。多措并举让家校空中课堂的线上学习落地生根，促进家长对家庭教育理念及方法的学习和应用，让家长课程真正发挥育人的作用。

例如 2022 年 8 月 29 日 19:00，凿石小学 2022 届一年级新生线上家长会暨凿石小学"家校"空中课堂开学第一课《一年级新生需要"陪读"吗》开课。此次家校空中课堂由校长汤彩霞(株洲市家庭教育讲师团讲师)主讲，针对"一年级新生家长需要'陪读'吗？"这一问题进行了详细解答，为幼小衔接奠定了良好的基础，同时是学校落实《中华人民共和国家庭教育促进法》的积极实践。此次微课很好地缓解了孩子入学前家长的焦虑与困惑。新生家长们积极参与学习，纷纷表示很有收获、很有实用价值，真心感谢学校送来的"及时雨"。

同年 9 月 3 日 19:00，区级家庭教育指导师罗春梅老师面向五、六年级18 个班的学生家长作了主题为《如何避免孩子手机成瘾》的分享。此次分享为高年段的家长提供了具体的指导建议，解开了家长心中的症结。一位家长高兴地留言：听了讲座后我明白了，对于孩子玩手机这一问题，我们家长既不能明令禁止，也不能撒手不管，而要酌情智慧引导，让孩子在信息时代健康成长。

附：凿石小学家长学校课表

表 5-3　凿石小学家长学校 2023 年春季线上学习课程表

月份	年段	篇章	主题	主讲	具体播放推送时间	负责人
2月	一、二年级	安全篇	孩子的学习用品安全吗	罗育欢	2月11日周六19:30	学生发展中心
	三、四年级	品德篇	如何引导孩子诚实守信	李锦绣	2月11日周六19:30	
	五、六年级	身心篇	如何避免孩子手机成瘾	罗春梅	2月11日周六19:30	
3月	一、二年级	劳动篇	孩子应该学会哪些日常生活劳动	沈阳	3月4日周六19:30	
	三、四年级	劳动篇	如何引导孩子参加生产劳动	蔡胜男	3月4日周六19:30	
	五、六年级	身心篇	如何提高孩了的抗挫折能力	张聪	3月4日周六19:30	
4月	一、二年级	交往篇	如何让孩子成为集体的一份子	欧阳美丽	4月8日周六19:30	
	三、四年级	交往篇	如何培养孩子合作与竞争的能力	楚伊珺	4月8日周六19:30	
	五、六年级	交往篇	如何引导孩子正确与异性交往	肖婷婷	4月8日周六19:30	
5月	一、二年级	安全篇	如何引导孩子安全乘坐电梯	王坤姿	5月6日周六19:30	
	三、四年级	安全篇	如何教育孩子预防溺水	陈奕如	5月6日周六19:30	
	五、六年级	学习篇	家长如何帮助孩子做好"小升初"准备	庞贺喜	5月6日周六19:30	

表5-4　凿石小学家长学校2023年秋季线上学习课程表

月份	年段	篇章	主题	主讲	播放时间	负责人
9月	一年级	身心篇	如何帮助新生适应入学	汤彩霞	9月2日周六19:30	学生发展中心
	一年级	学习篇	一年级新生需要"陪读"吗	汤彩霞	9月2日周六19:50	
	二年级	交往篇	如何教孩子学会分享	喻湖嘉	9月2日周六19:30	
	三、四年级	习惯篇	如何培养自律的孩子	黄茜茜	9月2日周六19:30	
	五、六年级	习惯篇	如何搞定孩子的"拖延症"	曹琳芬	9月2日周六19:30	
10月	一、二年级	习惯篇	孩子挑食怎么办	邹莉	10月7日周六19:30	
	三、四年级	学习篇	如何培养孩子独立完成作业的习惯	邓慧豪	10月7日周六19:30	
	五、六年级	品德篇	如何培养孩子的责任感	李旺艳	10月7日周六19:30	
11月	一、二年级	学习篇	如何让孩子写一手规范整洁的好字	李倩	11月4日周六19:30	
	三、四年级	学习篇	如何激发孩子的写作兴趣	谢星	11月4日周六19:30	
	五、六年级	学习篇	如何培养孩子做事有计划的好习惯	刘青	11月4日周六19:30	
12月	一、二年级	品德篇	如何引导孩子遵守公共秩序	陈果	12月2日周六19:30	
	三、四年级	品德篇	如何引导孩子懂得感恩	张倩云	12月2日周六19:30	
	五、六年级	劳动篇	如何引导孩子参与服务性劳动	欧丽	12月2日周六19:30	

第四节　小学家校共育课程评价

课程评价是依据一定的标准，通过一定的方法、途径对课程的目标、计划、实施及其结果等有关问题的价值或特点进行描述和判断的过程。课程评价在整个课程系统中占有举足轻重的地位，它既是课程运作的终点，又是课程继续发展的起点，贯穿课程运作的全过程。了解、把握新课程改革背景下课程评价的基本理念对于小学家校共育课程评价实践至关重要。

一、小学家校共育课程评价的价值取向

传统课程评价理论认为，事实与价值是分离的，采用客观的科学方法能够描述纯粹事实，探索客观规律，评价可以而且应该避免价值涉入。因此，传统的课程评价极力追求客观性，力求提供不带感情色彩、不带个人价值观的评价数据和结果，并避免对课程进行价值判断。20世纪60年代以后，"价值"问题逐渐在评价领域凸显出来。人们提出，评价不是一个纯技术性问题，不是对现象的客观描述，纯粹价值中立的描述和判断是不存在的。教育过程中事实与价值是相互渗透的，评价对象的行为或特点体现了一定的价值观，评价者的价值观也不可避免地贯穿于整个评价过程。

任何评价都体现一定的价值取向，课程评价亦是如此。评价价值取向是对课程评价本质的集中概括，它引领和支配着评价活动的发生、行动的方向和旨趣，标示着评价活动持续进行的有效性与真实性。价值取向错位或定位不准，将深层次影响学校课程的建设和发展，以及学校师生的成长与发展。我们认为，在小学家校共育课程评价过程中，应坚持"发展"这一核心价值，具体体现为四种"发展"追求：家长自我发展、教师专业发展、学生全面发展和学校特色发展。

(一)促进家长自我发展

家长是小学家校共育课程开发的重要参与者和实施对象。家长家庭教育理念的提升、技术和能力的提高等自身发展指标，是评价小学家校共育课程的最显性指标。

家长的自我发展是优化家庭教育环境、提升家庭教育实效、深度推进家校共育的重要内在动力。当家长"和孩子一起成长"时，家校共育课程就完成了它的首要使命。

(二)激励教师专业发展

教师是课程的开发者、实施者和研究者。教师评价适当与否，不仅影响教师参与家校共育的积极性，还与教师的工作成效和专业发展密切相关。因此，学校课程评价的价值追求之一就是通过合理的教师评价促进教师的专业不断发展与提高。

新课程所倡导的正是一种以促进发展为目的评价，是一种依据目标、重视过程、及时反馈、促进发展的形成性评价。在评价过程中，特别重视培养教师的主体意识和创造精神，强调评价者要对教师的过去、现在进行全面了解，根据教师过去的基础和现实表现，规划其未来的发展目标；主张在宽松的环境中（不以评价结果作为奖惩依据）促进教师自觉主动地发展，从而实现教师个体的发展目标和自身价值。实施发展性教师评价对促进教师自身发展需求和学校需求的融合，促进教师心态与学校氛围的融合，以及促进教师现实表现与未来发展的融合等，都具有十分重要的意义。因此，在学校实施家校共育课程评价的过程中，要积极构建教师发展性评价体系，加强奖惩性评价与发展性评价的整合，促进教师的专业发展与成长。

(三) 保障学生全面发展

课程的终极目的是促进人的全面发展，小学家校共育课程的最根本最核心的目标也是通过家校共育，确保小学生的全面发展。

小学家校共育课程评价的实质是按照素质教育的要求，找回失落的价值的过程，要体现"一切为了学生的发展"的核心理念，关注学生的心灵，关注学生在情感、动机、信念、人生观、价值观、意志品质、生活态度等非智力因素方面的发展，即使在学科评价中也要关注学生的学习兴趣、学习方法、认知风格以及情感体验等因素，促进学生个性全面和谐地发展。

小学生全面发展的水平和状况，是评价小学家校共育课程的根本标准。小学家校共育课程评价，不是为了选拔和甄别"选择适合教育的儿童"，而更要关注如何发挥评价的激励与发展功能，关注学生成长与进步的状况，并在认真分析和研究的基础上提出改进计划，帮助我们"创造适合儿童的教育"。

(四) 推动学校的特色发展

从课程的角度来看，校本课程无疑是体现学校特色的重要形式与载体。与国家课程、地方课程相比，小学家校共育课程作为一种校本课程，在课程开发与建设上拥有更多的自主权，可以根据学校的办学传统、教育资源和师生家长需求和特点自主开发课程，不存在统一的、固定的内容和模式，应充分体现学校特色。这种校本课程也为学校提升自己的可持续发展能力提供了一种机制，它依赖于学校自身的课程化，与学校教师专业水平、学校教师专业结构、学校管理模式、学校发展历程、学校运转方式等密切相关，好的校本课程就是好的学校。从这个意义上讲，小学家校共育课程的开发与体系建构是学校可持续发展和特色发展的重要助推器。

21世纪的现代教育，其核心内涵是"发展"。《基础教育课程改革纲要(试行)》提出"建立促进学生全面发展的评价体系""建立促进教师不断提高的评价体系"和"建立促进课程不断发展的评价体系"，明确了学生、教师和课程自身是课程评价的价值主体。我们认为，发展除了指改进特征的功能性内涵外，更重要的是指通过评价促进人的发展，人的生命质量促进。在这里，通过小学家校共育课程评价促进人的发展首先是指学生的发展，同时包括教师、家长的发展。发展性课程评价对于促进学生和教师作为"人"的发展，体现了当前我国课程改革内在的价值追求，它理所当然地应当成为我们确立发展性课程评价体系的价值依据。

二、小学家校共育课程评价的基本功能

课程评价的功能是指课程评价活动本身所具有的能引起评价对象变化的作用和能力。它通过课程评价活动与结果，作用于评价对象而体现出来。

(一)诊断功能

课程评价作为一种反馈——矫正系统，能够对教育的成效、矛盾和问题作出描述和价值判断，帮助教师了解家长、学生的知识掌握、能力发展和情感态度价值观形成情况，发现教育教学过程中存在的各种缺陷与问题，查明影响教育教学效果的各种因素，从而为针对性地解决这些问题提供途径和措施。

(二)鉴定功能

尽管新课程改革强调要弱化评价的鉴定与选拔功能，但不可否认，鉴定功能仍然是课程评价的基本功能。课程评价的鉴定作用是指评价活动认定、判断评价对象合格与否、优劣程度、水平高低等实际价值的功效与能力，它与课程评价活动同时出现并始终伴随着课程评价存在。科学的鉴定是在事实判断之后再作价值判断，即在充分了解评价对象的真实情况后再做出优劣、高低等价值判断。当然，鉴定并非评价的最终目的，而是通过科学的鉴定，判断评价对象的发展水平，以便制定合理的教育方案，区别情况，分类指导。

(三)导向功能

课程评价的导向功能是指评价本身所具有的引导评价对象朝着理想目标前进的功效和能力，这是由评价标准的方向性决定的。因为在课程评价中，对任何评价对象所作的价值判断，都是根据一定的评价目标、评价标准进行的。课程评价导向功能的发挥以评价目标和标准为核心，因此，设置科学合理的目标和标准是发挥评价导向功能的前提。

(四)激励功能

课程评价的激励功能是指评价对评价对象具有一种激发动机、鼓舞斗志、使人产生内在驱动力以朝着所期望的目标前进的功效与能力。在评价对象较多的情况下，评价所形成的不同等级会使个人与个人、群体与群体之间进行不自觉的比较。这对评价对象来说，是一个积极的刺激和有力的推动。因为无论是个人还是群体，通常都有获得较高评价和实现自身价值的愿望，这是人类普遍存在的一种心理趋向。恰如其分的评价结果能给人以心理上的满足感，从而激励人们不断进取。激励性的课程评价既能促进学生的发展，又能促进教师、家长的发展。

(五)调节功能

课程评价的调节功能是指评价对评价对象的教育教学或学习等活动进行调节的功效和能力。这种功能表现在三个方面：一是对教师教学进行调节。通过评价，教师可以了解学习对象目前的状态与效果，发现自己在教育教学中的问题与不足，从而调节教学进度、方法和策略。二是学习对象自我调节。通过评价，学习对象可以了解自己的学习状态，明确努力方向和改进措施，以实现自我调节。三是对学校课程进行调节。小学家校共育课程建设是一个连续的、动态的、循环往复的、不断完善的过程，课程的开发、设置、实施、组织等各个环节都需要通过评价来不断完善、修订。评价的结果是学校进行下一轮校本课程开发的依据，也是校本课程质量不断提高的重要保证。从这个意义上来说，学校课程评价不仅是总结性的，更多的是一种形成性评价，正如斯塔弗尔比姆所说，"评价最重要的意图不是为了证明(prove)，而是为了改进(improve)"。

三、小学家校共育课程评价的实施

小学家校共育课程评价一般包括四个方面：一是对家长需求满足及家庭教育能力提升的评价；二是对学生成长环境和成长状态的评价；三是对教师在小学家校共育课程开发与实施过程中的专业成长的评价，四是对小学家校共育课程本身的评价。

（一）对家长需求满足及家庭教育能力提升的评价

评价方式——过程性评价与终结性评价相结合，定性评价与定量评价相结合，主观评价与客观评价相结合，教师评价与学生评价相结合。

评价方法——由政教部门组织，教师和学生共同参与，就参与态度、学习效果等方面进行定性评价。先由家长自评，再由学生代表与教师组成的评价小组进行评价。

（二）对学生成长环境和成长状态的评价

评价方式——以质性评价为主，多采用间接评价方式，侧重学生家庭教育环境的优化和亲子关系的改善。

评价方法——可由教务部门、德育部门组织，通过对学生、家长的访谈、问卷等直接了解家庭教育情况和亲子关系，或者通过组织亲子活动并观察亲子互动情况，间接了解学生家庭成长情况。此外，学校还可以通过常规教学活动中学生反馈的相关信息，评估学生家庭成长环境的改善情况。

（三）对教师在课程开发与实施过程中的专业成长的评价

评价方式——以发展性评价为原则，将过程性评价与终结性评价相结合，定性评价与定量评价相结合，主观评价与客观评价相结合，自我评价、同行评价、学生评价相结合。

评价方法——由教务教研部门组织，教师本人、学生和学校学术委员会成员共同参与，就教师的课程观念、课程知识、课程研制与开发技能、实施教学能力等多方面进行定性评价。先由教师自评，再由学校学术委员会成员组成的考核小组综合多方面信息进行评价，最后给出该教师该年度在小学家校共育课程开发与实施过程中的表现评价。评价等级分为优秀、良好、合格和不合格四个等级。学校将教师在课程开发中的表现实行纳入教师工作量，作为教师考绩、评优、晋级的重要参考。对小学家校共育课程开发与实施过程中参与度高、组织得力、效果突出的教研组、年级组或其他教师研究型组织，优先参与德育类评优评先和成果推荐。

（四）对小学家校共育课程本身的评价

对课程本身进行评价的目的在于为修正和完善课程目标、课程组织、课程实施等提供依据。学校的具体实施办法是：由学校课程指导委员会负责，教务处具体执行，主要采取观察、座谈、问卷调查等方法，就课程计划、准备情况、课程实施过程、课程实施效果对每一门开设的校本课程进行评价，并提出意见和建议。总体评价一般分为优秀、良好、一般和较差四个等级，并作为评价教师和完善校本课程运作体系的重要依据之一。

附：

琢玉课程：成就独一无二的美玉
——株洲市天元区凿石小学课程实施方案（2023 年—2026 年）

课程是一所学校落实全员、全程、全方位育人生态的出发点和落脚点。因地制宜建设富有特色的课程体系是落实"立德树人"目标的重要途径。为贯彻党的教育方针，全面落实党的二十大精神，进一步落实教育部办公厅《基础教育课程教学改革深化行动方案》的通知（教材函【2023】3 号）、教育部《义务教育课程方案（2022 版）》、湖南省教育厅《湖南省义务教育课程实施办法（2022 版）》等文件精神，回应"培养什么人、怎么培养人、为谁培养人"这一根本问题，高质量实施学校教育教学工作，持续打造株洲"美好教育"品牌，凿石小学结合本校实际，聚焦核心素养，以促进学生全面而有个性地发展、健康成长为目标，高质量落实国家课程，建设校本课程，将课程理念、原则要求转化为具体的育人实践活动，构建体现学校办学特色的课程育人体系，创造性构建和实施了基于五育融合的"琢玉课程"实施方案。

第一部分　课程背景

（一）学校概况

1.基本情况

株洲市天元区凿石小学位于株洲市核心区域、天元区衡山中路，占地面积

36.7亩，总建筑面积约2.7万平方米。凿石小学前身为1902年(清光绪28年)的湘潭石浦王族学堂，1963年更名为凿石小学，现已有122年的办学历史。2018年9月，学校易址新建，在区内17所城区公办小学中，新凿石小学是唯一一所合并两所村小(老凿石小学+王家坪小学)的学校(以下统称"凿石小学")。

学校现有教学班57个、教师163名、学生3029名，其中湖南省特级教师1人，中小学高级教师10人，市区级学科带头人15人，市骨干教师19名，拥有株洲市首批小学名校长工作室1个、株洲市小学体育名师工作室1个。

2. 办学理念

百年杏坛，百年芳华。学校始终认为"好的教育"应该是一种"有趣又有爱，能够丰富心灵、陶冶情操、开阔视野的教育"。其终极目标是"培养尊重生命、热爱生活、'面对一丛野菊花会怦然心动'的人"。因此，学校秉承"凿石成玉"的办学理念，文化寻根、品牌立校，以"琢玉教育"为教育主张，以"成就独一无二的美玉"为育人目标，努力让学校成为"有趣又有爱"的儿童成长乐园(办学主张)。

3. 办学平台建设

自2018年9月新建开办以来，学校先后获得"教育部奥林匹克教育示范学校""国家级教育大数据采集基地""国际田联少儿趣味田径实验学校""全国校园大课间啦啦操推广实施单位""全国青少年禁毒知识竞赛优秀组织单位""全国中小学生绘画书法作品比赛优秀组织单位""湖南省教育学会中小学阅读研究专业委员会理事单位""湖南省'绿书签'行动绿色阅读优秀学校""湖南省'童话引路'项目实验基地"等荣誉称号，并获评湖南省首届基础教育创新案例奖等，办学影响力不断扩大，办学实力逐渐凸显，办学特色日益鲜明。

(二)学校课程改革的SWOT分析

为更好更切合实际地推进课程教学改革，必须对学校办学的实际情况进行全面的分析评价，找出自身的优势和不足，做到"锻长板补短板"，按照培养目标制定课程教学改革方案。我们从"地理环境、硬件设备、教师资源、学生情况(含家长)、课程管理、课程资源"六个方面出发，运用SWOT分析法分析学校当前办学的优势与劣势，以及存在的问题。

经过分析，我们认为应选择SO的发展战略，即发挥优势抢抓发展机会。我们的优势在于学校历史文化深厚(迄今已有123年)，办学理念清晰，且拥有一个勤于思考、勇于创新的行政管理团队，一支活力满满、协作奋进的教师团队以及一支理解信赖、全力支持的家长义工团队。经过 5 年的发展,学校在阅读推广、艺术与创新和家校共育方面形成了鲜明的特色,如"汤圆妈妈漂流书包"活动经由湖南省教育厅发文,向全省部分试点县推广。本次课程改革,旨在改善原有课程体系中三级课程统整不够科学合理、现有课程实施策略欠缺、教学评价体系不够完善等问题,制定学校琢玉课程改革实施方案(《凿石小学课程改革 SWOT 分析表》略)。

第二部分　育人目标

结合学校的发展历程,遵照国家课程总目标和阶段目标,确定以下学校课程育人目标:

(一)总体目标

《义务教育课程方案(2022 年)》提出:义务教育要在坚定理想信念、厚植爱国主义情怀、加强品德修养、增长知识见识、培养奋斗精神、增强综合素质上下功夫,使学生有理想、有本领、有担当,成为德智体美劳全面发展的社会主义建设者和接班人。

(二)具体目标

基于"成就独一无二的美玉"的育人目标,学校制定了德智体美劳"五育并举、五育融合"的国家、地方、校本三级课程实施规划,形成了"琢玉"课程体系,旨在让课程为学生的终生发展奠基,把学生培育成"文行兼美、身心强健、学识丰厚、创意无限、志在家国"的全面发展又兼具个性的"美玉少年"。

文行兼美——言行像美玉一样温润高雅、富有美感。在生活中珍爱生命、心胸宽广;在集体中诚信友善、尽责担当;塑造如玉般品德高尚的人格魅力。如《诗经·卫风·淇奥》所言:"谦谦君子,温润如玉。"

身心强健——身心像美玉一样坚实质朴、坚毅如磐。在身体上健康健美,在心理上坚韧阳光,能够承受各种压力和挑战,不畏困难磨炼,不易被困难击倒。

学识丰厚——学识像美玉一样日积月累、涵养深厚,内心像美玉一样丰润、纯净。既有光泽,又有深度;既有广博的知识,又有丰富的文化内涵。如《诗经·卫风·淇奥》所言:"如切如磋,如琢如磨。"

创意无限——创意像美玉一样巧夺天工、精华绽放。兴趣广泛,善于观察;勇于探究,勤于实践;善于合作,乐于分享。拥有创新思维和鲜活的创造能力。

志在家国——志向像美玉一样坚定如初、心怀山河。从小有远大的理想抱负，热爱祖国大好河山和美好家园，有较强的中华优秀文化认同感，有志于为建设伟大祖国和美好家园而努力成长。

第三部分　课程目标及实施进度

（一）课程目标

构建具有凿石小学特色的"琢玉课程"体系。通过课程实施，培养品行兼美、身心强健、学识丰厚、创意无限、志在家国的独一无二的"美玉少年"。依据全体师生的课程愿景，学校将育人目标细化，划分为各年级的课程要求，厘定"美玉少年"课程目标。

（二）实施进度

作为株洲市首批义务教育教学改革实验校，学校将在"琢玉教育"课程哲学的统领下将国家课程、地方课程和校本课程进行整合，持续推进课程文化建设。2024 年，优化课程建构，完成"琢玉课程"体系新架构；2025—2026 年，课程创生，推进课程深度实施；2027 年，总结梳理，形成课程实施成果案例（表 5-5）。

表 5-5　凿石小学课程方案实施进度表

2024 年 课程建构年	1. 梳理 1.0 版"琢玉课程"体系，反思不足。在专家指导下，重新修订《凿石小学"琢玉课程"实施方案》，形成 2.0 版。 2. 组建课程开发与实施核心团队
2025—2026 年 课程实施年	1. 变革教学方式，深度落实课程目标。 2. 多维度开发与完善课程体系内容，推进课程深度实施。 3. 定期开展阶段性评估与总结，促进课程改革，推动课程建设，全面提高人才培养质量
2027 年 课程成果年	梳理总结成果，形成具有校本特色的优质课程实施案例，争取申报省市级相关成果

第四部分　课程设置

（一）课程逻辑（图 5-3）

琢玉教育

凿石成玉

让学生全面而有个性地发展

琢玉课程体系

灵玉课程（思维与创新）

数学、科学
信息科技
科创课程
3D打印
趣味编程
动画制作
电脑绘画
科学小制作
科学小实验
……

雅玉课程（艺术与审美）

美术、音乐、书法
琢玉艺术微课
儿童剧社
琢玉作品墙
绘本项目式学习
彩色折纸、创意黏土
竖笛演奏、金曲欣赏
合唱艺术
……

健玉课程（运动与健康）

体育与健康
生命与健康
竞技篮球
趣味田径
绳彩飞扬
曼陀罗心理疏导
心理辅导课程
青春期专题课程
……

琼玉课程（文学与交往）

语文、英语
汤圆妈妈阅读系列课程
（含读书俱乐部、
漂流书包、
绘本巴士、
班级读书会等）
校史课程
（一诗一记一志）
"世界眼"国际理解课程
……

润玉课程（品格与修养）

道德与法治
凿石"三礼"
"五彩小璞玉"课程
食育课程
劳动课程
节庆教育课程
主题课程（四廊四心）
物型课程"中国心"课程
……

项目式学习

小玉芽社团

琢玉课堂

成就独一无二的美玉

教育哲学 → 办学理念 → 课程理念 → 课程模式 → 课程结构 → 课程实施 → 育人目标

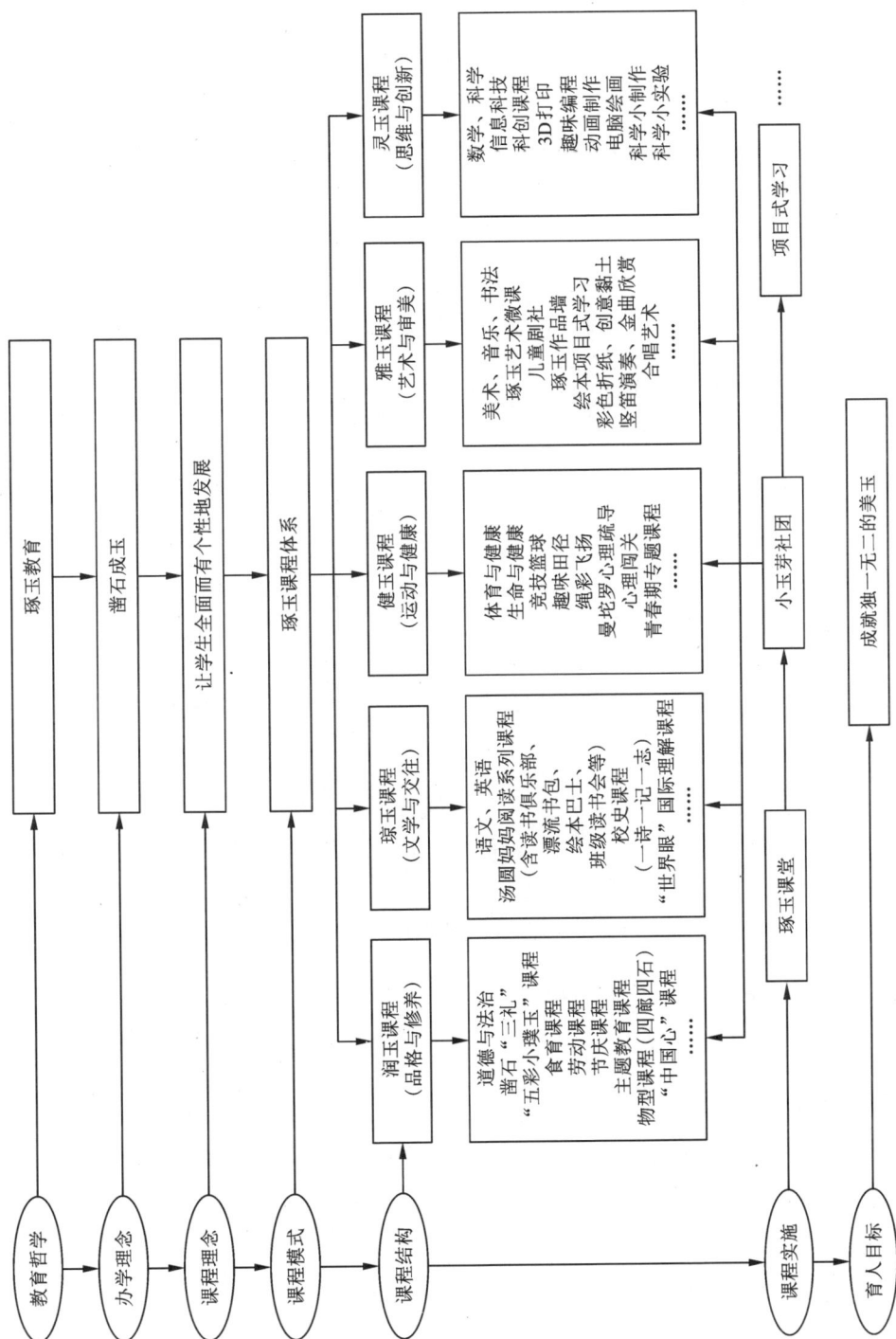

图5-3　凿石小学"琢玉课程"体系逻辑图

（二）课程图谱

凿石小学通过整合国家、地方和校本三级课程，构建了润玉、琼玉、健玉、雅玉、灵玉五大课程群，涵盖基础型、拓展型、研究型三大类课程（图5-4）。基础型课程确保学生掌握基础知识与技能；拓展型课程满足个性化学习需求；研究型课程增强实践与创新能力。这一结构全面覆盖德、智、体、美、劳五大领域，旨在培养全面发展的社会主义建设者和接班人。

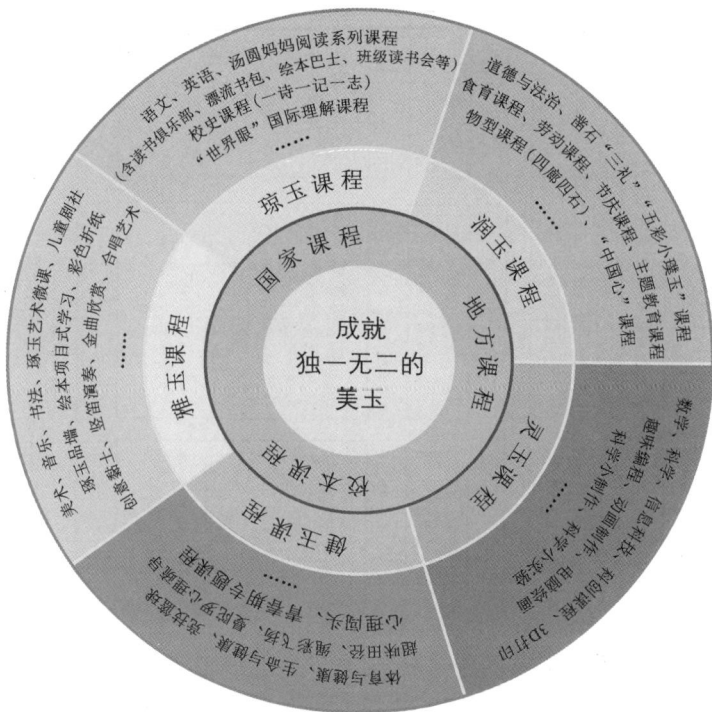

图5-4　凿石小学课程图谱

（三）课时安排

1. 开齐开足开好国家课程

学校按照教育部《义务教育课程方案（2022年版）》、湖南省教育厅《湖南省义务教育课程实施办法（2022年版）》等文件要求，开足道德与法治、语文、数学、英语、信息科技、体育与健康、艺术、劳动、综合实践活动等国家课程；完善优化"琢玉课程"体系，除继续认真落实基础课程外，还开发艺术、科技等拓展课程并整合综合实践活动；合理调配师资、教材与设备资源，为各学科配备专职教师并建立协作机制,规范教材选用且加大教学设备投入;强化课程实施监督,促进学生全面发展,落实义务教育培养目标(附表4)。

2.规范做好课后服务

学校依据湖南省教育厅等五部门联合印发的《湖南省义务教育课后服务工作实施方案》的通知(湘教发〔2024〕12号)、《关于进一步规范中小学校内课后服务收费管理通知》(株发改发〔2023〕111号)精神,结合校情,制定了《凿石小学课后服务实施方案》,遵循完全自愿原则,规范开展课后服务工作。

课后服务每周开设"基础+拓展"一体化课程,每周10节。课程分作业辅导、阅读与思维、体育与健康、艺术与创意四大类。

(1)作业辅导:由科任老师组织学生在教室里自主完成课后作业,为学有余力的学生拓展学习空间,对学习有困难的学生进行辅导与答疑。

(2)阅读与思维:由语数英老师根据学生的年龄、学段和思维水平来定制课程内容,旨在提高学生的阅读兴趣、读写能力和思维水平。

(3)体育与健康:一、二年级以跳绳、有氧运动为主,三到六年级以跳绳、球类为主。

(4)艺术与创意:基于艺术和科学学科拓展,设置绘画、黏土、合唱、器乐、表演等艺术类课程,还有科学小实验、科技小制作、编程等科创类课程。

3.专题教育与其他课程统筹安排

专题教育以渗透为主,学校将班会队会、国防教育、交通安全、防溺水、防性侵、防欺凌等主题教育和其他爱国主义教育、公民道德教育、法治教育、生命教育、环保教育、心理健康教育等专题教育内容整合安排,利用主题班队会、少先队活动、国旗下讲话、班级风采展、专题教育进校园等平台,定期开展德育主题系列活动。

"少先队活动"与"综合实践活动"课程相结合,一年级"综合实践活动"课重点进行新生入学适应教育;《习近平新时代中国特色社会主义思想学生读本》与"道德与法治"相结合,于三年级上学期、五年级上学期开展,每两周一课时;"生命与安全"课程单周进行健康教育,双周进行国医文化教育和环保教育(含垃圾不落地教育)。禁毒教育、国防教育、安全教育(消防教育)、健康教育及礼仪教育等专题教育在"综合实践"及专题教育课程计划中完成,每两周一课时。一、二年级的心理健康教育安排在"综合实践"课程中,三至六年级的心理健康教育安排在"生命与安全"课程中,心理健康教育每两周不少于一课时。

第五部分　课程实施

（一）实施原则

（1）全面性原则：课程实施覆盖德、智、体、美、劳五大领域，确保学生在各个方面均得到长足发展。

（2）个性化原则：尊重学生的兴趣和特长，提供多样化的课程选择，满足不同学生的发展需求。

（3）实践性原则：注重理论与实践相结合，通过丰富的实践活动，提升学生的动手能力和应用能力。

（二）实施策略

1. 优化管理策略，夯实教学常规

根据《湖南省规范中小学办学行为20条规定》《天元区中小学教学常规管理制度（试行稿）》等文件精神，学校明确教师需认真撰写教学计划，备课需充分，授课内容要紧扣新课标，教学方法可灵活多样。同时，及时批阅作业并反馈，及时跟踪学生学习进度，提供个性化辅导。为继续规范日常教学工作，学校完善了《凿石小学教学管理制度》，包括日常巡查、月度评估与学期终检，对教师的教学准备、课堂实施、作业布置与批阅等逐项考核，肯定优点，提醒不足。通过学校定期检查与反馈，教师们逐渐形成"把平凡的教学工作做好就是不平凡"的教育共识。

2. 深化教学改革，高品质实施规定课程

（1）编制学科课程纲要，提供课程实施说明书。学期课程纲要是国家课程和地方课程落地生根的具体指南，是对一个学期所要实施的教学内容的整体设计，是一份详细的课程计划，是学校开展课程审议、管理和评价的重要依据。学校将以学科教研组为基本单位开展学期课程纲要编写工作。学期初，教研组全体成员在集体备课时开展深入研讨，合作完成课程纲要的内容制定。学校教学教研管理部门全程跟进，对纲要内容进行把关。同时，鼓励各学科带头人充分发挥专业引领作用。

（2）打磨"琢玉品质课堂"，构建课堂教学范式。课堂变革是驱动教育创新的核心引擎，其深入实施离不开对课堂这一基本教学单元的全面革新。为此，学校认真落实《湖南省义务教育课程实施办法（2022版）》，围绕核心素养培育目标，全面开设并实施各类课程。在此基础上，学校尝试构建具有学科特色的课堂教学范式，以此作为提升课堂教学效率的关键举措。在各学科范式的引领下，教师们组建学习合作小组，精心创设学习情境；学生积极转变学习方式……一系列举措使课程品质得到提升，小荷已露尖尖角。

（3）推进作业创新，落实"减负提质"。根据省市区各级文件精神，学校全力推进单元整体作业设计。通过整合教学目标，精心规划作业内容，力争实现作业与教学目标的高度契合，助力学生有效达成既定学习目标。学校将深化学生作业综合改革视为"减负增效"的关键路径，遵循"双减"政策与作业管理规范，组织教师结合学生生活情境与传统节假日，创新设计课前、课中及课后作业体系。作业设置实行分层，包括基础型、拓展型及研究型三大类。基础型作业侧重巩固学生的基础知识与基本技能；拓展型作业旨在提升学生的问题解决能力；研究型作业则指向学生思维能力的增强和问题解决的技巧，涵盖了小长假及寒暑假探究作业。学校鼓励学生围绕特定主题或问题，通过资料检索、实地考察、实验操作等多种途径深入探究，在实践中锻炼团队协作能力，提升问题解决能力。

3. 激发课程活力，创造性实施校本课程

（1）丰富"琢玉社团"，提升学生综合素养。"琢玉社团"关注学生的个性化发展需求。社团课程主要安排在课后服务时段，分为普修社团、特色社团和精品校队。普修社团面向一二年级学生，由学校音乐、体育、美术、科学、信息等学科的教师授课。生动有趣的社团活动能激发学生兴趣，开阔学生视野，成为低年级学生接触多元文化的窗口。特色社团实行"线上抢课"报名方式，由拥有一技之长的各科教师分别为学生带来不一样的"花式体验"。精品校队则由术业有专攻的专业教师担任校队教练，他们选拔潜力学生进行组队，为潜力学生提供长期的专业训练与指导，挖掘学生的发展潜能，鼓励学生从兴趣走向志趣，成为在某一领域崭露头角的小佼佼者（附表5）。

（2）整合"琢玉专题"，做实学校德育课程。"琢玉专题"项目将日常德育活动与学校的"凿石成玉"精神有机融合，将养成教育、感恩教育、礼仪教育及安全教育等多个专题教育统整为四大主题课程：一是"节庆课程"，旨在通过庆祝传统及现代节庆，传承中华优秀传统文化；二是"主题教育课程"，围绕特定主题展开系列教育活动，培养民族自豪感与责任感；三是"仪式教育课程"，通过庄重而富有意义的仪式活动，增强学生的集体荣誉感与归属感；四是"社会实践课程"，组织学生参与校园内外实践活动，增长见识，提升生活自理能力和社会责任感（附表6）。

（3）雅化"琢玉校园"，珍视环境隐性课程。环境隐性课程具有潜移默化的教育功能、文化熏陶功能。学校耗时7年（含2017年筹建新凿石小学），溯源百年办学历史，凝练出"镇校三宝""一亭一院一记"和"四廊四石"。"镇校三宝"指《凿石浦志》、杜甫诗作《宿凿石浦》及百年"校"字碑；"一亭一院一记"指怀杜亭、石浦书院与1928年的《石浦学校记》；"四廊四石"囊括怀杜诗廊、"唐宋文人过株洲"诗词廊、凿石诗词长廊、湖湘文化长廊，以及怀杜岩、"校"字碑、界碑石和校训石等文化建筑或文物。通过6年的用心打造，如今凿石校园处处皆诗词，处处见历史。学校还精心编撰"百年凿石 百年芳华"校史课程，通过微课带领全校师生传扬"凿石浦文化"，传承"凿石基因"。

4. 激活"琢玉探究"，丰富项目式学习

项目化学习旨在培养学生的批判性思维、创新能力、团队协作等关键能力，为他们未来的学习和生活奠定基础。学校积极探索项目化学习的无限可能，促进学生全面发展。从成功立项的省级课题"小学绘本跨学科学习的实践研究"，到融入多元化内容的项目化学习实践；从精心设计的"品建宁古韵 游神农福地"社会实践校本课程，到"国庆树下"跨学科学习的深度融合，学校始终以学生为中心，致力于培养学生的创新思维、问题解决能力和文化素养。

5. 培育"琢玉教师"，提升课程实施水平

教师是教育工作的中坚力量，有高质量的教师，才会有高质量的教育，才能够培养出高水平的创新人才。"教书匠"曾是社会对教师职业的一种戏谑。人民日报说："一个时代有一个时代的气质，我们的时代将以怎样的面貌被历史书写，取决于我们每个人的表现。"同理可证，一个时代有一个时代的"教书匠"。"匠心精神"代表着执着专注、精益求精、一丝不苟、追求卓越，代表着对事业的无限专注与热爱。因此，凿石教育人重新定义"教书匠"，提倡"匠心琢玉"，争做"新时代的教书匠"，争做新时代的"大先生"。学校构建《凿石小学"琢玉教师"'四阶四径'研培模型》（图5-5），成立"琢玉教师成长学坊"，针对新匠教师、熟匠教师、精匠教师、卓匠教师四个层级，分阶段、分层次进行系统性培育。面向全体教师开放的"匠心课程群"，通过"始业课程、进阶课程、高阶课程、卓越课程"四个阶段的培育，助力各阶段教师不断更新教育理念，全面提升课程育人能力。同时，通过"行政推动、专家引领、课程孵化、评价导向"四条路径，全力打造具有理想信念、道德情操、扎实学识、仁爱之心的"四有"美誉教师。

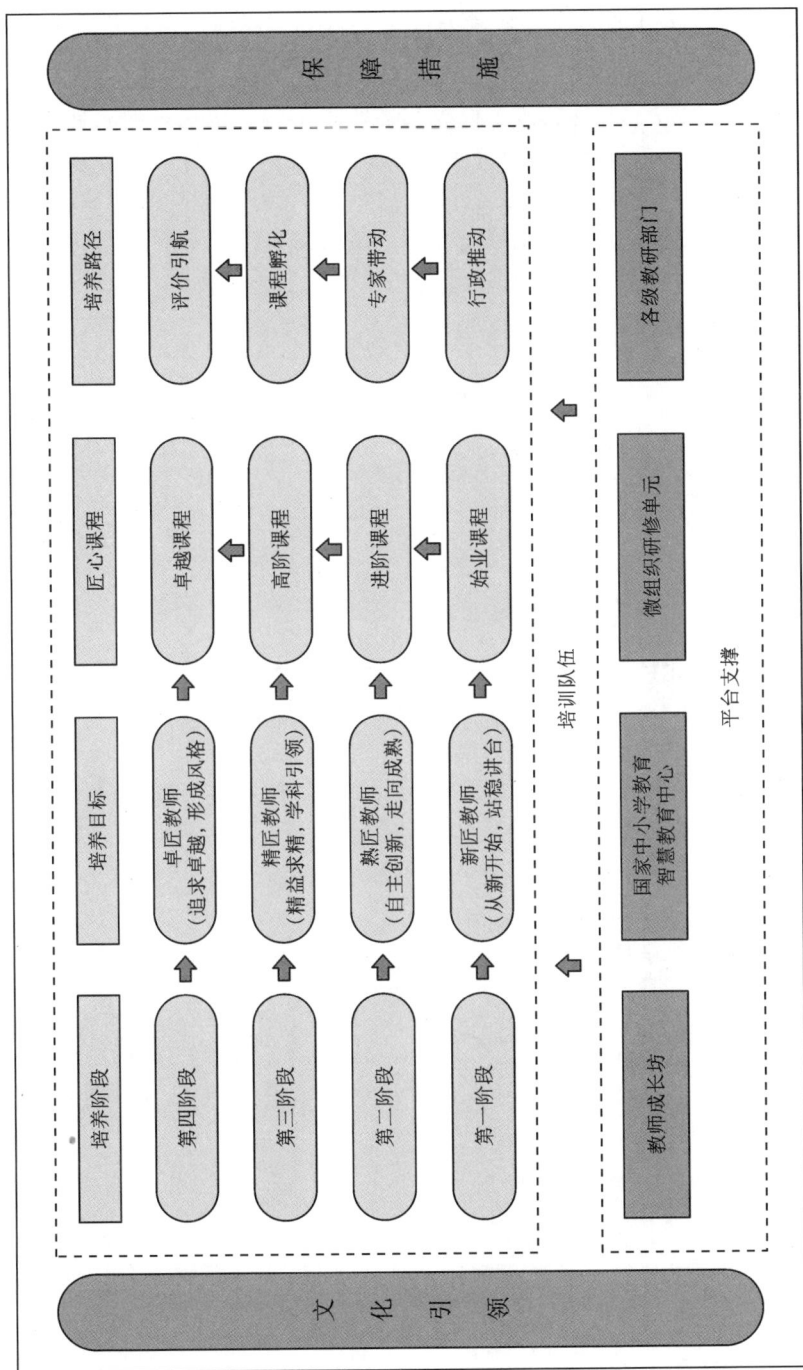

图5-5 凿石小学琢玉教师"四阶四径"研磨图

保障措施

文化引领

培养阶段
第四阶段
第三阶段
第二阶段
第一阶段

培养目标
卓匠教师（追求卓越，形成风格）
精匠教师（精益求精，学科引领）
熟匠教师（自主创新，走向成熟）
新匠教师（从新开始，站稳讲台）

匠心课程
卓越课程
高阶课程
进阶课程
始业课程

培养路径
评价引航
课程解化
专家带动
行政推动

培训队伍

平台支撑

教师成长坊
国家中小学教育智慧教育中心
微组织研修单元
各级教研部门

6.强化"琢玉联盟",压实校家社共育工作

校家社协同育人不仅是当代教育理念的重要组成部分,更是培养学生全面发展和实现个性化成长的关键路径。学校成立了"凿石小学校家社共育委员会",将行政管理团队、教师代表、校级家委会成员和社区代表纳入其中,组成共育联盟。同时号召家长争做"积极学习、科学育儿、情绪稳定、用心陪伴"的"美育家长"。为此,学校组织骨干教师编制"凿石小学校家社共育课程",通过家长学院线下课堂和"凿石云端课堂",传播优秀家教理念,提升家教智慧。学校还积极开发家长、社区教育资源,并与周边社区积极互动,定期开展"周末邻里情 教育温暖行"等活动,丰富社区孩子的周末生活,服务好社区老百姓。

第六部分 课程评价

课程评价是驱动课程实施的重要环节,也是推动课程实施的机制保障。学校以面向全体学生,促进学生全面发展为目标,以课程评价为切入点,运用现代教育评价理论和方法,全面评价"琢玉课程"实施状况,力求实现"以评促改,评改结合,重在提高"的目的。

(一)教师评价

学校采用多元化的教师教学评价体系,结合教学常规检查、课堂巡查和学生评教问卷等方式,全面评估教师的教学表现。评价内容涵盖教师的师德师风、工作态度、教学水平、课堂组织管理、课程资料准备、学生考勤管理等方面。学校旨在通过评价激励全体教师匠心独具、精雕细琢,不断提升教学质量,促进专业成长。

(二)学生评价

学生评价采用多维度、多方式的综合体系。依据"凿石成玉"的办学理念,学校围绕玉的五德"仁、智、勇、义(艺)、洁",结合《中小学生守则》,构建了《凿石小学"五星小璞玉"学生评价体系》。该体系设"仁美星""智美星""勇美星""艺美星""洁美星"五个评价维度,涵盖综合素养评价和三级课程学习评价。"仁美星"指向守公德、讲诚信、懂感恩;"智美星"指向爱学习、乐阅读、善创新;"勇美星"意在重安全、勤锻炼、阳光心;"艺美星"指向会审美、表达美、创造美;"洁美星"则为爱劳动、重环保、能自理(附表7)。

其中,"智美星"包括三级课程学习评价。依据《义务教育课程标准》,一般通过非纸笔测评、统一性纸笔监测和多元化作品展示等方法,全面评估学生的学习成果和发展状况。

（三）课程评价

课程评价是确保课程质量的重要环节。学校建立全面的课程评价体系，包括对课程目标、内容、实施和评价的全面考核。通过学生访谈、满意度问卷调查、家长座谈和管理部门日常督查等方式，收集课程实施的反馈信息。同时，鼓励教师建设精品课程资源库，在实现同伴互助、资源共享的同时，提升课程的整体质量和实施效果。

第七部分　组织与条件保障

（一）组织保障

（1）成立"琢玉课程建设顾问团"。由省市级专家、天元区督导室、教育股、教研室等专家和部门组成。主要负责对学校课程方案的审议与课程实施前、实施中和实施后的评价与指导。

（2）建立"琢玉课程开发委员会"。由学校党总支书记、校长挂帅，教学教研中心牵头，学生发展中心、后勤保障中心共同参与课程的开发与实施，同时承担开发学校课程评估工具的任务。

（3）建立"琢玉课程评估委员会"。由学校教师代表、学生代表、家长代表和社区代表共同组成。主要负责对琢玉课程的实施进行评价，并提出建设性意见。

（二）制度保障

学校制定了《株洲市天元区凿石小学课程实施方案》，并优化了《株洲市天元区凿石小学教师绩效考核制度》《株洲市天元区凿石小学教学常规管理制度》等一系列制度，以确保课改工作正常有序进行。

（三）资源保障

（1）经费保障。一是实行经费倾斜政策。在保障学校工作正常运转的情况下，将经费优先用于课程开发。二是优化办学条件。建设好教室和用室、场馆等。三是加强学校与家长、与社区的沟通，使学校课程的实施得到社区与家长的认可和支持，优化课程实施的环境和家庭育人环境。

（2）师资保障。聘请校外专家、学者讲座，更新教师教育观念，挖掘教师课程开发的潜能；组织教师认真学习《义务教育课程标准》等，定期或不定期组织各学科研讨会，领会课程精神内涵；开展教师培训工作，提高开发与实施课程的能力。

（3）场地保障。为积极打造"有趣又有爱"的儿童成长乐园，实现"成就独一无二的美玉"育人目标,学校不断完善各项设施设备,持续优化校园环境,对功能教室进行升级改造,对各类场馆进行友好开放。种种举措为课程的顺利实施提供了有力保障。

(4)技术保障。充分发挥信息技术的优势,为课程发展提供多元化、高质量的资源支持;推动信息技术与学科课程的深度融合,带动大多数教师熟练驾驭豆包、Kimi、文心一言等基于大型语言模型的人工智能助手。借助 Kimi、豆包等 AI 软件,教师不仅能更深入地理解学生的个性和学习需求,还能通过智能工具提供的数据分析和反馈机制,增强与学生的互动。通过互动式学习活动和即时反馈,教师与学生(信息时代的原住民)的沟通将变得更加频繁和有效,有助于形成更加积极的互动和链接。

(5)家长助力。建立健全学校、年级、班级三级家长委员会工作制度,成立"线上+线下"混合式学习的家长学院,分步骤、有计划地为家长提供育儿课程,系统开展家长培训学习活动,不断推动家长参与到课程开发、管理、评价和宣传中来,建构校家社协同育人新格局。

附表(略)

第六章

小学家校共育特色活动案例

案例 1 家长课程：爸爸妈妈爱学习

每一个家庭都是学校，每一个父母都是教师。父母是孩子的第一任老师，家长学校是家长树立家庭教育理念、获取家庭教育知识和技能的重要途径，也是必要途径。学校需要精心组织每次课程，让家长学有所获。

如 2018 年的"世界反家暴日"，当天我们邀请全校每个班的 10 名家长代表，合计 400 余名家长，现场观摩"面对家暴勇敢说不"的公开课。平时学校还会邀请社会专业机构人士开展《如何有效地传递爱》《培养健康人格之心理营养》等专题讲座。

随着 2022 年"双减"政策的出台，社会上出现了两拨极端的家长：焦虑型和"佛系"型。焦虑型家长相信，孩子只有考上好的学校，未来的工作、生活才会更好，往往容易忽略孩子自身的感受；另一拨"佛系"型家长则认为成绩不重要，重要的是孩子过得开心，他们更关注孩子的心理健康。

在家长课堂上，授课老师告诉家长们，遇到育儿问题可以通过智慧中小学平台、帆书 App、喜马拉雅 App 等平台去听课学习。于是，家长们尝试着去这些地方学习如何跟自己的孩子进行有效沟通，同时还不引起孩子的抵触。家长们一边学习，一边做笔记，整理思路。

通过学习家长学校的课程，家长们明白了，他们的认可、鼓励和正确引导，可以让孩子更加独立、上进、健康。

案例 2　家长讲堂：爸爸妈妈当老师

随着教育教学改革的不断深入，家校合作教育对孩子的影响之大表现得越来越明显。《国家中长期教育改革和发展规划纲要（2010—2020年）》指出："充分发挥家庭教育在儿童少年成长过程中的重要作用。家长要树立正确的教育观念，掌握科学的教育方法，尊重子女的健康情趣，培养子女的良好习惯，加强与学校的沟通配合。"2012年2月，教育部印发的《关于建立中小学幼儿园家长委员会的指导意见》提出："家长要参与学校教育工作，发挥专业优势，为学校教育教学活动提供支持；发挥资源优势，为学生开展校外活动提供教育资源和志愿服务；发挥自我教育的优势，交流宣传正确的教育理念和科学的教育方法。"生活是最好的教育，社会是最好的学校，不同职业特点的家长是最好的教育资源库。

2019年，学校开展"爸爸妈妈当老师"活动，旨在开发教育资源，拓宽学生的知识领域；提高家长的教育水平，更新教育观念；加强家长与教师的信任和默契，使更多家长支持班级工作，从而更好地推动班级、学校长远发展。

家长群体蕴含着丰富的教育资源，是难能可贵且天然存在的课外辅导老师，普及面广，成员知识具有多样性特点。将这些资源作为学校教学活动的补充，可以达到不一样的效果。比如，有的家长是医生、警察，有的是护士、消防员等，不同的职业有不同的工作特点和工作环境，通过"爸爸妈妈当老师"活动，学生可以与各类职业"面对面"；还有的家长擅长烹饪、手工制作等，通过把手工、劳动场景"搬进"教室，学生可以在课堂上进行操作实践，从而享受不同的欢乐体验。

1701班吴好晗妈妈是一名奶茶店店长，在"爸爸妈妈当老师"的活动中，她向孩子们介绍了奶茶店的日常工作，还带来了生动有趣的实践活动——学做水果茶。好晗妈妈生动的讲解、直观的演示，深深地吸引着孩子们的目光。

1806班王雅萱妈妈厨艺特别好。在冬至的前一天，雅萱妈妈来到了孩子所在班级，教孩子们包饺子。通过这样一堂课，孩子们不仅体验了包饺子的乐趣，同时对冬至这一节气也有了更多的了解。

2002班刘祈兴妈妈带领孩子们开展了"我和我的祖国"主题活动。祈兴妈妈通过声情并茂地讲述爱国故事，有效地传递了爱国主义情怀，激发了孩子们的爱国热情。

不仅上述这些妈妈积极参与，其他家长也纷纷走进课堂，结合自己的职业和兴趣特长，为孩子们带来丰富多彩的分享内容，涵盖安全卫生、饮食习惯与生活常识、消防知识、交通秩序等多个领域。这些活动不仅拓宽了孩子们的视野，还让孩子们学到了实用的知识。同时也让家长们在互动中提升了教育能力，形成了家校共育的良好氛围。通过"当老师"的体验，家长们不仅了解了其他孩子的特点，还亲身感受了专业教师的教学方法，并学习了其他家长的育儿经验。家长们深刻体会到教育子女不仅仅是提供衣食，而应更具有针对性和实效性，应从孩子的兴趣、能力出发进行培养。

附：
"爸爸妈妈当老师"活动调查问卷分析报告

众所周知，家庭教育是学校教育的基础，孩子的成长不仅与学校教育有关，更与家长教育有着不可分割的联系。家长是教师工作的同盟军，在家长的支持与配合下，学校教育与管理能更好地提升教育效果、实现管理目标。

一、背景调查

伟大的教育家陈鹤琴先生曾经说过："学校教育是一件很复杂的事情，不是家庭单方面可以胜任的，也不是学校单方面可以胜任的，必定要两方面共同合作方能取得充分的功效。"一直以来，为了加强家校合作，促进家校和谐沟通，我们尝试了多种家校沟通方式。从2019年开始，我们尝试开展"爸爸妈妈当老师"活动，组织家长进入孩子的课堂，让家长们零距离了解孩子在学校里的生活与学习。同时，通过交流，老师们也可以了解孩子在家中的表现。"爸爸妈妈当老师"活动大大促进了家校之间的沟通与交流。下面，我针对"爸爸妈妈当老师"活动对孩子的影响进行分析与研究。

二、调查目的

(一)加强学校、教师、家长之间的沟通

家长走进课堂，了解教学改革方向，观摩孩子的学习情况，以便更好地配合学校教育。

(二)传播新课程理念

利用"爸爸妈妈当老师"活动，传播新课程理念，展示师生风采，展示学校办学成果。

（三）促进家长参与学校管理

吸纳家长的合理化建议，进一步改进学校教学管理，提高学校教学质量和管理水平。

三、调查程序

（一）设计调查问卷，明确调查方向和内容

（二）针对不同年级、不同班级的家长进行问卷调查

（三）统计汇总问卷调查数据

四、问卷设计

问卷调查分为家长问卷调查和学生问卷调查。

五、调查结果及分析

（一）家长问卷调查分析

共有1212人次参与问卷调查，收回问卷1212份，问卷回收率100%，根据调查问卷数据统计，分析如下。

1. 家长的基本情况

家长情况统计显示，有效填写人次为1212人次，其中女性891人次，男性321人次（图6-1）。从家长性别可以看出，妈妈的参与比例明显高于爸爸，说明妈妈参与学校教育的比例更高。

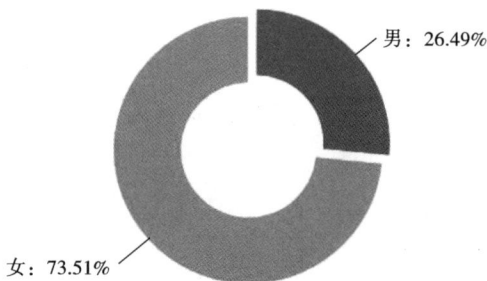

图6-1　参与调查家长的性别

2. 孩子所在年级分布差异

从孩子所在的年级分布图可以看出，一年级和二年级所占的比例最高，分别为23.26%和36.14%，合计占比超过50%（图6-2）。这说明由于年龄，低年级孩子的自主学习能力还较差，家长在这个阶段对孩子的学习教育参与度最

大。随着年级的增长，孩子逐渐具备主观判断力和自主学习能力，家长的辅助相对减少。

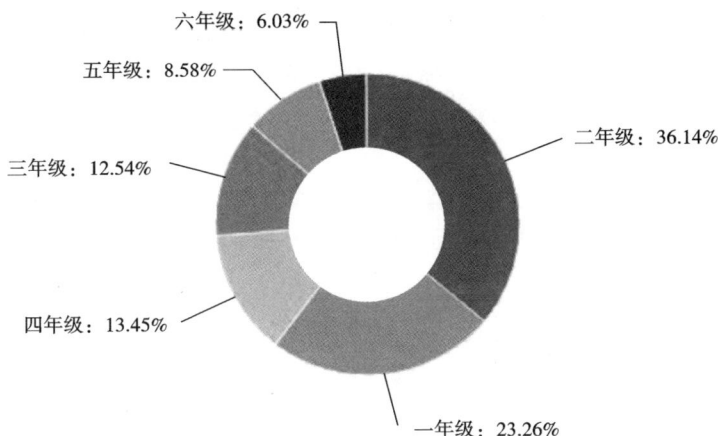

六年级：6.03%
五年级：8.58%
三年级：12.54%
四年级：13.45%
二年级：36.14%
一年级：23.26%

图 6-2　参与调查孩子所在的年级

3. 家长职业

家长的职业统计中，公司职员和个体户的占比最高（图 6-3）。公司职员多数有较好的文化教育背景，因此较重视孩子的学习；而个体户作为我国的主要经济基础，数量较多，但是由于工作性质，往往较忙，容易忽略孩子教育，这个比例较高，不容忽视。

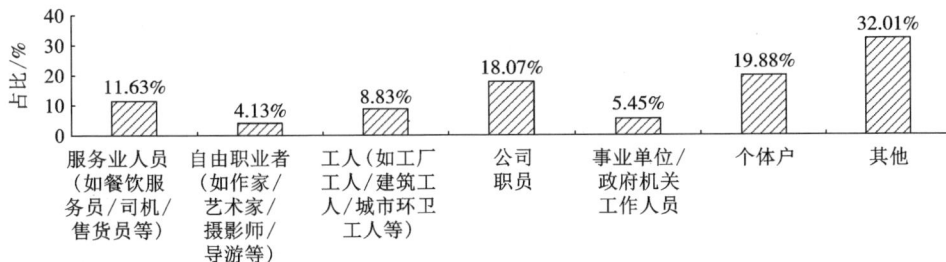

图 6-3　家长的职业

4. 家长学历背景

家长学历中，高中/职高/中专学历的家长占比最多，主要的从业方向为个体户或自主创业，占比 38.86%；大专及以上学历的家长累计占比 27.64%；初中及以下学历的家长累计占比33.5%（图6-4）。这说明大多数的家长有一定的学历基础，对孩子的教育有一定的认知。

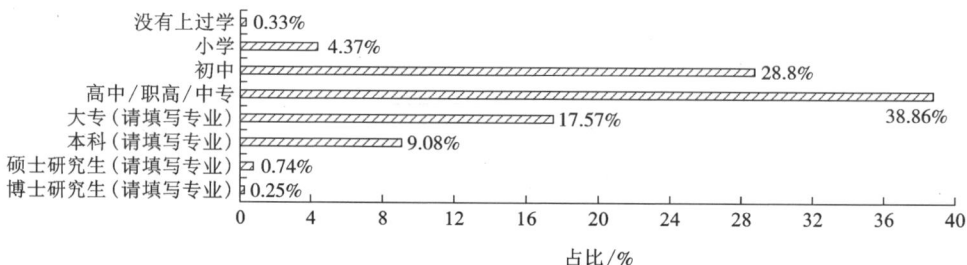

图6-4　家长学历统计

5."爸爸妈妈当老师"活动的支持度

84.66%的家长认为"爸爸妈妈当老师"活动有必要，只有1.32%的家长觉得根本没必要组织此类活动，绝大多数的家长还是对活动表示支持（图6-5）。

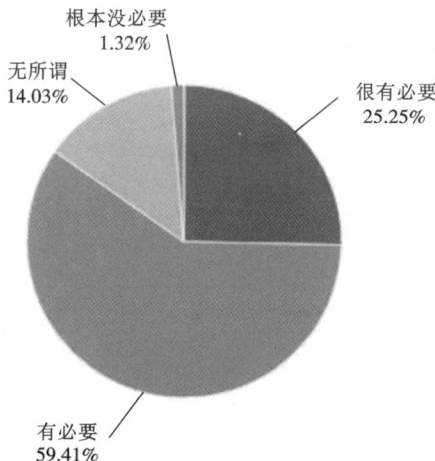

图6-5　活动的支持度

6.活动由谁发起

对于"爸爸妈妈当老师"活动由谁发起的问题，45.38%的家长希望活动可以由教师牵头，主动召集家长参加；44.47%的家长认为教师和家长应该保持合作互动的关系；只有10.15%的家长会主动牵头（图6-6）。因此，如果活动举行，由教师牵头、家长配合的合作模式应该是最受欢迎且有效的合作方式。

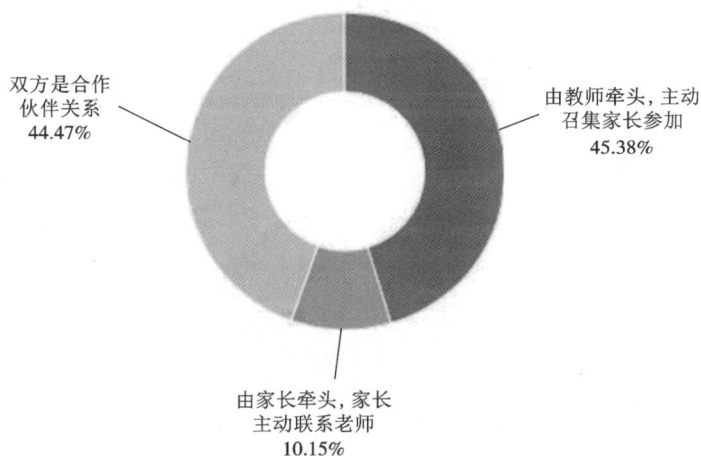

图 6-6　活动发起人

7. 希望举办活动的频率

38.94% 的家长认为，平均每个月举办一次活动的频率是最合适的（图6-7）。因为如果活动频率太频繁，教师、家长和学生会疲于应付，导致活动有效性和质量大打折扣。如果活动频率间隔时间过长，则会疏忽和错过学生成长的最佳阶段，活动的意义也会大打折扣。

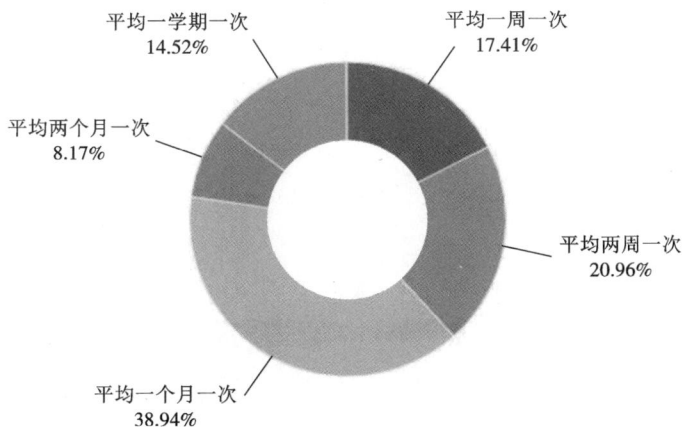

图 6-7　活动频率

8. 家长参加此类活动的次数

69.39%的家长没有参加过"爸爸妈妈当老师"活动(图6-8),这说明活动的普及程度还不够,家长对活动的认识也有待加强。

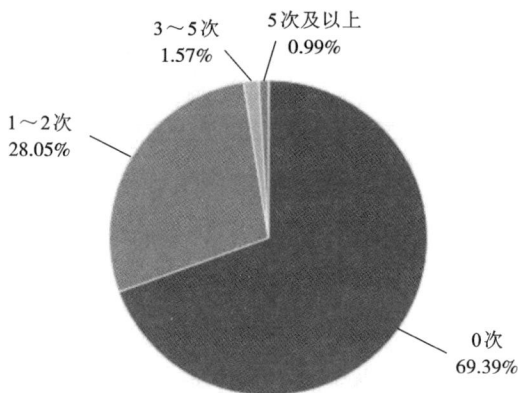

图 6-8　家长参加活动的次数

9. 家长参加活动的原因

家长参加活动的原因比较相似,大体上代表了学校、家长和学生的活动初衷(图6-9)。学校希望家长能参与到孩子的教学中,家长则希望通过活动让孩子们拓展更多的课外知识,而孩子们则希望家长能参与自己的学习生活,并与家长分享活动的喜悦。

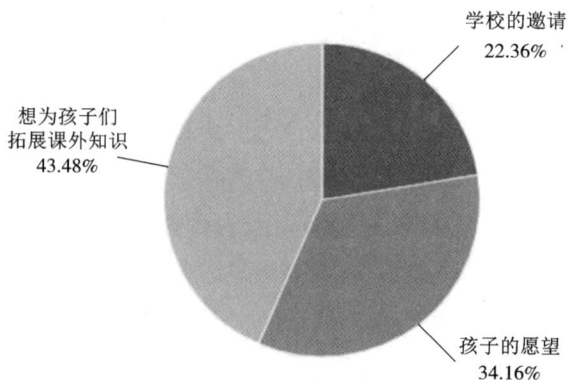

图 6-9　家长参加活动的原因

10. "爸爸妈妈当老师"适合开展的活动

统计数据显示，家长最关心孩子的安全常识教育，其次是卫生知识（图6-10）。随着科技和网络的普及，孩子们在校外接触的信息量大幅增加，内容良莠不齐。不良饮食习惯、缺乏锻炼和学习压力等因素，导致孩子生理和心理过早成熟，出现"小大人"现象。因此，涵盖生理和心理卫生的知识培训成为家长关注的重点教育活动之一。

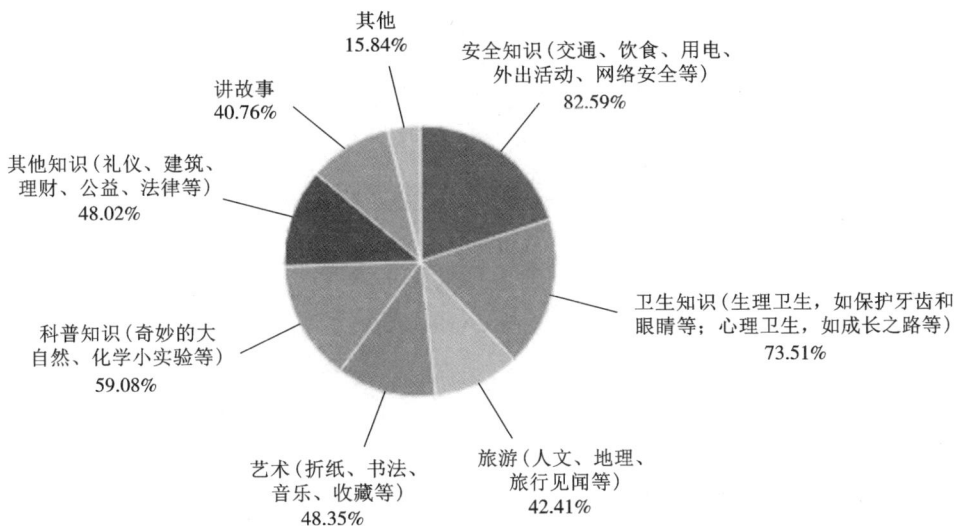

图6-10　"爸爸妈妈当老师"适合开展的活动

11. 更倾向于哪种形式的活动

"爸爸妈妈当老师"活动的初衷是将学校教育和家庭教育有机地结合到一起（图6-11），因此，只有让教师、学生和家长三方形成良性互动，深入了解彼此的生活、学习、教学习惯，才能消除隔阂，在孩子日后成长中遇到矛盾时能够迅速达成共识，形成有效的解决方案，最终让孩子受益。

12. "爸爸妈妈当老师"活动对家长的积极影响

参加完活动，家长觉得影响最大的就是亲子关系的改变和家校关系的改变（图6-12）。家长了解孩子的在校生活状态，了解教师的工作内容，对家校合作的推动起到了较好的作用。

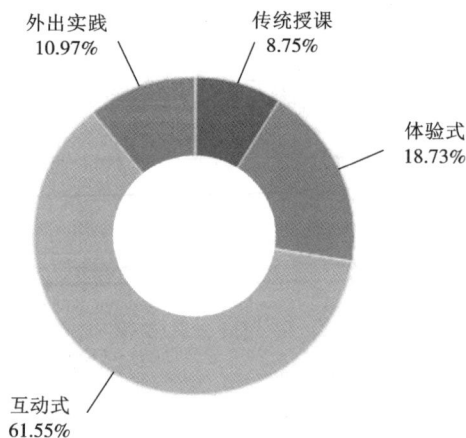

图 6-11　更倾向的活动形式

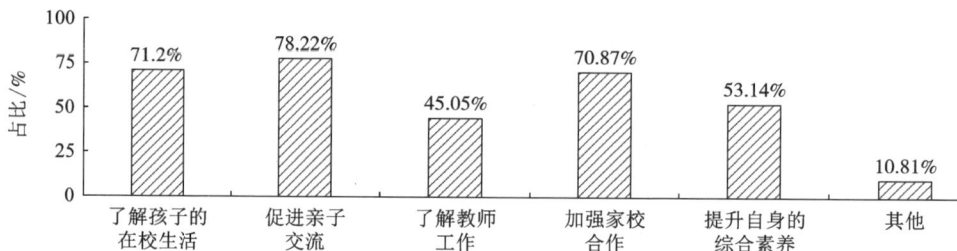

图 6-12　"爸爸妈妈当老师"活动对家长的积极影响

13. 活动对孩子的积极影响

通过活动的举办，我们发现孩子是活动的最大受益者，活动对孩子产生了很多积极的影响(图 6-13)。首先是课外知识得到了拓展，其次是激发了学习兴趣，最后是促进了亲子交流。

14. "爸爸妈妈当老师"活动实施效果反馈

77.48%的参与者认为活动效果特别好，活动有趣，孩子学到了很多知识；20.79%的参与者认为活动效果一般；只有很少比例的人员认为活动没有什么效果，占比 1.73%(图 6-14)。

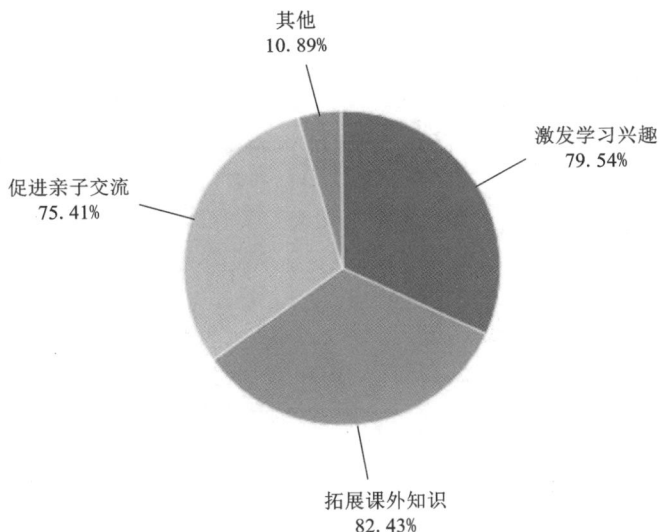

图 6-13　活动对孩子的积极影响

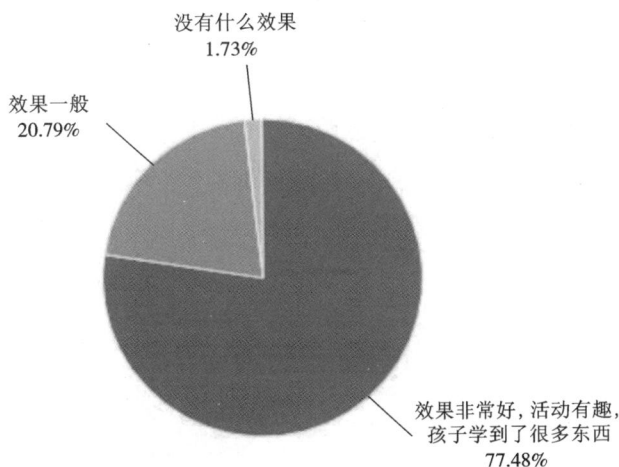

图 6-14　"爸爸妈妈当老师"活动实施效果反馈

15. 影响家长参加"爸爸妈妈当老师"活动的客观因素

影响家长参加活动的最主要原因是家长工作繁忙，难以抽出时间，这也是最重要的客观原因（图 6-15）。但是，多数家长还是渴望参与活动的，也表示会积极协调自己的时间，参与到学校活动中来。

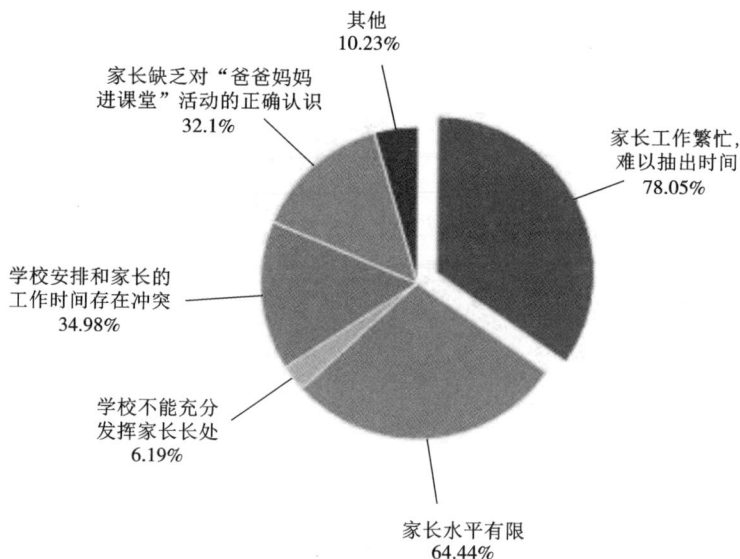

图 6-15　影响家长参加"爸爸妈妈当老师"活动的客观因素

16. 影响家长参加"爸爸妈妈当老师"活动的主观因素

由于家长学历不一、工作时间限制、对教学认知的理解偏差等，家长在参加活动时担心自己讲课讲得不好，从而影响了他们参与活动的积极性(图 6-16)。

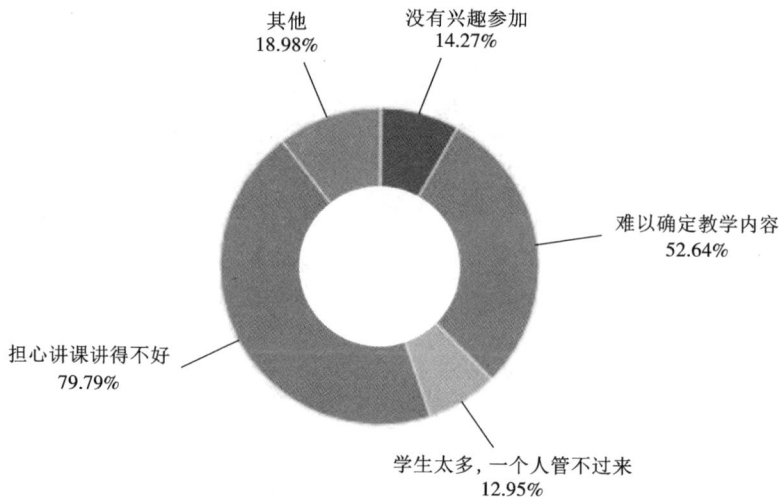

图 6-16　影响家长参加"爸爸妈妈当老师"活动的主观因素

17. 一个家庭中，几个人参加"爸爸妈妈当老师"活动最合适

62.46%的统计数据显示，两个人参加活动的效果最好，即一个家长和孩子的配合比例(图6-17)。

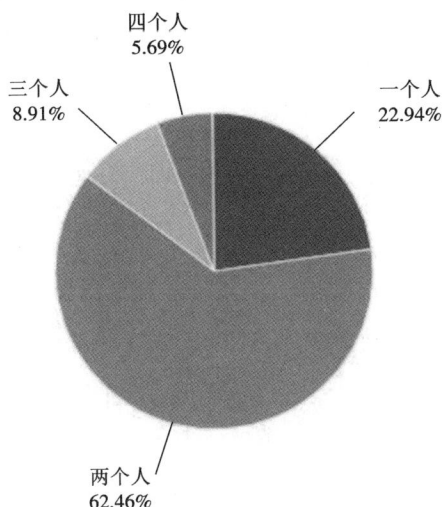

图6-17　一个家庭中几个人参加"爸爸妈妈当老师"活动最合适

18. "爸爸妈妈当老师"活动需要教师提供哪些帮助

由于"爸爸妈妈当老师"活动是以学校为主导的活动，且教师组织教学的经验丰富，因此，多数家长希望老师能够帮助组织教学活动、选取教学素材，并提供一定的设备支持(图6-18)。

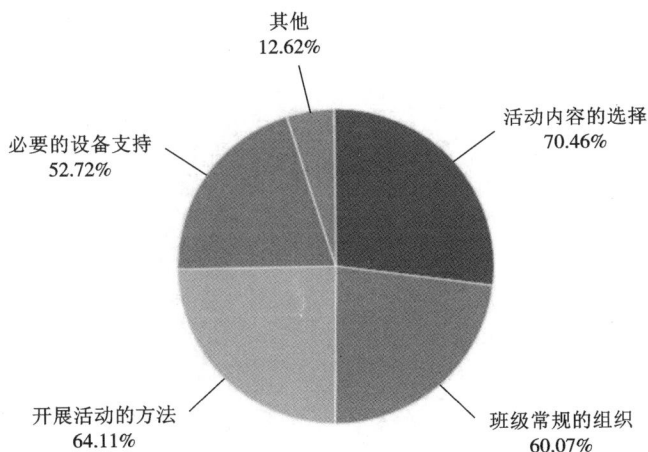

图6-18　"爸爸妈妈当老师"活动需要教师提供哪些帮助

（二）学生问卷调查分析

参与调查问卷的学生为 1299 人，收回问卷 1299 份，调查回收率为 100%。

1. 参加问卷男女生比例

参与问卷的女生比例为 51.12%，男生比例为 48.88%（图 6-19），男女生比例基本均衡，女生比男生略高 2.24%。

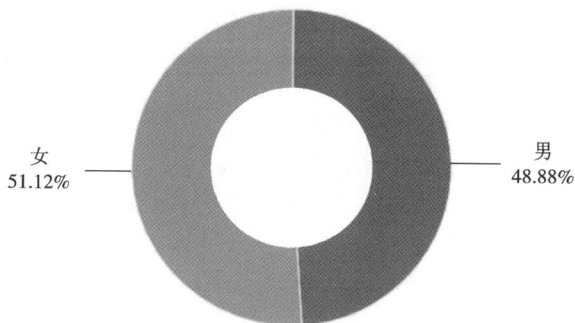

图 6-19 参与调研男女生比例

2. 学生所在年级统计

参与统计的学生中，一年级学生的比例为 23.63%，二年级学生比例为 33.18%，低年级学生人数合计为 56.81%（图 6-20）。从数据中可以看出，低年级学生参与活动的比例较高，这也说明了低年级孩子刚进入学校，自主学习能力相对较弱，更需要家长和教师在生活和学习上给予关注。

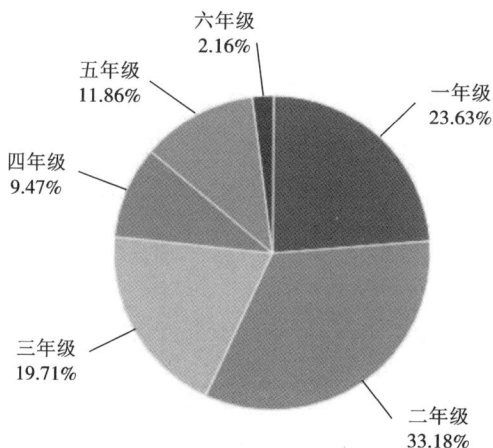

图 6-20 学生所在年级统计

3. 学生所在班级

略

4. 喜欢"爸爸妈妈当老师"活动吗

95.84%的学生表示喜欢和非常喜欢"爸爸妈妈当老师"活动(图6-21),这也充分表明了活动的可行性和必要性。

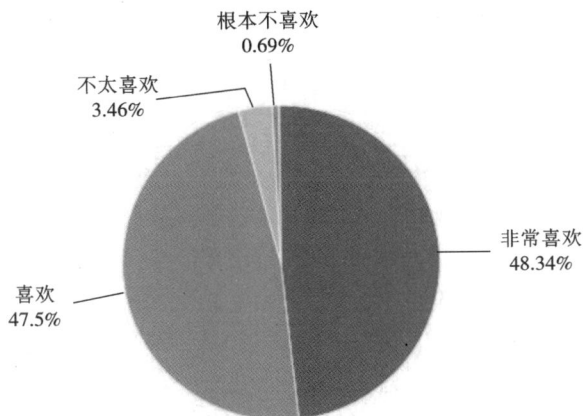

图6-21　喜欢"爸爸妈妈当老师"活动吗?

5. 希望自己的父母参加"爸爸妈妈当老师"活动吗

91.61%的孩子希望和非常希望父母参加活动(图6-22),因为父母平时工作忙,与孩子互动的时间少,孩子也渴望与父母分享校园中的学习和生活。

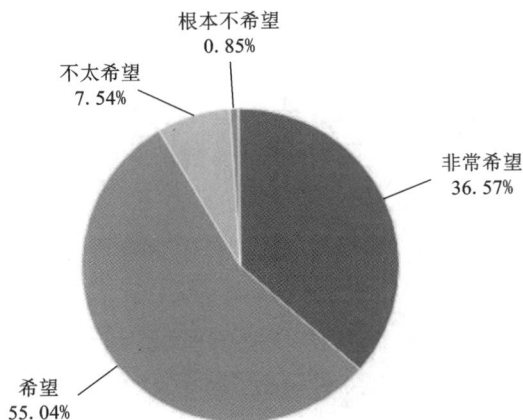

图6-22　希望自己的父母参加"爸爸妈妈当老师"活动吗?

6. 家长一共参加过几次"爸爸妈妈当老师"活动

与对家长的调研结果相同，大多数家长从未参加过"爸爸妈妈当老师"活动（图6-23）。这一方面说明活动的普及度不高，另一方面也说明由于工作繁忙或教学理解差异，家长不能够积极地响应学校活动。这提示我们，后期需要学校为主导，孩子、教师、家长三方进行充分的沟通协调。

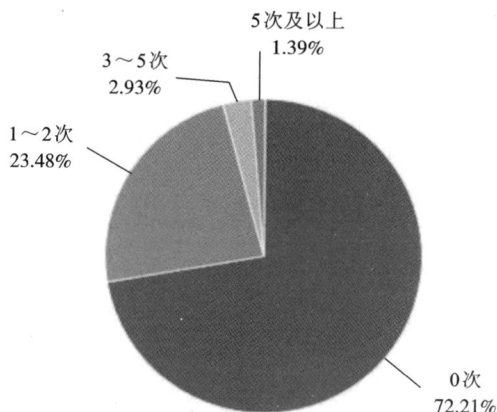

5次及以上
1.39%

3～5次
2.93%

1～2次
23.48%

0次
72.21%

图6-23　家长一共参加过几次"爸爸妈妈当老师"活动?

7. 参加活动你会认真听讲并积极发言吗

71.98%的学生表示会认真听讲并积极发言（图6-24），这说明孩子对活动还是积极响应的。

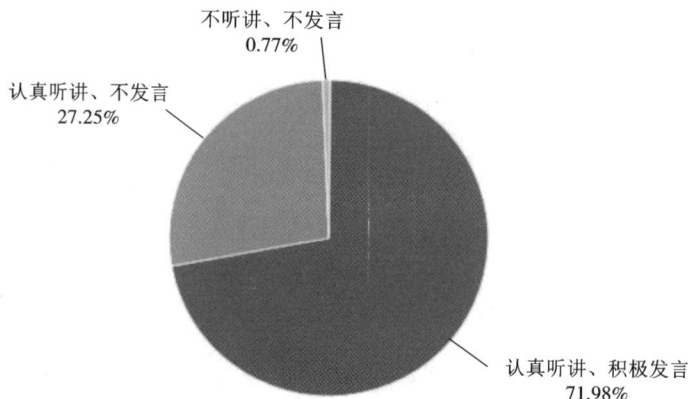

不听讲、不发言
0.77%

认真听讲、不发言
27.25%

认真听讲、积极发言
71.98%

图6-24　参加活动你会认真听讲并积极发言吗?

8. 家长在讲课前会征求你们的意见吗

从这个问题的统计结果来看，在活动中家长仍然占据了主导地位，活动前与孩子的沟通较少（图6-25）。这个问题需要得到适当的改善。家长应更多征求孩子的学习意见和想法，了解孩子更关注的学习话题和生活诉求。只有经过课前的充分沟通，使孩子对课程产生兴趣，才能让"爸爸妈妈当老师"活动有更好的参与度，避免活动流于形式。

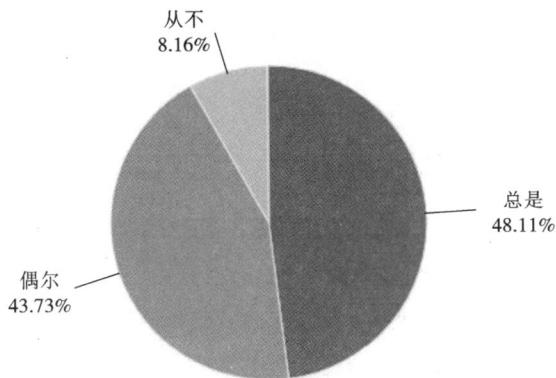

图6-25 家长在讲课前会征求你们的意见吗？

9. 你最喜欢的家长上课方式

学生最喜欢的上课方式是和爸爸妈妈共同参与，一起互动（图6-26），这说明他们渴望亲身体验、亲子交流。

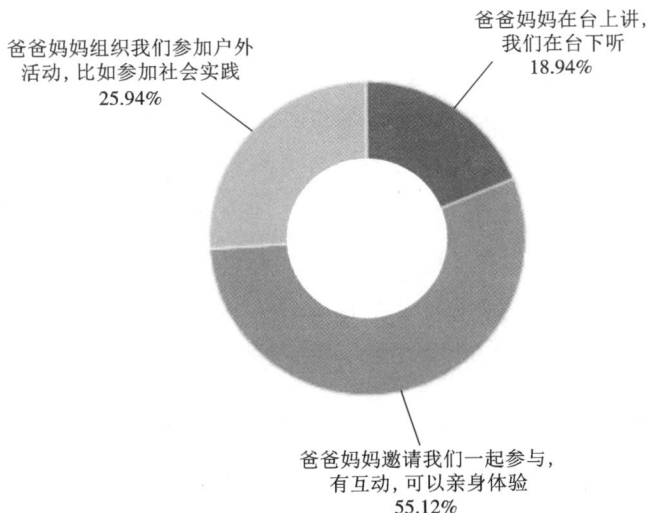

图6-26 最喜欢的家长上课方式

10. 你喜欢"爸爸妈妈当老师"的哪些内容

排名前两位的活动内容分别为安全知识和科普知识(图6-27),这两个活动也是学生和家长都比较关心的问题,是经过了双方的充分沟通的。

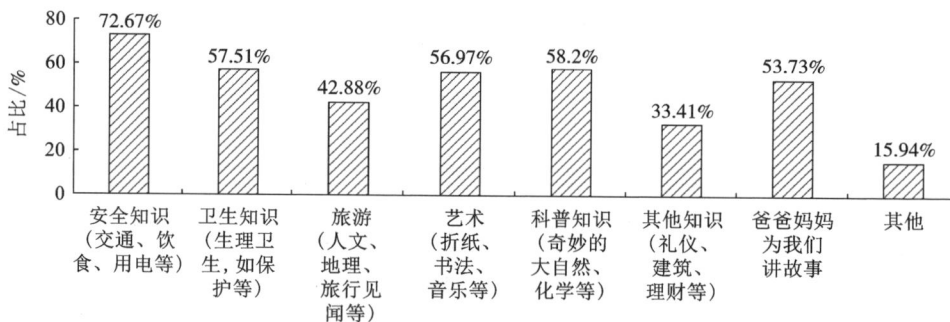

图6-27 喜欢"爸爸妈妈当老师"的哪些内容

六、结论

家长走进课堂进行助教,这是一种新型教育模式,这种教育方式不但是学校的需要,也是孩子们的需要,更是社会的需要。

第一,这种教育模式能增强老师与家长之间的沟通,让家长和老师更加了解学生,从而进行更加有效的教学,更有针对性地保护学生个性,因材施教,使教育更有意义、更有效率。

第二,家长走进课堂给学生上课,就像为学生打开了一扇了解外面世界的窗,开阔了学生的视野,增长了学生的见识,让学生对社会和社会人有了一个初步的认识和接触。

第三,这种新型、活跃的课堂容易激发学生兴趣,使他们愿意在家长面前积极表现,从而提高他们学习的积极性和主动性,同时课堂教学效率和教育质量也得到了提高。

第四,每一个家长本身就是丰富的教育资源,我们利用这种教学方式,挖掘了家长身上的潜力,让学生重新认识了家长,且从家长身上学到了丰富的知识,学习到了做人、处事的方式方法,从而提高了学生的综合素质。因此,家长进课堂的实践教学,对教育和教学、家长和孩子、老师和学生都是双赢的事,更是有意义的事。

作者简介:张聪(1984年8月出生),女,汉族,湖南株洲人,主要从事语文教学和班主任工作。

案例 3　亲子共读："汤圆妈妈读书俱乐部"

一、播撒阅读种子：让"爱阅读　爱生活"生根发芽

2013 年 11 月 4 日，"汤圆妈妈读书俱乐部"正式成立，至今已走过 12 个春秋。作为创始人，笔者(即汤圆妈妈)始终秉持"阅读，看见更大的世界"这一核心理念，致力于培养儿童阅读兴趣，并为家长和教师提供专业的阅读指导示范。

俱乐部以亲子共读为特色，通过家庭阅读时光、图书漂流日记等形式，让阅读成为联结亲子情感的纽带。俱乐部倡导孩子不仅要读"有字的书"，还要读生活这本"无字的书"。每年暑假，俱乐部会开展"萌眼看世界"亲子研学活动，鼓励家长与孩子走进自然与社会的大课堂。新学期伊始，孩子们带着旅途见闻重返校园，在分享中深化体验，让研学成为生活教育的重要载体。

十二年来，俱乐部不断创新实践，推动阅读从课堂延伸到家庭，从书本拓展到生活，陪伴无数孩子在阅读中看到一个更大的世界。

二、培育阅读新芽：共建成长型"阅读共同体"

一颗种子的萌芽，需要适宜的土壤、温度和湿度。随着俱乐部活动的常态化开展，小会员的规模不断扩大，一个构建"阅读共同体"的想法在汤圆妈妈心中悄然萌发。"汤圆妈妈读书俱乐部"突破传统俱乐部的筛选机制，采取零门槛入会制。学生只需自愿报名，填写申请表即可成为会员。如此开放包容的形式，让阅读的种子在更多学生的心田生根。

三、滋养阅读枝叶：用温暖陪伴浇灌成长之树

(一)汤圆妈妈讲故事

儿童的阅读并非始于独立阅读，而是从听读、从父母的声音中开始的。然而，孩子们的家庭阅读背景各不相同，有的孩子已拥有丰富的亲子共读体验，有的则尚未开启阅读之门。为了弥合这种差异，每天下午的课前十分钟，汤圆

妈妈都会通过广播为全校师生朗读经典儿童作品。为什么汤圆妈妈讲故事时可以发出那么多奇怪的声音？有时粗、有时细；有时温柔、有时凶狠；有时还会像小猪小羊一样"哼哼、咩咩"、像大鸟老虎一样"噢噢、嗷嗷"……这些是孩子们心中最疑惑不解的"大"问题。午后的故事时光也就成了孩子们每天最期待的时刻。

（二）打造"流动图书馆"

2021年4月至今，读书俱乐部启动了湖南省首届基础教育教学改革一般项目"五大理念视域下小学'流动图书馆'建设的实践研究"及株洲市教育科学"十四五"规划课题"小学校园绘本巴士建设的行动研究"。项目组以"汤圆妈妈漂流书包"和"汤圆妈妈绘本巴士"为实践载体，探索了小学阅读推广的新模式，取得了显著成效，为构建书香社会奠定了坚实基础。

1. 创建阅读新样态，践行创新理念

"流动图书馆"以创新理念为核心，通过"漂流书包"和"绘本巴士"创设了优质阅读的"五大条件"，即让学生有时间读、有好书读、有成人导读、有氛围读、有地方读，构建了学生课外阅读的新样态。

漂流书包：依托学校图书馆馆藏书籍与学生自购图书，根据学生的年龄特征与阅读需求分类装包，以班级和年级为单位流动，确保学生随时有好书可读，并促进阅读资源的共享。

绘本巴士：通过教师带动学生、学生影响学生的方式，营造共同阅读的氛围，丰富学生的阅读体验，促进低年级学生阅读习惯的养成。

2. 优化学习方式，体现协调理念

"流动图书馆"通过"漂流书包"和"绘本巴士"活动，号召家长参与、影响社区，拓展了阅读人群。学校与家庭、社区形成合力，构建"三位一体"协同育人网络，共同推动了阅读活动的有序开展。

3. 推动绿色阅读，倡导可持续发展

"流动图书馆"项目践行绿色理念，通过书籍的循环利用与资源共享，减少资源浪费，体现了可持续发展的教育理念。"漂流书包"和"绘本巴士"让书籍流动共享，最大化利用书籍价值，培养了学生的环保意识与节约习惯。

4.开放合作,拓展阅读边界

在开放理念的指导下,"流动图书馆"打破了学科壁垒,通过其他学科专任教师的参与,精选优质图书,构建了全学科阅读书目。教师组织跨学科阅读活动,引导学生深度阅读,为跨学科学习找到了突破点,提升了学生的综合素养,促进了学科间的融合与互动。

5.共享资源,实现教育公平

"流动图书馆"以共享理念为指导,通过书籍的流动与资源的共享,打破了传统图书馆的空间限制,让更多学生,尤其是农村留守儿童和流动儿童家庭享受优质的阅读资源,体现了教育资源公平分配的理念,为构建书香社会提供了有效途径。

四、收获阅读硕果:见证书香浸润的生命绽放

汤圆妈妈读书俱乐部通过开发全学科阅读书目,构建以"漂流书包""绘本巴士"为载体的双流动模式,探索了建设书香家庭、书香社区、书香城市的可行路径。"流动图书馆"累计流通书籍2500余册,吸引900余名学生参与,形成500本漂流日记。评选出"阅读小达人"268名、"书香班级"36个、"书香家庭"189个,学生年均阅读量与阅读素养显著提升。同步深化校家社协同,举办"阅读之夜"等大型活动50余场,推动亲子阅读常态化,激活家庭阅读生态。

2023年9月,《"汤圆妈妈漂流书包"阅读推广组织形式创新》获评湖南省首届基础教育创新案例。2024年12月,"漂流书包"升级为省级教育扶贫项目,在邵阳县、安仁县两地8800余名中小学生中试点实施。

案例4 亲子互动:爸爸妈妈和孩子同成长

小故事1:新学期的面具狂欢开学季

2019年9月,学校的面具狂欢开学季,成为多家媒体的头版头条。其中最引人注目的是一个小女孩的故事。开学前一天,她在爸爸的建议下制作了一个简易面具,但她自己并不满意。于是,开学当天凌晨5点,她拆掉了一个旧布

娃娃，找到一些废旧塑料片，在爸爸的帮助下制作出了一个独一无二的老虎面具。爸爸感慨道："没想到女儿这么心灵手巧，这么有干劲……"女儿开心地说："没想到爸爸也能起早床陪我做面具，我一辈子都忘不了……"最令人动容的是，小女孩是建档立卡的贫困生，但父女俩并未被经济条件困住，他们用彼此的陪伴与支持，圆满完成了这个爱意满满、赞誉最多的作品！

此外，六一儿童节"父母的童年 我的童年"时光追忆活动，也吸引了众多家长参与。很多家庭翻箱倒柜、踊跃参加，一张张精心挑选的童年照片，传递的都是满满的爱与感动。

小故事 2：读万卷书，行万里路——亲子研学活动

一个人不仅要读有字的书，更要阅读"生活"这本无字的书。亲子研学作为时下最热门的一种亲子活动方式，将户外课堂与旅行相结合，有利于促进孩子的身心健康发展，让孩子的天性得到解放；开阔孩子的视野，激发孩子的内在潜能；增进家长和孩子之间的情感交流，让亲子关系更融洽……

让我们带着孩子去"读万卷书，行万里路"吧！

清凉一夏 冰雪之旅
1706 宋宏乐

听说今年的夏天是这些年以来最热的，爸爸妈妈说带我们出去凉快两天。收拾好行李，就这样叫上朋友，两个家庭一起踏上了旅程。

我们来到了浏阳大围山，这座与世隔绝的美丽大山中。晚上 11 点左右，我们两辆车来到了山脚下，准备上山。在上山途中，我看到了我所见过最美的天空。我抬头向天空望去，天上有着一颗、两颗、三颗……数不完的星星。看着眼前这片星辰大海，我顿时惊叹不已。

第二天，我们整理好行装，舒舒服服地来到了大围山漂流风景区。没错，我们来漂流了！看着那流速极快的清凉小溪，就不禁感到刺激和清凉。来到小溪上游，坐在皮划艇上，吹着凉风，感受着山泉水带来的凉意，别提有多舒服了。

漂流开始了，皮划艇"争先恐后"地流入了溪流之间，而这时，真正的"凉"才刚刚开始。越往中间流，感觉越凉快。突然，我们看到两艘船正在互相打水仗，我这才知道，现在开始要打水仗了。

来到溪流中间，大家都在你泼我、我泼你，别提有多开心、多快乐了。大家从开头泼到最后。中间我还经历了两个落差点，第一次和最后一次落差都是3米，而第二次落差高达6米。在滑梯上滑了一段后直接掉入了湍急的溪流，别提有多刺激了。经过一个桥洞后，漂流就正式结束了。

虽然漂流的时候很凉快，但还是解不了热。妈妈提议："宏乐，你想不想试试滑雪?"于是，我们愉快地决定了第三天的行程。

第三天，我们到达了赤马湖滑雪场。来到一楼，这里装备齐全，可以租赁。爸爸给我穿上了毛茸茸的棉袄、袜子，戴上了厚厚的手套，把我包裹了起来，妈妈说我"胖"得像一只小企鹅。

来到雪场，爸爸告诉我滑雪的关键技巧，那就是膝盖弯曲，往下冲刺。玩了一轮又一轮，不知不觉间，时间到了。走之前还拍了好多张照片，别提我当时有多么开心了。

这三天里，我和爸爸妈妈在大山里看到了星辰大海，和朋友在山泉水中漂流打水仗，在40摄氏度的天气里穿着棉袄滑雪，真是难忘又快乐的旅行呀! 浏阳的三天清凉一夏、冰雪之旅就这样画上了圆满的句号。

案例5　亲师互动：携手成就更好的孩子

良好且有效的家校交流是实现家校共育这一目标的关键路径。通过双向沟通，学校教育和家庭教育得以有机衔接，构建起整体、融通的育人生态系统。为达成这一目标，家校双方需要在交流内容、交流策略和交流方式上不断优化与创新，为学生成长提供全方位的支持。

一、交流内容：聚焦学生的成长与进步

家校交流的核心应围绕学生的成长展开，而不仅仅是在学生出现问题时才与家长联系。如果教师经常性"报忧不报喜"，家长就会产生躲避或对立的不良情绪。正确的做法是，教师主动向家长反馈学生的正面行为和学业进步，例如学生在课堂上积极发言，在团队合作中表现优秀。这种正向的沟通不仅能增强家长对学校的信任，帮助家长更好地参与到孩子的教育过程，还能激励学生保持良好言行，形成家校协同育人的良性循环。当然，面对学生长期存在的问

题,教师给予家长的提醒和建言也是不可或缺的。

二、交流技巧:提升教师的专业沟通能力

有效的家校交流离不开教师的沟通技巧。"凿石教师问卷星"的调查数据显示,青年教师群体在沟通方面普遍存在信心不足、能力不强的短板,个别青年教师在面对家长时甚至出现"发憷、畏难"的心态,亟需系统的技能培训。为此,学校应将"提升沟通能力"纳入年度校本培训计划,通过专题讲座、学习沙龙、情景模拟等形式,帮助教师掌握与家长沟通的艺术。

在具体的交流细节上,教师也需注意以下几点:

(1)文字表达要清晰:在微信或 QQ 交流中,尽量使用文字而非语音,文字内容应字字斟酌,经得起推敲。清晰的文字表达不仅能避免误解,还能体现教师的专业素养。

(2)表情符号需巧用:谨慎使用感叹号。通知类信息的目的是传达信息,而不是表达强烈的情绪,因此应尽量少用感叹号。使用平和的语气和恰当的标点符号,可以让通知更容易被接受和理解。当然,喜事好事可以大胆使用感叹号。

(3)语气态度宜亲和:在与家长沟通时,教师应保持温和、耐心的态度,避免使用过于严厉或批评的语言。通过积极的语气,教师能够更好地与家长建立信任关系。

这些细节虽小,却能显著影响沟通的效果,帮助教师与家长建立更加和谐的关系。

三、交流方式:构建多元化的沟通渠道

家校交流的形式应多样化,以满足不同家长的需求。以下是几种常见的沟通方式:

(一)各级各类家长会

(1)新生家长会:新生家长会是学校和家长的初次正式见面,因此是每个学年最先召开的也是最重要的会议。校长应尽可能面对面地与新生家长们交流,介绍学校的办学理念、培养目标和办学特色,让家长对学校有深入的了解和接纳,同时帮助家长更好地了解孩子成长的新环境。如果场地有限,可以将

会议地点移至运动场，或分批次召开。总之，校长应通过真诚的沟通，赢得新生家长们的支持与信任。

（2）年级与班级家长会：针对不同年级和班级的特点，学校应开展形式多样的家长会，帮助家长掌握学生的习惯养成、学科基础、心理发展和在校人际关系等，促进教育理念互通，让彼此成为教育伙伴。低年级家长会主要聚焦生活和学习习惯养成，中高年级则侧重学习方法与心理健康等。

（3）特殊群体家长会：针对特定学生群体，如潜能生、毕业生、建档立卡贫困生，学校要深入分析与讨论，努力提供更有针对性的指导与支持。潜能生家长会着重于发掘与培养学生的潜力，夯实文化基础；毕业生家长会聚焦小升初规划、心理调适、青春期等问题；建档立卡贫困生家长会重点了解学生存在哪些学习和生活上的困难，以及如何帮助他们尽快解决这些困难。总之要为不同的学生量体裁衣，找到适合他们自己发展的赛道。

（4）各级家委会会议（校级、年级和班级）：家委会不仅是家校沟通的桥梁，更是家长参与学校管理的重要渠道，因此各级家委会会议是家校共育的核心平台。学校需定期召开各级家委会会议，传达教育理念，宣传办学亮点。同时鼓励家长及时反馈意见，提出建议，在家校共育的大道上双向奔赴。原则上，校级家委会聚焦学校整体规划与发展方向；年级家委会则侧重于监督和参与阶段性教育目标的实现；班级家委会则是与科任老师面对面，更倾向于与各科任课老师直接交流，针对全班学习情况、学生表现等问题进行深入探讨，以便更有效地促进学生的个性化成长。

（5）一对一交流：传统的群体性家长会虽能实现信息的广泛传递，但难以满足学生个性化发展的需求。相比之下，教师通过电话、微信、QQ等渠道与家长开展一对一沟通，能够更加深入地了解学生的个体情况，并据此提供个性化指导。值得注意的是，一对一沟通需要教师具备良好的沟通技巧和专业素养。同时，教师还需尊重家长的意见，以平等、开放的态度开展对话，避免单向说教。

（二）家访

尽管现代通信技术日益发达，家访依然具有不可替代的作用。因为家访能够帮助教师真正了解学生的成长环境和家庭教养方式，了解家长的需求和想法，沟通与家长的情感，从中寻找教育伙伴，同时向学生和家长传达关爱与重视。例如,在家访过程中,教师可以观察到学生的家庭氛围、学习环境等,从而更有针对性地调整教育策略。

在家校协同育人过程中,学校和家长应始终以学生的成长为核心要义,通过平等真诚的沟通与协作,共同构筑一个支持学生全面发展、健康成长的育人生态。

案例6 家长志愿者:爸爸妈妈都是志愿者

美国爱普斯坦教授认为,志愿者是指任何时间、任何地点支持学校教学和学生活动的任何人,他们参与的活动不限于学习日在校内进行的计划和活动,还包括他们观看学生活动、体育比赛和表演。但我们认为,将观看学生活动、体育比赛或表演归属于"当好家长"这个类型可能更适合。因此,我们界定家长志愿者为:在任何时间、任何地点支持学校教学和学生活动的任何人。在我们学校,关于志愿者的理念是"人人都是志愿者,人人都是受益者"。

志愿服务一般分为安全类、环境类、课程学习类和活动类。

1. 安全类

学校护学岗分为入校执勤和离校执勤。全校每个班级的家长在家委会的组织下轮流执勤,护佑全体学生的人身安全。入校执勤时,志愿者主要负责疏导交通;离校执勤志愿者则负责组织本班家长排好放学路队,做好孩子的交接,确保学生安全离校。1904班一位学生的奶奶主动定期把所有执勤马甲都带回家,洗干净。奶奶也成为一个爱心满满的志愿者。

除了交通出行安全,饮食安全也是家长关注的重点。为保证三千多名学生拥有良好的就餐环境与就餐质量,我们成立了家长膳食委员会。家长志愿者可以随时到学校食堂检查用餐环境、食品质量、口味等,并对当天抽查情况进行记录,在全校家委会群里进行反馈,让所有家长知晓并安心。

2. 环境类

我们知道,班级文化环境是重要的教育资源,因此,学校努力拓展各个渠道,促进班级文化、校园文化的建设。例如班级里的"书香列车轰隆隆",我们带领后勤部的几个老师,多次往返于建材市场,最终找到了适合的建材。原本是用于窗户的框架,我们把它当作书架来使用。每个教室花费的建材不到

160 元，全校 45 间教室一共只花费了 7200 余元。虽然尽可能节约了生均经费，但人工费还是不便宜，怎么办？我们在全校几千名家长中，征集到了 7 名木工家长。利用两个周末的时间，7 位木工家长义务为所有教室进行了安装。由此，最经济实惠、方便好用的"书香列车"诞生了。它们默默行驶在孩子们必经的路旁。颜色鲜艳、标题奇异的各类童书，不经意间牢牢吸引住了孩子们的眼神，阅读就变得像呼吸一样自然了。

3. 课程类

学校现有的课程体系架构中，课程的建设、开发和实施历来是教育行政部门、学校和教师的事，教师被认为是"教育的权威"，学生是"受教育者"，而家长常常是被忽视的"第三者"。其实，作为学生成长过程中不可或缺的养育者和见证人，家长拥有无可替代的教育权利和义务。更重要的是，家长不仅能够为学校提供物质资源和人力资源，家长本身也是珍贵的教育资源。例如在凿石小学琢玉系列校本课程中，我们引入了"爸爸妈妈当老师"课程。每月第四周的班队课，来自不同教育背景、生活环境和职业领域的家长通过自主报名、班主任审核后，就走进了各个班级的课堂。通过专项的调查问卷，我们发现 95% 的学生都明确表示：非常喜欢爸爸妈妈到学校来上课。的确如此，家长的教育资源有效地丰富了校本课程体系，拓宽了学生的视野，促进了学生综合素养的提升。当然，教师的课程资源利用意识及开发利用能力对校本课程开发起到重要作用。而随着新课程改革的深入，家长参与学校教育的价值愈来愈重要，真正民主的学校课程开发体系也离不开社区、家长和学生的参与协作。

琢玉校本课程体系中还有艺术系列的拓展课程。我们通过家长资源库，精准地找到了相关家长参与课程建设。如 1904 班容孜同学的爸爸妈妈来自湖南工业大学音乐学院，夫妻俩共同创作了抗疫歌曲《灯火》，点亮了 2020 年凿石学子宅家学习的假期生活。

4. 活动类

学校的活动丰富多彩，如学科节、"六一"儿童节、新年嘉年华等，家长通过参与学校志愿者服务，可以更全面地了解孩子在学校的生活和学习情况，从而更好地支持和指导孩子。参与学校志愿者活动可以让家长结识本班或校内其他家长和教职员工，建立社交网络，共享更多资源和信息，使孩子在学校里更加舒适和快乐。同时，通过身体力行地参与，家长由此更加了解学校的管理，理解教师的工作和困难，从而促进家校之间的沟通与合作，促进良好关系的达成。

家长志愿者除了常规的护学安全、膳食安全检查、课程参与等常规性工作外，还有专项的特色志愿工作，比如：汤圆妈妈读书俱乐部家长志愿者团。家长志愿者团大约 120 人，来自各个年级各个班级，都是热爱读书、关注孩子身心成长的爸爸妈妈。志愿者团设团长 1 名，副团长 3 名，特别助理若干名。全体家长志愿者分为 4 个小队，每个小队设队长和副队长各一名，分别负责一个学期的读书活动。2013 年至今，在家长志愿者的协助和筹划下，汤圆妈妈读书俱乐部开展了一系列丰富多彩的活动，成为一个颇具影响力的教育品牌。

案例 7　参与学校决策：做学校教育的参与者

家长参与学校管理是建立现代学校制度的重要标志。尽管目前不是所有的学校和教师接受家长直接参与学校决策，但多数教师都承认参与学校决策是家长的一项基本权利。家长真的有参与决策的能力吗？

活动举例：

在新冠肺炎防疫形势下，为了避免人员扎堆，我们需要错峰放学。学校有两千多名学生，人数众多，如何有效做好这项工作呢？开学前，学生发展部设计了放学路队图，要求学生和家长并排按学号同方向排队，但在具体操作过程中出现了拥挤耗时的现象。

正当我们为此头疼时，1807 班唐海怡的爸爸和另外几个家长分别主动设计了放学路队图，并发给了笔者和校级家委会主席。接到几位家长的设计稿后，学生部和后勤部同校级家委会成员一起，按照方案多次进行调整优化并试行。最终，一、二年级 21 个班级原本需要的 40 分钟放学时间，缩短到了 20 分钟以内，整个放学过程行云流水、一气呵成。除了对学生路队进行评比外，我们还对家长路队的要求进行了调整，鼓励家长按先来后到的顺序排队接孩子。

当然，邀请家长参与学校决策的形式和途径是多元多维的。自从学校请家长参与决策以来，家长的主体性和活力得到了有效激发。学校自上而下协调沟通，建立了家校共育日常工作的"交流反馈机制"。但总的来说，参与学校决策的比例相对于其他家校共育的方式来说是最低的。即便是在美国，家长参与的比例也不到 1%。因此，家长参与决策只是学校管理的有效补充。

案例 8　走进你的家：万名教师党员进万家

为落实市、区教育局"家校共建：百校联百区、万名党员进万家"及"幸福邻里情　教育温暖行"实施方案，进一步搭建家校师生沟通桥梁，传递教育交流的方法技巧，推进家校共育常态化机制的建立，形成学校、家庭、社会共同关注学生健康成长的育人环境，2022 年 5 月，学校党支部启动了家校社共建——"走近你"大家访活动，以党员教师、班主任及任课教师为主体，特邀社区相关工作人员参与，对学校 103 个特殊家庭进行家访。通过家访了解孩子们的家庭生活，与家长们交流孩子的在校学习生活，针对孩子的情况，老师进行针对性的家庭教育指导，推进家校共育常态化机制的建立，形成学校、家庭、社会共同关注学生健康成长的育人环境。家访后，教师定期回访，根据孩子情况及时进行指导，家长们也积极配合教育。大家访活动收效显著，获得家长们一致好评。

2021 年 9 月，学校党支部启动了"匠心琢玉"党建品牌建设，开展了党建+班主任"春风化雨"结对特殊学生帮扶活动。每个党员至少联系一个学生、一个家庭，结成"一对一"爱心帮扶对子，根据孩子的具体情况因材施教，并给予相应的家庭教育指导，精准帮扶特殊群体学生。此活动真正做到了关心爱护学生，切实解决了孩子们在学习和生活中的困难，满足了不同层次学生的学业需求，促进了学生健康发展。

案例 9　校社合作：作学校社区共建育人家园

很多国家比较注重学校与社区的互动，因为社区作为儿童成长和发展的重要微观系统，对儿童的成长和发展具有潜移默化的作用。但我国的社区发展得不是特别好，很多学校与社区也基本处于零交流的状态。

为了突破现状，我们做了很多努力，积极发掘社区资源，主动交流。例如我们发现学校附近社区内有一个民间文化组织——湖湘文化志愿者协会，常年致力于凿石浦文化的研究与传承。于是通过这个协会，我们找到了学校很多珍贵的历史资料。例如中国南方唯一保存最完整的村级志《凿石浦志》，1928年的学校购物凭证、一百多年前的"校"字石碑、公元769年诗圣杜甫在此地留下的《宿凿石浦》《早行》等。2019年4月，我们还特地邀请了湖湘文化志愿者协会的核心成员召开凿石小学办学历史研讨会，会上大家对学校的办学沿革进行了较系统的梳理。2018年株洲市政府决定在原址上兴建《杜甫草堂》，开工仪式上笔者闻讯赶了过去，在协会老前辈的帮助下，紧急发掘了当年维修学校的古砖，作为未来校史墙的一部分。最终，原本被认为仅仅是一所农村点校、易址新建的凿石小学，最终拥有了自己厚重的历史，让所有师生和家长都有了精神的家园、文化的自信。

学校党总支联合凿石社区、湘湾社区党总支开展"幸福邻里情 教育温暖行"主题志愿活动，活动内容丰富。"汤圆妈妈读书俱乐部"长期进驻社区，在社区举办周末读书会。党员教师们联合家长义工在社区定期开展丰富多彩的读书交流活动。每逢具有特别意义的节日，都开展节日特色的专题活动，如世界读书日、植树节、母亲节、父亲节等，孩子们从中受益良多。党员教师们还带领学生与家长听老红军讲故事、带领学生学雷锋做好事，将红色精神传承和发扬。

2022年4月，党总支在凿石社区开办了"家校大讲堂"和"陪伴你"周末课堂。党员教师们先后到凿石社区和湘湾社区开展"家校共建书香家庭讲座""天元区招生工作政策宣讲""禁毒宣传进社区"等系列活动。其中最为突出的就是周末"趣"课堂的开展，为吸引孩子们积极参与，各学科老师充分挖掘趣味性素材，组织了多姿多彩的"趣"味课堂：语文阅读绘本趣味课堂、数学游戏课堂、中英文双语贺卡制作课堂、民族特色竹竿舞课堂、国乐课堂、趣味运动手势舞和杯子舞课堂、树叶拼贴画课堂、少儿趣味编程课堂等。活动得到了社区领导和居民的高度认可，学校党总支获评"天元区2022年'幸福邻里情 教育温暖行'优秀基层党组织"。

案例10 区域推进：百花齐放花更香

学生成长是家庭、学校、社会几方面共同作用的结果。如果我们只重视学校力量，而忽视了家庭和社会力量，教育肯定是低效甚至是无效的。我们常说

"5+2＝0"，讲的就是这个道理。所以，必须重视建立协同联动机制。这种协同联动机制不仅仅指家校协同联动，也包括借助行政推力建立的区域整体推进小学家校共育机制。这样能更好地统筹推进、规范实施，整体营造家校共育的浓厚社会氛围，提升家校共育的效果。

株洲市是一座"火车拉来的城市"，外来人口多，人口流动性大。特别是笔者所在的株洲市天元区，外来高新技术人员和务工人员密集，家长素质分化明显。由于外来务工人员常年忙于工作或在外奔波，对于孩子的成长缺乏足够的关注和指导，部分学生与家长几乎是零交流。

株洲市在2014年就开展了"政府牵头，学校举办，社区协同"的全新模式建设家长学校。把着力点放在提高家长素质上，把提高家长育人水平作为家长学校的主要任务，把改进教学方法作为提升家长学校办学质量的重要手段。

各个中小学校随即行动，在全市范围内全面推开了家校共育的实践，探索出一系列操作性强、实效性高、特色鲜明的家校联动、家校共育新方法、新模式。

模式1："三服务"

为了把家长学校办到家长的心坎上，株洲市部分学校充分调动家长的学习积极性，变"开三会"（学生考试成绩排名公布会、教师告状会、学生在家表现汇报会）为"三服务"：传授先进的家庭教育理论，为提高家长的教育素质服务；引导家长改进家庭教育方式，为培养孩子的综合素质服务；了解家庭教育存在的问题，为解决家长教育子女中的困惑和苦恼服务。将以往纯"会议式""满堂灌"等传统单一的教学方式，改为专家讲座、名师主讲、现身说法送教上门、书信交流、同伴互助、网络论坛等灵活多样的互动方式，还借助电话、网站、QQ群、微信群、家校通等渠道，进行学校、家庭、社会信息交流。

模式2：家长直接参与管理

株洲市一些中小学每学期分年级举办"家长开放周"活动，邀请家长当"老师"听课评课，向学校反馈对教师课堂教学的意见。每学期评选"智慧家长"，综合孩子的在校表现、学业成绩等德智体美劳诸方面的表现，以及家长参与学校管理的情况进行评选。实行教师全员家访制度，对家访的方式、质量、数量进行全面的考核和评价。大力推进家长义工制度，结合"无缝对接管理制度"邀请家长参与无缝对接管理。家长完全自愿并根据家长自己上报的实际情况，由年级组、学生科统一安排和调度，请家长参与无缝对接。学校将传统单一的家长会方式，改为专家讲座等灵活多样的互动方式。

模式3：亲子共读俱乐部

以笔者建立的"汤圆妈妈读书俱乐部"为典型代表，以株洲市天元区为原点，辐射全市中小学校组建亲子阅读组织，引导家长以志愿者身份参与到学校教育教学中来，开展亲子阅读、协助老师办校报、促进了家校沟通，取得良好育人成果。株洲市石峰区先锋小学从实际出发，通过组建"故事妈妈""种子爸爸"讲师团，召开"教子有方"交流会，开设"家长俱乐部"，组建"家长义工团"，开展"名家长"评选活动，大幅提升家长参与学校教育的积极性和家庭教育的能力。通过社区纽带作用，与周边的石峰公园、三水厂、区政府、76199部队、敬老院、二医院、派出所等单位建立了共建关系，大大拓展了学生社会实践活动基地构建了以社区为核心的社会教育体系。

模式4：家庭教育专家指导

在株洲市家庭教育发展研究中心的引领下，各中小学校培训了一批"中国家庭教育指导师"，组建家庭教育讲师团，设计家庭教育课程体系，开发家庭教育教材和活动指导手册，通过家庭教育论坛、微课、读书会、送课进校等方式，面向广大家长定期传播科学的家庭教育理念、知识和方法，组织开展全市家庭教育指导服务和实践活动。株洲市中小学家长学校每学期至少组织1次家庭教育指导和1次家庭教育实践活动，幼儿园家长学校每学期至少组织1次家庭教育指导和2次亲子实践活动。市教育局将每年评选10所示范性家长学校。

模式5：社区支持

构建家庭教育社区支持体系，与所在街道、社区（村）家庭教育指导机构密切配合，利用节假日和业余时间开展工作，每年至少组织2次家庭教育指导和2次家庭教育实践活动，为家长提供公益性家庭教育指导服务。统筹协调各类社会资源单位，依托实践基地、青少年宫、乡村少年宫、儿童活动中心等公共服务阵地，为城乡不同年龄段孩子及其家庭提供家庭教育指导服务，并给予困境儿童更多关爱帮扶。利用行业资源为学生开展社会实践和职业体验提供场所，构建良好的家校关系。

第三篇

听见家校的声音

第一节 老师的声音

凿石小学作为株洲市家校共育的示范校，全体教师积极参与家校共育体系的构建与实践。在此过程中，教师们深刻认识到，学校和家庭的所有教育活动，其根本目标都是为了促进学生的幸福成长。学校教育与家庭教育同频共振、双向赋能，就能够成为一对"隐形的翅膀"，托举学生飞得更高更远。这一理念已成为学校推进家校共育工作的核心指导思想。

浅谈一年级新生养成教育中的家校合作

2019 年 8 月，刚毕业的我来到株洲市凿石小学。这是一所新建学校，一切对我来说都是新的——崭新的校园、刚结识的同事和一群稚嫩可爱的一年级新生。初登三尺讲台，我明白，我的教师梦将从这里启航！然而，在接下来的短短数个月里，我似乎更多的是抱怨，抱怨家长没有积极配合班级工作，抱怨他们对孩子学习管理的松懈；也曾多次听到办公室老师一边批改着作业一边埋怨：昨天布置的家庭听写作业，今天听写仍不过关等。静下心来想想，站在老师的立场上，我们总觉得家长都应该配合好老师，做好孩子学习、作业的监督检查工作，无条件地配合老师完成班级、学校的各项工作，却很少想过，家长凭什么要积极配合？又该如何配合？

都说想要获得一项技能，最便宜、最快速的方法就是读书学习，而如何教育孩子，在学习的基础上，更需要在孩子成长经历中不断思考与反思。我想对于绝大多数第一次当爸爸妈妈的家长来说，这是一个难题。因为这项技能不是他们擅长的，有可能不是他们喜欢的，但，这却是他们最需要的！

一年级新生入学，相信任何一位家长都是满怀希望与憧憬的：身为父母，我要好好陪伴教导孩子，我要积极配合好老师，希望孩子不但学习成绩优异，还能有积极健康的兴趣爱好等。但是，他们并不是很清楚具体该怎么去教育自己的孩子，该如何好好配合老师。绝大多数家长能做的只是多问几句：孩子，今天上课听讲了吗？作业做完了吗？今天的生字每个再多写一行吧！很明显，家长这么"努力地做"却并不是教师所需要的配合，达不到积极引导孩子的效果。那么，对于一年级新生，教师该如何做才能更好地引导新生家长构建好家校合作的桥梁，携手教育好孩子呢？接下来我就谈谈我的几点体会和思考。

一、家校协同，落实养成教育

（一）开学第一课，家校交流中了解

习惯养成教育对不同年龄阶段的孩子有着不同的要求。一二年级孩子在学习上较为依赖父母和老师，这一阶段也是孩子行为习惯养成的关键期。从小引导孩子养成良好的生活习惯、卫生习惯和学习习惯，今后的教育便会水到渠成。一年级是孩子生活与学习历程中的重要转折点。在此之前，孩子主要在家庭和幼儿园接受教育，学习、活动主要是通过沟通交流、游戏互动等形式进行的。而迈入小学以后，他们的学习任务快速地转变，由以玩耍为主变为以学习为主。进入一年级，他们要坚持课堂学习，严格遵守课堂纪律，学会适应集体生活。一年级孩子的学习环境和要求都与之前大相径庭。为了让孩子更快地适应小学生活，学校应提前与家长沟通交流，促进家校相互了解；而老师在日常教学中需要十分注重小学和幼儿园的衔接，注重孩子行为习惯培养。结合以上因素，我认为学校可以编制新生入学的亲子共读手册，明确告知家长学校的办学理念、学校期待，以及具体的入学准备、学校作息时间表、班级课程表等事项。比如在入学准备上，告知家长需要提前准备好哪些学习用品、生活用品，让孩子在家提前学习入学的文明礼仪、校园安全、卫生知识等。

（二）活动参与，互动中家校融合

为了强化家校课程管理意识，学校将班队升旗仪式纳入家校共育课程当中，在讲话内容和开展形式上都做了很大改变，进一步规范了升旗仪式，提高了家长的参与度，创新了开展形式，如：国旗下的风采展示。首先，学生发展部根据学校本学期的计划安排，结合学期内的重大节庆日，确定了每周主题，制订升旗计划。开展期间，邀请教师、学生、家长共同参与、互动，融入家长活动。以开学当日为例，学校举行了一年级新生入学仪式，全体教师、家长参与，共同见证了孩子小学学习的启程。第二周的周一恰逢教师节，班队升旗仪式围绕"老师与我共成长"感恩教师节主题展开，安排了学生讲话、家长发言和献花恩师等互动环节。

(三) 父母课程，家校联合孕育新苗

1. 爸爸妈妈当老师

结合实际情况，我校积极开展家校共育课程交流，使家校合作能够更贴近实际生活、更富有活力。学校在新生入学前便组织召开了第一次新生家长会，校长组织并参与了长达两个多小时的交流，向新生家长介绍了学校的文化历程与现状，办学理念以及贯彻实施的途径。期中考试过后，学校组织召开了第二次家长会，在学校层面，校领导将学生常规管理的具体要求一一向家长说明；在班级层面，各班科任老师就本门学科的学习要求与家长进行了深入的交流，结合孩子的实际情况，有针对性地向家长明确其家庭教育的内容和方法。与此同时，家长们通过与教师的互动，共同总结了学生入学两个月来的各项表现。

此外，学校每月组织校园开放日活动，让爸爸妈妈走进课堂。不同的家长从事着不同的职业，而不同的职业经历给了孩子们丰富有趣的父母课堂，如有趣的插花、美味的手工饼干、飞机是如何起飞的……"爸爸妈妈当老师"这一课程的开展，不仅把日常生活的实践技能教给了孩子，也让孩子们最为亲密的爸妈参与到了他们一天的学习和生活当中，见证了孩子们良好习惯的养成过程。

2. "漂流日记"亲子共读

入校两个月以来，孩子们已经逐步适应小学生活，学校正式启动了一年级的"亲子共读"计划。学校提供亲子共读书目、漂流日记本，提倡父母和孩子每天睡前读书半小时，并且通过读一读、讲一讲、演一演、画一画等多种形式进行读书互动，阅读后，要求孩子和家长在漂流日记本上记录分享阅读体验，并以"漂流日记本"漂流的形式传递给班级每位孩子。以班级为单位完成一轮交流后，举行下一阶段的阅读展示活动。

二、新媒体融入，家校零距离

在网络信息技术高速发展的背景下，"班级工作管理群""班级优化大师""数学盒子""小打卡"等一类学习软件平台的融入，使得家校沟通更加方便直接，孩子学习方式也更加多样化。

(一)"好好吃"食堂午餐秀

一年级新生入学,家长们在关注孩子学习适应情况的同时,对孩子在校是否记得喝水、是否适应学校伙食等情况都十分在意和关心。为了能让家长放心,学生发展部,通过这些网络媒介,每天拍摄了学校"好好吃"食堂午餐秀,将搭配合理、色香味俱全的午餐直观展现给家长,让他们隔着手机屏幕都能感受到饭菜的香味。除此之外,还能让家长直观了解到:就餐前食堂工作人员井井有条的准备;就餐过程中学生小干部对就餐纪律的管理、学生们饭前饭后整齐的坐姿、食堂内安静的氛围以及吃得光光的盘子。这不仅让家长们看到了教师和工作人员对孩子们的悉心照看,感受到学校工作的用心,也让家长看到自己孩子在集体生活中的进步与成长。

(二)智慧移动小课堂

为了帮助家长对孩子进行有效的课后学习辅导,配合教师督促孩子养成良好的学习习惯,我班科任教师会根据当天的授课内容制作重难点知识点讲解的小视频,发至班级共享群或班级优化大师,家长在家便可指导孩子观看学习。如此一来,课堂从学校迁移到了学生家庭,家校联系也因此更加紧密。

三、搭建沟通桥梁,让家校同心共进

随着当代信息技术的发展,各种群管理软件和家校学习平台的涌现,"家访"这项工作在当代学校管理中也逐渐被忽视。为更好地搭建家校沟通的桥梁,结合学校工作实际,我校积极开展了"送教上门、老师到家"的活动。我认为积极开展此类家访活动是非常有必要的,这能让教师们真实地走进学生的原生家庭,更加深入地了解班级孩子的成长环境。教师们通过"送教上门"带着对学生的关爱和对家校合作的诚意,让家校关系更加紧密,让教师携手家长同心共进。这项工作,学校所有的教师都可以利用下班时间、周末假期完成。我相信积极开展此项工作,作为教师的我们定会收获颇丰:

第一,"送教上门、老师到家"为家校携手提供了最为直接的机会,一方面,让教师更为直接地了解了学生的家庭表现,也让家长更清晰地知道了孩子的在校行为。紧密的家校沟通能促使家庭、学校教育越来越好。

第二,"送教上门,老师到家"能充分体现孩子的主体性,让教师了解学生的个性，探知家长的想法，与家长、学生面对面交流，增进了老师与学生、家长与学生的感情。"亲其师，信其道"，家长和学生感受到学校、老师对自己的关爱，学生的自我价值感也会显著增强。在如此充满爱与关怀的教育环境下，相信孩子们会对学校、对老师多一分热爱，对学习多一分热忱。

第三，亲近的家校联系能够让家长敞开心扉，也让老师明白：站在老师的立场，学生只是我们教学生涯中的一个，但这个孩子是一个家庭的全部。任何一位家长都将全部的希冀放在孩子身上，期待他们成人、成才。只有深入切身体会家长和孩子的感受，才能让老师们感受到"任何一个孩子也不能放弃"的责任和意义。

第四，通过"送教上门、老师到家"可以积极引导家长有意识、更科学地培养孩子的好习惯。在良好的互动、沟通下，家长和老师共同努力探寻孩子的成长策略，帮助他们更加健康快乐地成长。

初登三尺讲台，这一年来，"教育"在我心中有了更为深刻的含义。正如宋代张载的《横渠四句》提到的"为往圣继绝学，为万世开太平"，这正是教师一生的追求。在如今社会背景下，家庭和学校，是学生接受教育的两个重要环境，二者密不可分，如"车之两轮，鸟之两翼"。教育好下一代需要教师与家长长久的付出和坚持，努力构建家校沟通与合作的协作教育模式，是我们今后要努力的方向！

春风化雨　润物无声

摘要：班主任是班级的组织者、引导者和教育者。要想管理好班级，就要充分了解学生，了解班级的情况。架起与家长沟通的桥梁，争取更大程度的家校合力，从而更好地促进学生良好品德习惯的养成，以身作则，言传身教，力争成为孩子成长路上的合格引路人。

关键词：了解学生　关注孩子变化　真诚沟通

一个成功的班主任，像一位艺术家，但又远远高出其他艺术家，因为他的工作对象是活生生的人，是一个个鲜活、各异的人。如何让班主任的管理工作更得心应手，以下是我在班主任管理工作中的一些体会。

一、了解学生，"吃透"班情

做好班级管理的第一步，应该是全面了解学生，"吃透"班情，在充分了解学生的基础上对症下药。作为班主任，要做到细心。要细心到什么程度呢？比如调查家庭情况：是单亲家庭还是留守儿童抑或是隔代抚养；母亲是全职太太还是职业女性；父母在单位是一线员工还是管理人员；父母是个体户，卖的是什么？店铺在哪里？平常是否有时间关注孩子的学习。比如调查了解每个孩子的身体状况：有没有近视眼、哮喘；低年级孩子是否做了窝沟封闭；中高年级男孩子包皮过长的有没有动手术。每个学期的班主任工作计划中都要尽可能地体现学生情况分析，越详细越好。只有细心地、实实在在地关注了自己的学生，才能真正地了解他们，从而更好地引导他们。随着社会的不断进步，小学生的心理问题也成为教育的热点问题，性格内向、不善沟通、家庭情况特殊的孩子需要被更多的关注。

老师用心去了解学生的情况，能让孩子感受到老师不只是严厉，更是一个有温度的、真正关心他们的人；了解了班级的每个孩子，老师工作的开展将更有人文关怀，来自老师的关心，能让学生以更积极健康的心态去面对生活和学习，能更好地形成良好的师生关系，建立和谐的班级氛围，让班主任的工作轻松、高效。

二、留心观察，分享惊喜

作为班主任老师，我们是除家长之外与孩子接触最多的人。我班上的53个孩子，各有各的特点，作为班主任老师要去留心观察每个孩子在校的表现。从心理上讲，我们最喜欢行为规范良好、成绩优秀的学生，这些孩子能让老师少操心。但是班级里难免有些行为欠佳的学生，这些孩子其实更需要老师给予更多的关注和发现。梓淇同学生性好动，思维敏捷，每次都能以各种借口逃避家庭作业，但他特别热心班级的卫生打扫。印象最深刻的是，期末领通知书那天，其他孩子兴高采烈地捧着奖状回家，他却留下来整理教室的卫生，满满两桶垃圾，不是我返回教室根本发现不了他。新学期，我让热心肠的他担任班级卫生委员。他的热心与高要求，让班级的卫生打扫每天都能按时、按质完成，他把这个工作干得出色，也就更有成就感。有了老师的及时鼓励与表扬，他在学习上的劲头也更足了。作为一名班主任，同时还是班级的语文老师，自班级阅读推广活动开展以来，有很多孩子的表现让我欣喜。印象最深刻的有："大嗓门"婧怡同学，这是一个热爱阅读、表达能力也特别强的姑娘，每次她的发言，都能让同学们为之一振。不仅因为她的音量比其他同学大，更因为她分享的《红岩》，总是那么内涵丰富、富于自己的思考。我把她的精彩分享拍成视频，分享给家长，让家长看到孩子在校的光芒万丈。对班上那个静悄悄的玉蝶同学我也是无限欢喜。这是一个用左手书写的女孩，她成绩不太理想，平常作业完成情况也不是特别好，可是我看到午间休息的时候她捧着一本书，在自己的座位上静静地看着。我很想去提醒她，要她饭后出去活动活动，可是又实在不忍心打断她。她看起来特别沉醉，特别享受，我猜她一定正在享受读书的美好。我很想喊来办公室的同事都来看看这个姑娘，和我一起享受这阅读带来的美好的事情。"左手是良心，右手是责任"，在班级管理中，在教育教学中，我们不仅要关注到"优生"，更要关注到更多的"潜能生"。老师的关注能带来孩子更积极的转变，这是一种教育的福报，是身为人师的温度和情怀。

三、真诚沟通，共育花开

面对繁忙的班级管理工作，怎么才能保持阳光向上的心态，赢得家长的信任与支持？作为教育工作者的我们，在各种各样的情境下，该如何与家长、学生、同事沟通？倾听和表达是最重要的原则。新接手现在这个班时，据老师反映，班上的小然同学拖欠作业、不守纪律、情绪低落，有诸多问题，尤其是家长蛮不讲理、极不支持工作。了解这些情况后，大家访活动我首先选择去她家，没想到家长特别欢迎也特别期待老师的到来。他说这是他孩子上学以来，第一次有老师来家访。翻看孩子的成长相册，了解孩子的成长经历，耐心倾听家长和孩子的心声。通过交流，家长把他的困惑、孩子的问题一一和我交流。而那一次交流让我感受到他并不是别人口中的那么蛮横无理，而只是一个对孩子问题无助的父亲。通过面对面交流，我们给了家长一些帮助孩子进步的建议，他都一一虚心接受，并表态积极配合。之后只要孩子有一些变化，我都会及时与家长联系。53 个孩子，53 次家访，一次又一次的家访，一次又一次的促膝长谈。通过家访，走进学生的家庭，了解学生的成长环境，才会更加深入了解学生性格和行为习惯的原因，也才能提出更合适的教育方法。这当中我没有忽略班中即将转学的小辛同学，这个孩子成绩不理想，但热心班级活动，是个热心肠的孩子。为了让他之后的老师更好地了解他，我写了一封 3000 字的信介绍和激励他。

"当班主任很累，累且幸福着；当班主任很苦，苦且快乐着。"这样一份富有责任和挑战的工作，需要我们用心对待。我相信每个孩子都是一粒种子，都有自己的花期。作为班主任，我们需要细心地呵护他们成长，陪着他们沐浴阳光风雨，静静等待他们绽放。

参考文献

[1] 管建刚. 一线带班[M]. 厦门：海峡出版发行集团，福建教育出版社，2018.

[2] 薛瑞萍. 薛瑞萍班级日志　教六年级的日子[M]. 南宁：广西师范大学出版社，2014.

[3] 杨秀英. 浅谈小学班主任班级管理中的沟通艺术[J]. 新课程·上旬，2015(1).

小学家校合作问题及策略研究

摘要：苏霍姆林斯基曾经说过："最完整的社会教育是学校教育和家庭教育的结合。"家校合作不仅能提高学校的教育教学和管理水平，还能促进社会的基本单位——家庭的进步和发展，进而促进学生的身心健康成长，最终实现全社会的进步和发展。家校合作还有助于父母实现对子女的有效教育，促使他们积极参与学校生活，促进父母与子女之间的精神交流和相互充实，实现家庭和学校自身的进步，以及重要的教育教学和社会精神价值的提升。这就要求学校构建新型家校合作模式，积极研究有效促进家校合作的策略，引领家长科学施教、共同成长。

关键词：家校合作　问题　策略

一、家校合作问题

（一）家长参与意识淡薄，素质良莠不齐

家校合作由两部分组成。其中"家"指家庭及家长。每个家长在原生家庭及成长环境存在差异，阅历、学历、个性等多方面各不相同，这是家长素质参差不齐的主要成因。一部分家长参与意愿强烈，但无正式工作，学历较低，对家校合作的开展并未产生实质性影响；一部分家长参与意愿强但自身工作较

忙，闲暇时间少，难以投入；少数家长在家庭教育方面有较深的心得体会，积极参与学校开展的各项活动；更有甚者，对家校合作存有偏见，自身不参与，却对学校及积极参与的家长或教师指责，肆意传播负能量言论，导致学生形成错误认知，家长对学生的约束能力日渐弱化。可见，单纯依靠家长的教育管理无法满足孩子的身心健康发展需求。

(二) 家校合作边界意识模糊，职责不清

苏联著名教育家苏霍姆林斯基说："没有家庭教育的学校教育和没有学校教育的家庭教育，都无法承担培养人的教育工程，因为这是一项繁重而又复杂的工程。"新时期，家校合作的必要性和紧迫性备受关注，得到了全社会的广泛研究和认同。但不可否认的是，由于缺乏边界意识，家校合作的成效并不乐观。在家校合作过程中，双方责任意识不清，权责不明，合作表面化、形式化；家校沟通不积极，家校共育缺乏科学有效的管理协调机制，甚至可能出现越位、干涉、退让、相互推诿等无序混乱现象。家长们认为孩子已经送入校园，他们就可以当"甩手掌柜"，高高挂起了。孩子们的活动大多在学校，如果表现不好，学校应承担全部责任，完全忽视了家庭教育的影响。而教师则认为完成学校教学任务即可，关于校外品行教育是家长的责任。

(三) 家校合作内容单一，不利于学生发展

高考制度是中国教育体系中的重要考试制度，是绝大多数家长关注的焦点。因此，家校合作的内容无形中会更加偏向学生的学习，很少关注学生的道德教育等方面的成长。在学生的成长发育过程中，智商固然重要，但学生精神层面的培养才是其未来立足于社会的关键。然而在教育教学过程中，家长和教师仍受到原有教育模式的影响，将重心放在关注学生的学习成绩上，对于学生道德品行、待人处事等多方面关注较少，导致学生在成长过程中存在"畸形"发展现象。

二、小学家校合作的策略

(一) 利用家长会契机，激活教育磁场

随着教育的发展，家长会已成为一种传统而常见的家校合作方式。它是由

学校或教师主导的、以家长和教师沟通和互动为导向的活动。学校要充分利用这一契机，让家长知晓家庭与学校教育可以为家长提供重要的学习机会和成长平台。家长参与儿童学校教育是家长的权利、义务和责任。通过沟通、协商乃至妥协来处理孩子的问题，有助于父母更加积极地投入社会生活，这也是一种再次成长的动力，能让父母在性格、人格、学识等各方面不断提升，给孩子树立更好的榜样，实现育人育己。

在教师方面，家校共育能使教师更全面、客观地认识学生。教师在与家长的不断互动中加强与社会各界的交往能力，既为本职工作减负增效，又能提高创新教育工作的方式及方法，推动教育朝向优质方向进步与发展。

每个家长都期待自己的孩子优秀。孩子的学习成绩和行为习惯的好坏取决于家庭、学校、孩子三方面。如果缺少家长的支持、配合与努力，都会事与愿违。因此，我们学校采取教师与家长面对面交流的方式，给孩子创造更好的学习环境，提供更科学的帮助，让每个孩子都能少走弯路。在家长会伊始，需要建立一种和谐的关系。作为孩子最亲密的人，家长和老师之间也要建立相互信任的关系。在孩子面前，老师和家长更要保持高度的一致，帮助孩子树立"你的老师就是最棒的"观念。只有这样，孩子才能亲其师、信其道，才会受益、心悦诚服、快乐成长。

9月，学校专门为一年级新生召开了幼小衔接家长交流会，让家长走进校园，了解学校和老师，深入学习和掌握如何帮助孩子尽快适应小学的学习和生活。其间，科任老师与家长共同分析孩子的学习情况，分享各科的学习方法，告知家长朋友们需要与老师配合完成的工作；优秀家长代表们也上台慷慨分享自己的教育心得，让家长影响家长。

（二）整合家长资源，丰富学校教育资源

随着时间推移，新生家长的加入，家长的整体素养大幅提升。每一位家长都可能是一本有着丰富"阅历"的教科书。他们有着鲜明的个性，不同的职业和经历、爱好和特长。学校对不同班级的家长进行问卷调查，收集、整理、探索、开发、整合有效的教育资源，分类建设家长资源库，激发他们参与学校各项教育教学活动的热情，在学校各级活动中充分实现家长教育资源的共享。

(三)建立组织机构,成立三级家长委员会

学校成立了校级家长委员会,制定了家委会的规章制度,选举了家委会成员,并颁发了聘书;同时根据年级、班级设立了家庭委员会分会。学校支持并配合家长委员会主席的工作,参与家委会例会;重视和尊重家长的意见,并邀请他们参与学校的评估与决策;学校将家长委员会的工作纳入校长办公的重要发展议程,制定了明确的工作岗位职责,各成员分工明确,定期举行会议,不断完善家委会的规章制度。学校鼓励家长依托各级家委会积极参与学校治理,将阶段性热点问题提交给家委会讨论,学校就家委会的问题予以研究,力求寻找最合理的解决方法,不断完善家庭教育工作。

(四)成立家长学校,提升家长育儿智慧

家庭教育引导家长转变教育观念。从重智育轻体育、重知识轻道德的单一关注孩子学习向关注孩子心灵成长等全面发展转变。让家长在教育孩子时,采取更行之有效的教育教学方法,努力使孩子成为身体健康、行为文明、心灵丰富、人格健全的一代新人。通过建立家长学校进行家庭教育专项指导,促使家长对如何教育孩子有了正确的认识和更多的思考。

学校于2018年11月25日以迎接第20个"国际反家暴日"为契机,举行了凿石小学家长学校挂牌启动仪式。开场诗篇《凿石诵》让家长朋友们了解了凿石小学深厚的历史文化底蕴,课程"面对家暴 勇敢说不"给孩子及家长留下了深刻印象。根据区教育局文件精神及学校实际需求,学校邀请家庭教育指导中心特聘讲师到校,面向各班家长代表们进行《如何有效地传递爱》《培养健康人格之心理营养》等家庭教育讲座。家长们明确了如何在日常如何控制自己的情绪,了解了孩子在各年龄段的心理发展需求,并学会正确有效地向孩子表达爱、传递爱,给予适时的心理营养补给。

(五)丰富家校活动,共育凿石美玉少年

1.开发家长校本课程——爸爸妈妈当老师

将家校合作与互动内容作为家长课程开发的一部分纳入学校课程,让家长参与其中,逐步形成一系列生动的家校合作课程。课程以"家长主导,学生主

体，学校主办"的教育模式，是学校与家长联合打造的符合学生身心发展、减轻课业负担、服务于学生的课程。家长用自己的专业或成长经历，以合适的方式呈现给学生，既能拓宽孩子视野，提升综合能力，发展独特个性，丰富孩子的校园生活；又为家长深入校园，深入课堂、深入学校教育教学提供机会，让家长体验到教师的作用，与学生和自己的孩子密切接触，了解孩子在校园的表现，更好地履行家长对孩子的教育责任。

家长投身于课堂是家庭教育资源共享的重要形式之一。素质教育需要更加多样化的课程和更多的教育人才。有不同职业和特长爱好的家长可以上台传授孩子知识和相关技能。这为家长提供了施展才华的舞台，也为学校丰富特色课程资源提供了多种途径。凿石小学的"爸爸妈妈当老师"课堂中有高雅的茶艺、专业的救护、飞行等专业知识，也有贴近生活的美食课堂，孩子们了解到家长们在制作食物过程中倾注了爱，付出了劳动。这种新形式的沟通与交流，增进了家长对教师、对教学的理解，也促使家长更加关注家庭教育。

2. 有效整合家长资源——父母志愿者

新形势下，学校涌现出一大批优秀的家长志愿者。他们的身影活跃在学校的各个领域。"家长护学岗"的家长志愿者在校园西侧的道路上指挥和引导车辆和行人，引导学生过马路，与学校一起保护学生的安全。家长和志愿者们用榜样的力量树立起对公益的热爱，在孩子心中播撒爱的种子，帮助孩子们扣好人生的第一粒扣子。为保障托管结束后的放学时段学生安全，每天都有家长志愿者在前后门各派两人与学校行政值班，对进入校园的家长进行专用托管接送校牌的检查，用正能量积极引导孩子及家长。午间，家长膳食委员会成员查看学校食堂制定的科学营养的菜谱，定期不定时安排人员试餐，确保孩子的饮食安全及饭菜可口程度。在学校运动会、国旗下风采展等重大活动现场协助班级组织队伍，准备道具、物资，一同展现班级精神风貌，有效增强学生的集体荣誉感和团队协作精神；学校联合家长志愿者在"世界读书日"来临之时，利用周末时间装订全校48个班级的书香列车，让孩子们随时随地翻阅图书，让课间阅读像呼吸一样自由。家长志愿者们是重要的人力资源，更是最美的育人风景。

3.21 天好习惯养成活动

在 21 天的促成学生养成良好习惯活动中，学校与家长形成教育合力。学校德育部开展营养早餐和亲子生活技能提升打卡活动。在营养早餐活动中，家长为孩子们制作营养丰富的早餐，让孩子们感受到父母的满腔爱意。亲子劳动活动的开设，促使家长与孩子共同劳动，家长在教授的过程中了解孩子，帮助孩子学习相应的生活技能，为孩子们日后独立生活奠定良好的基础。

三、家校合作现成效

(一)广大家长关心教育、支持教育

学校自成立学校、年级、班级三级家委会以来，取得了良好的社会效果。完善了家委会工作机制，畅通了家校沟通。广大家长热心地为学校的教育教学管理出谋划策，有效改善了学校的教书育人环境。同时，为家长参与学校管理探索了新的途径。

(二)畅通的教育网络，形成教育合力

构建微信、QQ 教育网络，增加线上网络交流的机会，使家长们更加理解学校的办学理念和管理方式，同时家长们也能及时获悉孩子在校的状态。它有效提高了教育教学效果，形成了良好的教育氛围，获得了社会各界的认可。

(三)教师家长共同转变教育观念，不断推进素质教育

学校和家长之间的双向沟通联系，促使家长与教师的教育观念得以同步转变，明确彼此是统一战线的同盟者，大家应该是平等合作的状态。这将整合所有可利用的教育教学资源，建立互帮互助的和谐社会关系，激发教育磁场，形成巨大的教育工作合力，从而实现家校对素质教育的认识达成共识，树立正确的成人观、人才观和成才观。

(四)实现家校合作根本任务，共同为孩子建造成长的好环境

伴随教育实践和理论的深入研究，教师和家长充分认识到孩子在成长过程中的向上向善是本能需求，真正的有价值的教育源于"综合环境"的熏陶而并非一味地训练和说教，是言传身教及心灵的驱动。家校合作为孩子们创造了一个微妙而不断变化的教育环境。

"教育是心灵的艺术"，我们不仅进行教师与学生的艺术交流，还注重与家长、孩子与家长之间的心灵艺术沟通。相信，通过学校与家庭的共同努力，教

师与家长的心灵交融、精神契合，终将整合所有可利用的教育资源，建立互帮互助的和谐关系，激发教育磁场，形成巨大的教育合力。让家校共育，齐抓共管，走进孩子的心灵，使教师、学生及家长三者能成为一个富有生命的教育共同体，培养出阳光、自信，拥有独立人格和个性的好少年。

第二节　家长的声音

在人生的全部旅途中，家庭是一个不可替代的存在。同样，在子女的成长道路上，家庭教育对孩子的成长十分重要，因为父母是孩子成长道路上最亲密的人。对于父母来说，要正确地引导孩子，培养积极向上、健康阳光的人生观和价值观，在充分的爱与关心下，将孩子培养成为具有独立人格和积极乐观的人，同时为孩子们的未来奠定坚实的基础。在这个过程中，不管遇到多少困难和挫折，家庭成员需要相互支持，和孩子一起努力，让孩子们更快乐、更健康地成长。

怎样成为一个德才兼备的人

亲爱的孩子，你是否曾思考过，人生的意义到底是什么？严格地说这是一个严肃的哲学问题，没有像数学一样的权威答案。童年的时候开心也许是人生的意义；少年时，好奇心也许是人生的意义，青年时，成功的事业也许是人生的意义。爸爸觉得，成为一个德才兼备的人，是人生的意义。那我们如何才能成为一个德才兼备的人呢？

首先是立志。中国有句古话说"有志者事竟成"。毛主席在少年时写过一首诗："孩儿立志出乡关，学不成名誓不还。埋骨何须桑梓地，人生无处不青山。"毛主席在1965年《重上井冈山》的诗句里"久有凌云志，重上井冈山。世上无难事，只要肯登攀。"可见毛主席从小就胸怀大志，后来他之所以成就那么大，主要得益于他年轻时的志向。所以，立志对于我们个人的重要性就可想而知。作为学生的你们，主要的任务就是立志把学习搞好，立志把品德修炼好，力争成为一个德才兼备的人。

其次是好学不倦。要尽量培养学习的兴趣，把学习知识当作享受美食一样对待。西汉有凿壁偷光的故事，宋代有程门立雪的故事，这些故事告诉我们要尽早养成好学不倦的习惯。除了培养学习的兴趣，还要养成终身阅读的习惯，因为学习是一个从量变到质变的过程。有句谚语说"熟读唐诗三百首，不会作诗也会吟"。苏轼在《和董传留别》诗中写道"腹有诗书气自华，厌伴老儒烹瓠叶"，都是讲要多积累、多阅读，从而能够实现质的飞跃。

再次是修炼品德。《三国志·蜀志传》说"勿以恶小而为之，勿以善小而不为"。愿你成为一个善良的人，愿你成为一个勤奋的人，愿你成为一个谦虚的人，愿你成为一个宽容的人。《道德经》说："美言可以市尊，美行可以加人。"你的品行会伴随着你的一生，也会决定你一生的成败得失。愿你们通过不断修炼，能够成为一个有着良好品行的人。

最后是知行合一。王阳明在《传习录》中说："知是行之始，行是知之成。"也就是说我们在学校里面学到的知识，要在现实中应用，理论要和实际结合起来，到生活中去实践，身体力行地去修炼。学习知识的目的实际上就是让我们如何成为一个勤奋的人、善良的人、谦虚的人，通过学习、实践、反省、再学习、再实践、再反省，相信我们总有一天可以达到知行合一的境界。

亲爱的孩子们，也许十年后，当你们蓦然回首，发现自己已经成为一个德才兼备的人，那就恭喜你！那成为一个德才兼备的人的目的是什么呢？我觉得是为我们祖国的建设做出应有的贡献。祖国母亲必须后继有人，因为青年强则国家强。希望有朝一日你们能够骄傲地喊出："请党放心，强国有我！"

给足孩子心理营养

(一) 照片的背后，是爱意

一期一次的家长会如期而至。走进教室，视频里播放着孩子们在校的精彩瞬间，一张张笑脸，洋溢着喜悦与温馨，充满了整个教室。

班主任李老师，不愧是与孩子朝夕相处了四年之久、最有爱心的班主任，孩子们的点点滴滴她都在用心记录。

一张张惊艳的照片，一段段精彩的视频，见证了孩子在校最真实的一面。这些美好的瞬间，记录下了孩子们最为灿烂的片刻，也让我们家长更好地认识自己的孩子，感受到孩子们在学校里的幸福与快乐，给我们家长带来了愉悦的感觉。最想看到的，就是老师所展现出的孩子们真实的状态。

(二)座位的分离，是尊重

当我们来到教室，看到了八个小组。原来在开家长会前，两个座位是并成一大组，但孩子提议说："我爸爸和同桌的妈妈来开会，坐在一起就会很尴尬呀，我们要把座位分开。"李老师想了想："好，采纳你们的意见。"孩子们换位思考，提前替家长解除了尴尬之忧。李老师听取了孩子们的想法并真正实施，让孩子们合理的请求得到了尊重。

(三)表彰的尽头，是提醒

我跟李老师交流时，可能关注点与其他家长不一样。除去惯有的表彰环节，这次李老师特意开辟了新的一个栏目——"懂事得让人心疼的孩子"，贴心地提醒家长们反思一下：我们的孩子还只有十岁，太过早熟或懂事，是为什么呢？这样真的好吗？当PPT上名字还没完全出现时，我真的好紧张。我的孩子可以成绩不好，可以不太听话，可以不讲卫生，或者出现在前面哪一栏都行，就是不要出现在这一栏。我希望我的孩子还是那个保有童真的孩子……

对我家孩子的评价，李老师曾这样说："孩子是有大智慧的，但不是思虑过深这一层。她啥都懂，是因为太聪明了。我和她每天吃饭坐对面，平时和她聊天也蛮多的，而且她还是抢着去打鸡块的一把好手呢。她还是孩子气，蛮童真的，发奖品的时候跳得老高，有时候也会在作业上偷点小懒。"

这样的回复，比孩子拿100分回来更让我开心。孩子的点点滴滴，老师都看在眼里。

(四)书籍的推荐与反思实践

家长会上，李老师用心推荐的书籍中，我有幸看了《心理营养》这本，获益匪浅。当看到情绪管理这段，讲到一个3岁的孩子因为收拾东西放不进钱包而发脾气哭闹时，林文采博士说，不用对孩子说"不要哭"，孩子要哭就哭，我们无意识中说的"不要哭"，实际上是对她情绪的不接纳和堵截。

这让我想起了我家孩子两三岁时，有时候奶奶要暂时回老家几天，每次奶奶要回去时孩子就哭，我还会假装安慰一下说："过几天我就带你回去看奶奶，不要哭。"如果孩子继续哭，我就会不耐烦了："哭有什么用，不要哭了。"孩子强忍着的泪水直流，却没有哭出声。

通过学习，我发现以前带孩子方法都错了，错得离谱，后悔不已，恨不得孩子才出生就重新好好带她。

慢慢地，我通过学习，在陪伴孩子的过程中，我们相处得更加愉快了。

上个月，孩子有幸被选中参加"我爱阅读"讲故事比赛。孩子一听到这个消息的时候，不是开心而是退缩，明确表示不想参加。

问了她背后的原因，原来是不想在别人面前展示自己，心里很害怕和胆怯。我认同她的感受，尊重她的选择，和她商量不要浪费了名额，让给需要的同学。

孩子想了想说："那我试试吧。"

"为你的勇气点赞，那就试试，结果无所谓。"我连忙鼓励她。

(五) 空瓶子的不凡意义

昨天放学回家的路上，看见一个养乐多空瓶，我和孩子两个人像踢足球一样一路踢着它在人行道上跑。孩子用力一脚把空瓶踢到了车底下。

我和孩子两人弯腰看了看："唉，算了，拿不出来了。"这时，没想到车主在旁边不远，他笑着说："拿得到，拿得到。"然后启动车把车挪走。

我和孩子如愿捡回了空瓶，连声跟司机说谢谢。

那一下，突然就感觉好温暖。

而那个空瓶也被孩子当宝贝一样带回了家里。

如果没有中间的插曲，这就是一个普通的空瓶，但现在也有了不一样的意义。

四年的时间，我看到了孩子的成长，也看到了学校老师的努力。四年来，学校老师和家长及时沟通，我们极力配合学校教育，才让我们的孩子成长得这么好。家校共育是一条漫漫长路，作为家长，我们需要不断学习和成长，才能陪伴孩子成长，才能跟上孩子成长的脚步，共同培养出优秀的下一代。让我们做成长型父母，陪孩子一起长大。

爱是最好的教育

最近全国政协委员唐江澎的一席话刷屏了，他说："好的教育应该是培养终生运动者、责任担当者、问题解决者和优雅生活者。"如何成为好的教育者呢？相信大家都有各自的答案。我认为爱才是最好的教育，爱是教育的基础，是教育的源泉，有了爱便有了一切。而爱的方式有千百种，表达爱最好的方法是欢喜、奖励与赞赏。欢喜是兴趣的源泉，奖励与赞赏则是坚持下去的动力。

从上学期起，我就开始陪着孩子阅读一些简单的绘本。每天晚上我们读十来分钟，写一写各自的感想，提一提各自的问题，标一标好词好句。日积月累孩子竟也认识了不少字。我心雀跃，想着开始增加难度吧，绘本太简单了，读故事书才有趣。于是给她换了一本《小猪唏哩呼噜》，却没有达到想象中的效果，反而成了我俩之间的导火索。她每读一面就问时间到了没，然后要上厕所、要喝水，各种你想不到的事情都会冒出来。这让我感到非常苦恼，甚至很生气。我指责她、批评她，甚至有两次都把她骂哭了。她也变得越来越不自觉，三催四请才到桌前阅读，心不在焉地读着，眼到心不到，读完一篇故事问她讲了什么，她说不知道。读故事书的这半个月里，我气得差点心肌梗塞。我开始觉得这样下去不行，阅读本应该是件很快乐的事情，现在却成了一件我逼她必须完成的任务。这让孩子产生了没有温暖、没有爱、厌烦、恐惧等心理，从而导致思想消沉，阅读也没有动力。我决定改变策略，从有趣一点的漫画开始吧。于是在网上买了《父与子》，我们先看四格漫画，大概能猜到想要表达的意思，然后看文字，看是不是和我们想的相匹配。没想到效果出奇的好，有时候不用我提醒，她一个人拿着书就在那里看，一边看一边笑。我知道，这才是我想要达到的目的。尝到了甜头后，我们继续选了《三毛流浪记》。周末去图书馆，她在众多图书中选了一本《三毛新生记》，说要买回家读，可好看了。现在我们又开启了《神奇的校车》漫画之旅。总算是把她的兴趣又点燃，恢复到以前母慈子孝的画风了。

养孩子这件事情，大都是一边摸索，一边成长吧。很多时候孩子都会有负面的情绪，家长要求孩子在悲伤、愤怒、消沉的时候立刻终止，三秒内转变成积极阳光的小太阳，却很少听到"如果你难受的话，那你可以在这儿哭一会儿"这样的话。当孩子十点多了作业还没做完时，你开始焦虑，明天怎么起得来？天气冷了孩子却固执地要穿秋季校服时，你开始焦虑，这样不会感冒吗？偶尔吃零食不吃饭时，立刻联想到会不会营养不良。而事实真的这么可怕吗？显然不是。我们要针对这些"具体的问题"采取"具体的应对方式"，这样，不论是妈妈还是孩子都会在可控的范围内获得解决问题的方法，看到事情的成效。在孩子成长这件事情上，没有什么一劳永逸的长效机制，也不会有能够完全照搬的经验之谈。

孩子是慢慢养大的，教育孩子就像牵着一只蜗牛去散步，需要我们细腻地呵护。很多时候，用心、用爱，才能教出更优秀的孩子。

和孩子一起成长

我们都知道这几年网上比较流行一个词"自主学习"，但实际上即使是我们大人也并不一定能做到。因此，在孩子进入小学，刚刚踏入人生新阶段的时候，父母需要为孩子建立起良好的学习习惯。

和润目前的自主学习习惯正在慢慢养成，每天放学回家，第一件事就是写作业。遇上有拼音的题目，我会鼓励孩子自己读题独立理解；而没有拼音的数学题目，也只是提示个别还不认识的字词，并不解释题意。即使做错或理解有误，也是在作业完成后共同分析、重新订正。我和和润约定，作为小学生，作业应该独立完成，有不会的等作业完成后再来问妈妈。这样有利于孩子自己思考，而不是把父母当作依靠，一有问题就停下来找妈妈。此外，每天我会将老师布置的作业制定成一个完成表，每完成一项，由孩子自己打钩，让孩子觉得写作业也像游戏通关一样，比较有成就感和掌控感。而这些方法也是在上小学之后和孩子共同摸索出来的，目的就是逐渐培养孩子的自主学习能力。

第二，就是学校学习。学校学习对一个学生而言有着至关重要的作用，老师们通过不断的教研，能够给予孩子系统的学习，这是在校外或者家庭零零散散的学习所不能比拟的。因此，在每天接孩子回家的路上，我都会和孩子聊聊今天在学校发生的事情以及课堂学习的内容。一方面是了解孩子在学校的情况，另一方面也是帮助孩子重新温习当天的学习内容。这样见缝插针的事不但发生在回家的车上，在吃饭的时候，有时也发生在睡前的聊天中。对于孩子来说，他并不会觉得这是在复习功课，相反，他觉得自己是小老师，而我就是他的学生。每次认真地听孩子讲完，我都会闪着星星眼夸张地表扬孩子，并且问他这样的学生老师是否喜欢。这样也是引导孩子知道在校学习时应该是怎样的面貌。

第三，就是和孩子共同成长。作为"80后""90后"的我们，大多是在父母的唠叨和棍棒下顽强成长起来的。在教育自己孩子时，总会不自觉地延续老一辈的养娃思路，在与孩子相处的过程中处于强势和支配的地位。在孩子慢慢懂事的这几年，面对孩子出现的各种各样的情况，在我极其困惑地思考这些毛病来自哪里时，会猛然发现孩子只是像一面镜子，映照出隐藏在父母身上的种种问题。这个发现有时会让我难以接受，但它的确给了我一个重新审视自己的机会。因此，真正的教育应该是一场修行，应该是父母通过孩子这面镜子，不断发现自我、修正自我，并用新的自我为孩子做示范和表率。我很感谢孩子，他用他的纯真和善良，让我遇见一个新的自己。

最后，是要加强与学校的沟通。我国著名幼教专家陈鹤琴先生说过："教育是一件很复杂的事情，不是家庭一方面可以单独胜任的，也不是学校一方面可以单独胜任的，必定要两方面共同合作方能得到充分的效果。"现代家庭通常是两个或者四个大人在照顾一个孩子，而老师则既要负责教学又要照看好50多个孩子，难免有顾及不到的地方。所以，需要大朋友们加强与老师的沟通，及时了解孩子在学校的真实表现，了解学校教育的方法和内容，用心参加学校组织的各项活动。上一学期，我报名参加了家委会的工作，初衷就是希望了解学校管理、参与班级事务。到现在一个多学期过去了，一方面，我逐渐了解到小学和幼儿园的不同，也在逐步调整我和孩子的各个方面来适应小学生活，另一方面，也是通过积极参与家委会事务为2005班孩子们的学习成长建言献策。

实际上我是一个还在摸着石头过河的萌新家长，我的孩子也只是一个普普通通的孩子。但是和孩子在一起的每一天都是新鲜有趣的日子，我非常高兴能和孩子一起努力成长，共同进步。

最后我想将全国政协委员、江苏锡山高级中学校长唐江澎的一段话送给大家："什么是教育的真谛？学生没有分数，就过不了今天的高考，但如果只有分数，恐怕也赢不了未来的大考。分数不是教育的全部内容，更不是教育的根本目标。教育只关注升学率，国家会没有核心竞争力。好的教育应该是培养终生运动者、责任担当者、问题解决者和优雅生活者，给孩子们健全而优秀的人格，赢得未来的幸福，造福国家社会。"

父母的语言

妈妈："如果要你给爸爸妈妈打分，你想打多少分？"

思钦："我觉得妈妈可以打96分！爸爸呢，比你少一分吧！"

妈妈："爸爸妈妈有哪些地方扣分？有什么缺点需改正的吗？"

思钦："妈妈，我觉得你们没有什么缺点，只要你们不生气就好，我也不让你们生气。还有你们答应过要亲我30分钟的还没做到呢，所以扣分了！"

妈妈："那爸爸为什么比我少1分呢？"

思钦："我本来想减2分的呢，上次爸爸大声说话，我不喜欢他，但是爸爸很爱我，对你也很好呀！我就勉强减一分吧！"

我偷偷地拿出手机打开录音机，装作记性不好的样子，又问了孩子一遍，把这番对话发给了正在值班的先生。

事情的缘由是这样的。前两天，因为一点小事，我和先生在孩子面前发生了点小争执，在此之前我俩约定过不要在孩子面前争吵。7年时间，这也是仅有的几次，但还是感受到孩子的些许不安。

然而我们的孩子，用自己稚嫩的声音告诉整个世界："我的爸爸妈妈没有缺点。"这个时候，我真的是满满的感动，但更多的是惭愧，因为，在我们父母的心中，永远不会觉得自己是个没有缺点的父母，也不会觉得孩子是没有缺点的。

有一个实验，听起来让人心里有些心疼。妈妈和幼小的孩子正开心地互动，孩子虽然还不会说话，但满脸笑容，享受着妈妈的温暖。突然，妈妈的脸变得毫无表情，木木地看着孩子。孩子一下子愣住了，眼神里充满了不安。接着，孩子开始努力逗妈妈笑，做鬼脸、大声地发出声音，用尽一切办法想让妈妈重新笑起来。可妈妈始终面无表情，一动不动。最后，所有的孩子都会在这样的实验中嚎啕大哭，不知所措。

等妈妈开始慢慢恢复和颜悦色，开始笑，要过很久孩子才慢慢地恢复正常，才接受了妈妈的回归。所以，妈妈跟孩子之间的互动将决定着孩子体内分泌的激素。这个面无表情的实验会伤害到孩子的认知能力、语言能力、行为能力、自我掌控及情感调节能力。

其实，这个实验，在我们任何听来都会觉得有点残酷。但是在我们的家庭当中，有多少妈妈天天在拿自己的孩子做这样的实验？有多少妈妈经常会跟孩子翻脸？不光是面无表情，有时候还会大喊大叫。

所以，语言是一个非常重要的资源，它能够改变我们整个国民、所有孩子的这种基本素质，让孩子的大脑神经元连接变得越来越丰富和健康，这是多么巨大的一笔财富！对于整个国家来讲，这是非常重要的一件事，但是因为它不可见、不可度量、不可买卖，所以我们觉得它似乎没有那么重要。

很多人为了做一份工作会去学习、读书、考研。但其实，人生中哪一份工作会比做父母更重要呢？所以，我们是不是应该更多地去反思，自己对于孩子的要求，对孩子的一些教养方式？是不是应该多些反省、多点改变？这样，通过不停的学习、反省、再改进，我们会离理想父母更近一步。

父母之爱子，则为之计深远

父母是朋友，是老师，更是孩子的引路人。

父母教育方法的差别常常影响孩子的一生！孩子成长的过程，也是父母一生学习的过程。在孩子成长过程中，我和她爸爸总结了几点我们认为很重要的方法。

亲子教育，不仅仅是教育孩子，还包括对父母的教育。虽然做父母没有考试，但怎么做好父母，也是一门需要跟随孩子不同成长阶段而一生不断学习的课程。因为每个孩子都是一个独有的世界，没有一成不变的法则和经验可以借鉴。

下面几条，与其说是我们对孩子的要求，不如说是在养育孩子的过程中，孩子教会我们的。

一、人品要端正

这一条我们一直放在亲子教育的第一位！因为有品格比有能力更重要。

比如，我们平时要求孩子诚实守信、说到做到，出去玩耍时，先定好回家的时间。到时间即使再不想走，也要说话算话。同时，她也会要求我们说话算话，比如答应她的玩具必须兑现……

另外，我们也要求孩子尊敬老师、团结同学，绝不在孩子面前说老师的不好，维护老师的权威。有疑惑或者争议的时候，私下跟老师沟通解决。

尊重孩子，不拿孩子跟别人比较，就事论事。

二、养成好习惯

养成良好的学习和生活习惯。

第一，作业习惯：必须做完作业才能玩。从幼儿园开始，我们就要求孩子做到这点，所以她回家后会很自觉地先去做作业。

第二，阅读习惯：养成睡前阅读的习惯。这个时间是亲子交流很重要的机会。

第三，锻炼习惯：健康的身体是一切的前提。小小的她，早在四岁的时候，就已经是个游泳小健将了！还是个轮滑小能手！

第四，饮食习惯：不挑食，多尝试新的食物。

习惯的养成，不单单是要求孩子做到，更重要的是家长要给孩子营造一个良好的教育环境。

在我们家，周一到周五电视和平板是不开的，孩子做作业的时候，我和爸爸也会静静地待在书房里，或者忙工作，或者自己拿本书静静地读。

而且，爸爸妈妈也有坚持运动的习惯。

三、读万卷书不如行万里路

跟孩子绘声绘色地描述大海的辽阔，不如带她去看看大海的模样，尝尝海水的味道。

给孩子形象生动地叙述雪山的险峻，不如让她去爬爬雪山的陡坡，摸摸雪水的冰凉。

去不了太远的地方，那就带孩子回老家乡下，抓抓泥鳅、挖挖红薯、钓钓鱼，摘摘地里新鲜的蔬菜，滑滑土坡上的滑梯。衣服脏乱一次又何妨？至少她会很有感触地说："奶奶，农民伯伯还真是辛苦啊！"

看，玩也是学，学也是玩！所以，她一天至少会有一两个小时的自由玩耍时间，一周至少有一天是腾出来专门给她玩的，一年至少有一至两次的远距离旅行。

四、父母自己带孩子

教育孩子的事情不假手于人。对于父母而言，孩子叫的第一声"爸爸""妈妈"，第一次蹒跚走路、第一次掉牙、长出新牙、第一天上幼儿园、上小学，第一次表演，第一次考试……无数的第一次都无比珍贵，都希望能有最爱的人在身边共享这一刻的酸甜苦辣咸……

如果因为工作、家庭等，不能做到自己带孩子，那也要保证面对孩子时，家人们能"统一战线"，否则，孩子肯定会钻空子，谁心软就磨谁。

五、兴趣是最好的老师

除了老师要求的书，大多数课外书都是带她到新华书店去，让她自己挑选自己感兴趣的。她自己挑选的书，也是睡前阅读时她优先要去看的书。

兴趣班也要遵循孩子的意见，比如她自己要学的游泳课，她一节不落地上完了60节课还意犹未尽！

尊重孩子的兴趣，但也不允许孩子心血来潮。比如，她上幼儿园时一时头脑发热说要学钢琴，我们事先很郑重地告诉她学钢琴是很辛苦、很需要坚持的一项课程。如果你能坚持，我就同意你报名，但是你一旦开始，就必须把课程上完，不能放弃。

后来，她有时也会跟我们抱怨上课很累，弹得手很酸，但是她没有说过要放弃。

以上五点，就是我们这些年的一点心得。当然还有很多，比如说：一定要坚持；要给孩子足够的安全感；尊重孩子，就事论事，不说伤害孩子的狠话……

"父母之爱子，则为之计深远。"我想，不拘泥于眼前的成绩和得失，把眼光放远，明白从长远来说，什么才是对孩子最重要的，这是孩子成长过程中，值得我们细细去考虑的学问。愿你我共勉！

关于教育，我想说的话

当今做父母的大都知道溺爱孩子有害，但分不清什么是溺爱，更不了解自己家里是否存在溺爱。我曾问一些妈妈，要不要求孩子劳动，有的竟然说："我疼都来不及，还忍心让孩子劳动？"也有的说："叫'小东西'做事更麻烦，还不如我帮他做了。"所以现在有很多孩子不做任何家务事，不懂得劳动的愉快和帮助父母减轻负担的责任。

我一直关注孩子的教育与成长，也经常和一些爸爸、妈妈交流孩子的教育问题。不少家长说，有时候认为自己没有错，又不忍责怪自己的孩子。因此，"童言无忌"这个词在某些家长眼里也似乎成了"挡箭牌"。孩子还小，大人跟他计较这么多干什么？孩子还小，大人就该让着他。孩子还小，他所做的一切让别人觉得没教养的事都可以被原谅吗？

俗话说："蛇不知道自己有毒，人不知道自己有错。"还有一句俗话说："穷养富养，不如有教养。"无论贫穷还是富裕，孩子有教养，即使再平凡的躯体，也能因此增色不少。在孩子成长过程中，家长的引导是十分重要的。如何让孩子变得有教养？一定少不了父母的耐心教导。

教育孩子要趁早，别等孩子长大了，让这个社会的大家庭来替你教育他。有人说中国孩子是被人喂大的，而外国孩子则是饿大的。

我见过太多的家长，特别是祖父祖母，总是担心自己的孩子吃不饱，恨不得替孩子吃饭。也有爸爸妈妈嫌孩子自己吃饭又脏又麻烦，看到孩子吃饭笨手笨脚的，索性就一喂了之。但是，如此一来，我们不仅剥夺了孩子自我探索、成长和独立进食的乐趣，也无法培养起他们对于食物的敬畏之心。

让孩子自己的事情自己做，这个话题说了多少年，但是有的爸爸妈妈爷爷奶奶就是狠不下心来实践。有的时候，孩子之间的事情就要交给孩子们去解决，这也是锻炼他们人际交往能力千载难逢的机会。

有时候"逆境"更能让人变得强大。记得我小时候，最快乐的时候就是放学回家的那一段路。和小伙伴们的友情，也让我能够亲近大自然，锻炼身体。为什么现在的孩子特别容易生病？因为他们离大自然太远了，天天宅在家里，面对钢筋水泥的丛林，如何能够健康成长呢？

有机会，爸爸妈妈都带着孩子去大自然中撒野吧，让孩子成为野地中绽放的野玫瑰！

让孩子自己跌倒自己爬起来，犯错了自己承担。跌倒了要自己爬起来，人生哪能一帆风顺？每一次跌倒、每一次犯错都是孩子成长的机会。让他从中反思自己为什么会摔倒，让他学会如何自己站起来。那么，孩子会知道如何避免犯错，会在长大后不畏挫折，能够自己勇敢地站起来。总是帮助孩子寻找借口，让他把责任推卸给别人，他又如何成才呢？

"放手教子"并不代表父母不尽责，反而是对孩子的未来更负责。爱他，就要学会放手，温室里长不出参天大树，孩子终要学会自己面对。

家长和孩子的沟通在孩子的成长当中是极其重要的，很多家长也意识到了这一点。但是在和孩子沟通的方式上，许多家长却踟蹰不前，不知道怎么办才好。在中国的传统文化当中，亲子之间的感情也是不善于表达的，而书信则可以让我们畅所欲言。以下是笔者给自己的孩子写的信，没有华丽的辞藻和煽情的语言，字里行间里充满着爱、鼓励、支持、引领、期冀、智慧……

第三节　一位校长妈妈与儿子的对话

少年郎，莫负读书好时光

我亲爱的儿子：

妈妈决定从本周开始，每星期给你写一封书信。对于咱们的小家庭来说，这是一个历史性的决定，你懂的。你的内心一定充满诧异：妈妈平时事务缠身，分身无术，视工作为生活的重要一部分……能做出这样的决定，是需要多么大的勇气？！是的，的确如此。

那么，这种勇气究竟从何而来？源于妈妈本次在北师大听到的一场讲座《梁启超先生的家庭教育》。据此，我了解到梁先生最好的家教方式之一就是每周坚持给孩子们写信。信中，关于做人的准绳与哲理，他总是循循善诱，娓娓道来，其中甚至不乏充满童趣的诙谐和幽默，真可谓满纸慈爱，用心良苦……反思自己，羞愧难当，15年的光阴，不知不觉你已长成了青葱少年，笔直的脊背，日渐成熟的思想。孩子，你是那么优秀的一个男孩儿，有时候妈妈甚至都会暗暗窃喜与思忖：这是我的儿子吗？这是我不经意间就长大了的儿子吗？所以，妈妈首先要感谢你，感谢你的成长没有为父母，尤其是为你爱美的母亲增添过多的皱纹和白发（请注意措辞：过多的。言下之意：基本的皱纹和白发还是生成了的。）

感谢之余，妈妈痛定思痛：梁先生尚能忙里偷闲写家书、育子女，我们这些等闲之辈，还有什么推辞的理由？！现在你总该明白了吧！

言归正传，我们来谈谈读书的话题。儿子，本次能入选"湖南省精英教师培训班"，走进全国师范院校的最高学府——北京师范大学接受培训，这是妈妈走上工作岗位22年以来感觉最幸福的一件事情。回想25年前，由于国家教育方针，当年成绩优秀的妈妈响应国家的号召，就读了中等师范院校。孩子，你要知道，一个爱学习的人，若没有经历过高中三年的磨砺与沉淀，他的知识结构与学科素养终归是有缺失的，空白一大截；一个爱读书的人，若没有经历过千万人过独木桥、攀象牙塔的惨烈竞争，那不能不说是一种美丽的遗憾。很可惜，你的妈妈就是这样一个内心时常充满了遗憾的人。如今，妈妈终于在为人师 22 年、为人母 15 年之后重新踏上了求学的道路，踏进了全国最负盛名的北师大，内心的激动与珍视你能感同身受吗？

当妈妈走进那朴实沉毅的百年学府，我的内心便充盈了满满的幸福与敬畏，感觉自己重新回到了少年不识愁滋味的青涩年代，懵懂无知而又跃跃欲试，似乎一切的美好都在朝我挥手，一切的美好都在向我颔首。于是，每一节课，我都会认真地聆听，害怕遗漏重要的词语或句子；每一节课，我都会积极地做笔记，害怕错失某种重要的观点或思想。不管是读《精致编码与学生培养》——以中国传统知识分子梁启超家族家庭教育为个案，还是读《团队破冰与素质教育的思考》，抑或是读充满历史沧桑感的《中国教育史》，总能激起妈妈如饥似渴的求学感与满足感。

当有一天，坐在学校熙熙攘攘而又安安静静的餐厅，秋日的暖阳斜斜地射入，妈妈突然有了一种冲动：三年后的某一天，我的儿子会不会也坐在这里和他知性善良的女友慢慢品尝美食，轻轻细语呢？或是坐在任何一所大学的餐厅里一边大快朵颐一边畅谈人生理想呢？想着想着，妈妈的心就软了、乱了。

儿子，我不知道真正的大学生活会是怎样的轻松或不轻松，但我想象的大学时光应如同高中三年般珍贵而不再重来。是的，你的高中学习无须父母的担忧与挂牵，因为你自有你的打算与理想，所以我们经常看到的是奋笔疾书的你、埋头苦干的你（每周必玩的电游在此一笔带过，省略 N 个字）。我所担心的是：总有一部分为数不少的大学生自千辛万苦踏入大学校门后便从此厌恶学习，碌碌无为，沉迷网络，虚度光阴……亲爱的儿子，你也会这样随波逐流吗？你也会这样安于现状吗？你会忘记心中远大的目标，就此作罢吗？一个人，应独善其身，高度自律，孜孜不倦，终身学习，否则，终究成就不了大事，终究，也就此了了一生。

少年郎，莫负读书好时光；少年郎，莫负青春好时光。2014 北京的秋夜，妈妈与你共勉。

谨记之。

永远爱你的妈妈

2014 年 10 月 18 日 23:00 写于北京

你会选择做哪种人

我亲爱的儿子：

已经有三个周末没有看到你了。虽然每周回来我们交流的时间极少，你总是忙于永远也写不完的作业，永远也玩不够的电游……但好歹能看到你俊朗挺拔的背影，稚气沉毅的眼眸，总好过这无音无讯的无端想念。

今天要和你交流的话题是：你会选择做哪种人？

话题起源于两个星期前。那天是 10 月 12 日，我和株洲地区其他几位教师乘坐高铁前往北京学习。一路上风驰电掣，窗外的景色一闪而过。忽然，在河北境内，我看到一幅"特别"的景致。"特别"，只是相对于我而言。可能更多的人看来，那只不过是万千山水中毫不起眼的一幕罢了：

一览无余的乡间平原上，空空落落。正中央，两三棵不知名的高大树木一下子就引起了我的注意。在肆虐的秋风中，他们显得那么秀美挺拔，坚毅果敢，让人顿生仰慕之心；不远处，是一丛乔木，大约十来株，簇拥在一起，摇摇曳曳；再远处，则是一眼望不到边的茫茫树海，或许繁茂浓密，或许稀疏零落……我无法确定，因为无法细辨。

一刹那，我突然想到了人的社会角色定位，想到了你——我最看好的大男孩。

儿子，未来的你，会选择做哪一种人？要知道，每个人只需真正地对自己的人生负责。夜深人静的时候请你问问自己：你真的喜欢这样过一生吗？如果不怨尤不痛苦，那么就算是对自己有了个圆满的交代罢！

如果没猜错的话，你可能会选择第一种方式。是的，你从不甘于平庸，始终保持着独立的思想和行为。对此，妈妈深感欣慰。但我也想善意地提醒你：木秀于林，风必摧之。在这个强调共性的社会，一个人的鲜明个性和特立独行可能会面临一些不理解甚至质疑。如果你已经决定坚持自己的精神独立，不愿随波逐流，那么就不要过于在意他人的看法和态度。人的生命历程只有一次，你只需跟随自己的内心趋向，坚持自己的目标前行。因为你要为自己而活，而不是终身活在别人的眼光里。

如果你害怕或多或少的争议，那么选择做第二种人尚可。这样的人，不会是社会上最吸引眼球的人，不会是风暴的中心，但也有自己的思想和抱负。他们善于周全地保护自己，善于妥妥地安排好自己的一生。当然，他们的名字不会时常出现在别人的口中或心中，他们也不会为此而感到失落或遗憾。

至于第三种人的生活方式，我想可能从来就不在你思想的世界里。是的，生活中大多数人就是那树海中的一个。他们活得极为安全，却失去了特性，没有人争议，亦没有人关注。但，这并不意味着他们的人生不成功或不完美。

如果有一天，你要问妈妈的选择，我会笑着望着你：儿子，你用心细细去体会就好了。或许，此刻的你应该已经找到答案了罢！

我亲爱的儿子，此生你究竟会选择做哪一种人呢？不用着急回答妈妈。未来的路还很漫长，你还可以慢慢去思考，去探索。至于父母，不管未来的你是平庸无奇还是卓尔不群，你，始终是我们眼中最出色的那个大男孩。

深爱你的妈妈

2014 年 10 月 26 日晚　写于深秋的北京

自由，不是离家有多远，而是离梦想有多近

儿子：

这个文题来源于北师大校园一个偶然的发现：

那天清晨，妈妈行色匆匆赶往某个教室上课。途经青春洋溢的操场时，突然发现围栏上张贴着一幅海报，海报上洁白隽永的大字瞬间吸引了我的目光："自由，不是离家有多远，而是离梦想有多近。"儿子，你知道这句话为什么会郑重其事地出现在这里吗？

是的，听说一些处于青春叛逆期的高中毕业生试图考得越远越好，因为他们内心想努力挣脱家庭的"樊笼"，远离父母的严加管束，他们期冀在遥远的大学里享受一种无拘无束的自由生活。由此，妈妈想到了你。再过两年，青春年少的你也会如同这校园里任意一位大男生，背着厚厚的行囊，远赴他乡求学。那时的你会怎么想？

1. 如释重负？终于可以抛下永远也做不完的题海题库，终于可以告别永远也听不完的试卷讲评。

2. 窃喜？终于可以逃脱妈妈的魔爪和絮叨，终于可以奔向幸福光明的前程。

3. 憧憬？未来自由闲散的大学生活是多么让人向往和期待！

……

当然，更多的可能性是你心情复杂，五味杂陈。

鉴于此，设想你未来可能出现的"自由无政府状态"，今天有必要和你聊一聊关于自由的话题。

儿子，有一点你可以非常确定，那就是：你的父母依旧会充分相信你，给你充分选择的自由。因此，你的大学生活，会继续如同你的小学、初中和高中一样，全凭自己的安排、打拼与努力。父母，依旧只会站在你的身后，为你鼓掌、加油。当然，你若是渴望传说中的"自由"，就此放弃多年的努力，从此变得逍遥自在，乐不思学，那也是你人生的选择。父母无法真正地干预与阻拦，因为届时我们可能相隔千里，鞭长莫及。

那么，这时候的你就可能会窃喜偷笑吗？自由就这么唾手可得了吗？不，孩子，那绝不是真正的自由。

真正的自由是心灵的自由。而心灵的自由来源于什么？来源于你不断实现你的梦想，不断地实现自我价值。

但凡年轻人，心中总会有梦想。有的人一直不曾忘记，一直在朝向梦想的方向前进；有的人走着走着，觉着累了苦了就忘了自己的初衷，随遇而安，改弦易辙；更有甚者，从来就只在梦里想想，想着若梦想实现该有多自由、该有多美好，却从不付诸实际行动。

那么，你可能会问：妈妈，实现梦想的过程真的很辛苦。那么，实现梦想真能带给人自由吗？我们为此付出的泪水和汗水真的值得吗？

是的，这一切都很值得。儿子，我要告诉你：你为梦想付出的每一滴汗水都会成为日后宝贵的一笔财富。因为梦想或多或少能够实现你想要的自由。小到一份微薄的礼物，大到你渴望得到的工作，渴望拥有的生活，渴望实现的自我价值……都能带给你内心的愉悦与满足。而这种发自内心的愉悦与满足从某种意义上来说就是一种精神的自由。

美国心理学家马斯洛曾提出著名的需要层次论，将人类需求像阶梯一样从低到高按层次分为五种，分别是：生理需求、安全需求、社交需求、尊重需求和自我实现需求。他认为：自我价值的实现是人最大的幸福。这个理论对你来说应该不陌生，因为你在初中阶段已经学习过。对此，你又有怎样的理解呢？妈妈认为：如果一个人自我实现的需求真正得到了满足，那么这个人的精神与心灵必定是最最自由的。我想，自我价值的实现从中国文化角度上来解读就是：海阔凭鱼跃，天高任鸟飞。儿子，请一定记住：你若是一条小鱼，你就永远只能在小池塘里翻着小筋斗，浑浑噩噩过一生；你若能冲出小池塘，进入到大江大海，你将成长为一条大鱼，那时的你必定能畅快驰骋，见识到那丰富多彩、美妙无比的世界，你的人生也将由此变得丰厚富足而不愧此生。而丰富的人生必定带来更美妙的梦想。你的梦想一次次实现，你心灵的自由度也随之越来越大。

当然，我们通常意义上所说的自由是相对的自由，世界上不存在绝对的自由，因为绝对的自由必定带给他人不便甚至灾难。这一点，聪慧善思的你，懂的。

儿子，关于自由与梦想这两个主题，自人类的思想家们诞生以来就百家争鸣，争执不断。可想而知，以上内容只是妈妈个人粗浅的理解与认识。假以时日，你终会拥有自己独立的思想与见解。对此，我毫不怀疑。

儿子，这一生你终将实现你的一个又一个梦想。

妈妈也在一直朝向自己梦想的地方，从未停步。

因为，我们都是向往自由的人。

与你同行的妈妈

2014 年 11 月 9 日写于湖南初冬的深夜 00:20

卖老鼠

儿子：

首先要和你说声：对不起。因为妈妈没能坚守诺言——每周给你写一封信。当然，妈妈可以两手一摊，脑袋一歪，做无辜状："没办法啦，小伙子，人在江湖，身不由己啦！"可那样的感觉像一个彻头彻尾的无赖，不好。但事实上，妈妈却做了一个无赖的事情，对吧？因为我失信于你了。

所以，从此刻起，23:05，我决定还是拿起笔，写下这一篇。因今晚我还是想争取在 24:00 之前入睡，所以就写一个关于你、我、你爸爸三人之间轻松一点的小秘密好了。如果要谈严肃的话题，因为妈妈人生阅历不够，知识储备不足，抓耳挠腮，无从下笔……今晚就不知什么时候能上床休息了。

还记得 2008 年的那个夏天吗？某一个周末，我们全家大扫除，甚至不惜挪开笨重的家具进行清扫……结果竟然在电视机柜后的地毯上发现了两只刚出生的小老鼠！粉嫩粉嫩的皱巴巴的皮肤，淡蓝色的眼膜，隐约看得见黑色的小眼珠，小小的鼻翼正轻轻地翕动……噢，它们还不知道大难即将临头！最开始的我一脸嫌恶，恨不得马上把它们扔进垃圾桶。但突然灵光一闪，无比聪明无比英明的你的母亲马上做了一个伟大的决定。

于是，我惊喜地喊道："儿子，快过来！你看这是什么？"时年9岁的你虎头虎脑地跑过来了，一看，嘴巴一瘪，一脸嫌恶，扭头就要走。我一语惊醒梦中人："儿子，你发财的机会到了！"你马上停下问："怎么发财啊？"我神秘地说："你不知道小老鼠其实是一味重要的中药吗？拿到药店去可以卖个好价钱啊！"你半信半疑，转而望向你爸爸。我狠狠瞪了你爸爸一眼，他忙不迭地点头："是啊是啊！你难道不想去试试吗？"于是，一家人翻箱倒柜，最后妈妈找到一个新烟灰缸，给那两只小老鼠做了个临时的家。然后一家人好好讨论了可能的买家：北门的千金大药房，养天和药店……随后，你喜滋滋地捧着烟灰缸，出门了……

在这里，我不得不说：你前脚出门，我和你爸后脚就笑翻在沙发上，肚子都笑疼了！

8月的湖南，酷热难当。一个小时之后，你回来了。出门的时候，脸上激动得发红；回来的时候，满头大汗、气得发紫。还没进门，你就大吼："你们骗人！还说药店收老鼠，结果谁也不收！"

我们镇定心情，沉着应对："不可能吧？每个中药店你都去试了吗？"

"怎么没去试？我不光去了北门的药店，东门的每个药店我都去了！"（哦，上帝啊！真是求财心切啊，大热的暑天，您老先生还真有干劲啊……）

"那你是怎么去推销的呢？"

"我就问：请问你们收不收小老鼠？"

"那他们怎么回答的呢？"

"有的说：小朋友，我们不收小老鼠！"（估计药房的人一脸义正言辞）

"有的说：诶，你这小老鼠从哪儿来的？问完了却不收！"（估计药房的人一脸好奇）

"还有的说：小朋友，小老鼠有病菌，赶紧扔掉……"（估计药房的人一脸惊恐）

"呃……那，那你扔了吗？"

"没……"说完，你小心翼翼从身后捧出了那个烟灰缸：额，天啊！大热天的，你满头大汗，可你竟然还舍不得扔！两只可怜的小老鼠在正午的阳光下已经奄奄一息了。

我和你爸爸"很无辜很无奈"地对看了一眼："奇怪啊，这年头变了啊！中药店竟然都不收小老鼠了哦……不过，嗯……儿子，你今天表现得非常好，你能够顶着高温烈日来回奔波一小时去尝试从未做过的事情，这个过程比真正卖出两只小老鼠更重要！"

"但是……这两只小老鼠还是没有卖出去啊！"你还是如割肉般不甘心。于是，你伟大英明的母亲一咬牙，又一次做出重要决定：20元买下你的两只小老鼠！

卖老鼠事件过去一年之后，家里的田园犬竟然生下8只小狗！于是，奶奶又陪着你去附近的龙头铺集市卖小狗……可以想象：你蹲在小狗满满的纸箱前，是如何积极地吆喝着你的买卖啊！

好了，今晚真是一个幸福快乐的夜晚。虽然夜已深，但回忆着你快乐诙谐成长的点滴，我们还是觉得其乐无穷。不要认为你的父母喜欢拿你开心、恶作剧，其实所有的目的只有一个，那就是：人生中，你要多体验，多尝试，不要害怕未知。多一些经历就是多一些财富。希望未来的你也能这样对待你的孩子。

不说了，妈妈明早还要上班。就此搁笔吧！

我爱你，一直到永远。

曾恶搞，今后不排除继续恶搞的妈妈

写于2014年12月2日0:10

妈妈比高考更重要

儿子：

前几天你爸爸说距离高考好像只有100余天了，哦，剩下的复习时间真的不多了啊。很抱歉妈妈没有专注于你的高考，我想你也能猜到这样的结果。是的，我们历来各有分工，你做好你的事情，我做好我的工作，互不添乱，一起进步。这是我们在你小学阶段就商量好了的。这么多年来，你的表现证明你未曾忘记这样的约定。对此，妈妈深表感激。因为没有你的支持，这些年来妈妈也不会过得那么自我、那么心无挂碍。

今天傍晚你从学校专门打电话过来问我感冒好些了没有，我简直以为自己的耳朵听错了……没想到有一天，你也可以成为妈妈的"小棉袄"啊！那一刻，妈妈幸福得简直要飞上天。但是，后面的对话让妈妈很是"不满"哦！

我说：后天是周日，我来长沙看你。

你说：不要来，不要打扰你学习。

我说：已经半个月没见到你啦，我一定要来。

你说：请一定不要来……

我说：妈妈很想你，如果不让我来，不在乎我的感受，那还不如断绝母子关系好了！

你说：好吧好吧，那就，下周来……

我说：那我本周末就去看我的妈妈去！因为你的外婆肯定也很想看看她的女儿了！

回到家，妈妈突然想起很多从前的事情来。

小时候，你想牵我的手，我总说："你是男子汉呀，自己走。"你想要我抱抱，我总是说："人长了腿就是用来走路的，否则还不如像虫子在地上爬……"后来，你不经意间长大了，长到了186厘米的个子。妈妈突然觉得自己变小了。所以每当你回家时，我总是亦步亦趋跟在你身边，偷偷牵你的手或搂着你的胳膊。无人处时，你会装作不知道，默许妈妈的幼稚行为；人来人往时，你会迅速地挪开你的手，因为你要证明自己是个大人了。你的小心思，妈妈都懂的。可妈妈的小心思，你懂吗？

儿子，有时候我会有点后悔，觉得从前陪伴你的时间好像不太多。更多的记忆里，永远是我在忙工作，你在自己玩耍。包括你出生几个月后，为了支持妈妈上公开课，你躺在床上含着橡皮奶嘴，轻轻地哼哼唧唧不吵不闹，而妈妈在旁边的桌子边写教案……如果时光可以倒流，我会多点时间给你读故事，陪你游戏吗？我不确定。要知道人身上都有着固有的心性。所幸一切都过去了，你也长大了。

我想：从某种意义上说，每个人活在这个世界上都是一个独立的纯粹的人。他应该为自己的心而活，为自己的梦想而活。所以，妈妈更多的时候是听从内心的召唤。希望你能理解。当然，我也支持你成为这样的人。毕竟，每个人只有一次生命的机会。未来，你想要什么，就去努力；想拥有怎样的生活，就去争取。只要自己的心满足、平静就好。妈妈不希望你到老了，回忆的美好太少、后悔的事情太多。人生不怕痛苦不怕失败，怕的是白开水一样的生活，波澜不惊，没有经历。所以，妈妈希望你以全纳的态度和心境接受你的高考，接受随之而来的辛苦、焦虑、紧张甚至暗无天日……当你白发苍苍的那一天，你会庆幸这一生的酸甜苦辣、丰富多彩。

那么，活得自我的妈妈是不是就不爱你了？不是的。这世上每个妈妈爱孩子的方式都不一样。

例如，小学时我和你打闹着玩儿，互相扔拖鞋、扔枕头……你打中了我，我会很气恼，在爸爸的劝解下你要来赔礼道歉……那是妈妈的爱，因为大多数妈妈不会这么和孩子闹腾；

五六年级时，我鼓励你和很淘气的孩子们玩耍，任你们骑自行车夜游株洲城至晚上 12 点，那也是爱，因为大多数妈妈不会这么放心和支持；

中学时，看到你那么遵守校纪校规、循规蹈矩，于是我居心叵测地鼓励你去犯大多数男孩都会犯的小错误，所以你体验过溜出校门买美食，溜出信息课堂打篮球的经历，当然最后都不幸被老师发现、挨了狠狠的批评。你忐忑不安地告诉我，电话那头我却在暗自偷笑……儿子，那也是妈妈的爱，因为妈妈想要告诉你：不要试图做个完美的人，不要努力去做个乖小孩，那样的人生太过谨小慎微、瞻前顾后……

若干年后，你或许会庆幸有这么一个匪夷所思的妈妈。

好了，夜已深。最后妈妈想告诉你的是：高考没那么重要，只要尽力，无愧于这段辛苦的历程就好。未来还有很多种努力的机会和方式，所以轻装前行即可。当然，你努力了，生活也必将给予你回报，或许来得早，或许来得迟，但终归会来到。

而妈妈，远比你的高考更重要。所以，下周，妈妈要来看你。

永远爱你的妈妈

2017 年 2 月 25 日凌晨 1 点

写给今天 18 岁的你

儿子：

今天是 2017 年 6 月 5 日，你 18 岁了。这是一个值得纪念的日子，因为从今天开始，你就正式步入了成年男子的行列。你的所作所为，都要对自己负责了，包括即将到来的高考。

回想 18 年前的今天，仅仅 52 厘米长的你是那样软软的一个小肉团，我不敢伸手去抱你，甚至还在偷偷嘀咕：天哪，脑袋怎么长得像个莴笋？当然，后来才知道那是顺产的缘故。一晃眼，如今的你已长成了185厘米的大高个。我诧异于时间的飞逝，更诧异于时间带给你的改变。你变得那么懂事，那么自律，自律到高考前不需要父母的任何参与和督促……所以我总在不经意间突生愧疚和惶恐：妈妈还没有来得及懂事，还没来得及学着做一个称职的好妈妈，你就已经长大了。

青春年少时，我总是向往丁克一族的逍遥生活。如今回想起来，还是庆幸生命中有了你，不至于让人生留下无法弥补的缺憾。是的，一直以来，你不曾让我担忧。学习上，进入高中后，你变得越来越自主，甚至慢慢有了研究学问的思想与气质；生活上，你更会善待自己，以至于到了高三最辛苦的第二个学期里，你竟然还能长得更结实，脸上的皮肤都光滑了不少。这样的你，我已经很满足了。是的，会学习、会工作还要会生活，否则，人生终究是不幸福的。

后天你即将迎来人生中的第一件大事：高考。我和你爸爸尊重你的意见，支持你独自面对高考。要知道，未来的人生路上，你还需独立面对很多大事，那么，就从高考这件事情开始吧！所以，高考这两天，妈妈会一如既往地上下班，一如既往地忙我自己的事情。而你，正如你自己所说，要全权负责自己的衣食住行，包括考试时所穿的衣物、所用的文具准备。当然，这么多年来，我们一直都是这么相安无事地度过的：你的学习你负责，我的工作我负责。所以，这一次，我对你，同样很放心。

孩子，高考重要吗？重要，因为它是人生中的一个里程碑。由此，你会拥有新的平台和世界。高考重要吗？不重要。因为一考定终身的时代已经过去了，未来还有很多次学习的机会可供选择，例如读研、考博。所以，你尽管放心去考就是。正如你自己所说：它，也就是一次考试而已。

不管如何，你已经拥有了一颗爱学习的心，同时你也拥有坚强的意志和明确的人生目标。所以，我们看好你的未来。

年轻、懂事、自律、有目标，那么，一切皆有可能。

加油。

爱你的妈妈

写于 2017 年 6 月 5 日 23:45

图书在版编目（CIP）数据

大教育格局下的小学办学实践：家校共育篇／汤彩霞著.—长沙：中南大学出版社，2025.1

ISBN 978-7-5487-5595-1

Ⅰ.①大… Ⅱ.①汤… Ⅲ.①中小学－学校管理－研究 Ⅳ.①G637

中国国家版本馆 CIP 数据核字（2023）第 197349 号

大教育格局下的小学办学实践
——家校共育篇

汤彩霞　著

□出 版 人	林绵优	
□责任编辑	浦　石	
□责任印制	唐　曦	
□出版发行	中南大学出版社	
	社址：长沙市麓山南路	邮编：410083
	发行科电话：0731-88876770	传真：0731-88710482
□印　　装	湖南省众鑫印务有限公司	

□开　　本	710 mm×1000 mm 1/16　□印张 16.5　□字数 286 千字	
□版　　次	2025 年 1 月第 1 版　□印次 2025 年 1 月第 1 次印刷	
□书　　号	ISBN 978-7-5487-5595-1	
□定　　价	88.00 元	